北京理工大学马克思主义学院　组编

中国国民党政党转型研究

李 京 著

九州出版社 全国百佳图书出版单位

图书在版编目（CIP）数据

中国国民党政党转型研究／李京著. --北京：九
州出版社，2019.1

ISBN 978-7-5108-7892-3

I.①中… Ⅱ.①李… Ⅲ.①中国国民党－政治体制
改革－研究 Ⅳ.①D693.74

中国版本图书馆 CIP 数据核字（2019）第 015953 号

中国国民党政党转型研究

作　　者	李　京著
出版发行	九州出版社
地　　址	北京市西城区阜外大街甲 35 号（100037）
发行电话	（010）68992190/3/5/6
网　　址	www.jiuzhoupress.com
电子信箱	jiuzhou@ jiuzhoupress.com
印　　刷	北京九州迅驰传媒文化有限公司
开　　本	720 毫米×1020 毫米　　16 开
印　　张	12.25
字　　数	205 千字
版　　次	2019 年 3 月第 1 版
印　　次	2019 年 3 月第 1 次印刷
书　　号	ISBN 978-7-5108-7892-3
定　　价	39.00 元

序

一党制国家（地区）的政党肩负着国家（地区）现代化发展与自身转型的双重使命。在后发国家（地区）现代化过程中，执政党呈现截然不同的命运：有的执政党顺应现代化潮流，通过改革完成双重转型，引领国家（地区）逐步走向现代民主，自身也转型成为竞争性政党；有的执政党则错失改革时机或因党力有限，失去主导改革的机会，或被失控的改革吞噬，失去政权难以重新执政；有的执政党拖延国家（地区）现代化进程，以维持政党对政权的独享而长期一党执政，面临国家（地区）现代化与自身转型的双重困境。因此执政党对一党制国家（地区）的政治发展具有重要作用，同时现代化进程也会反作用于执政党的变化。

一党执政有可能通过政党本身变革与政治制度变革两种渠道来适应、回应外部变化的挑战与威胁。在世界第三波民主化浪潮中，中国国民党（简称国民党）开启并主导台湾地区自由化民主化改革，自身也转向民主政党。本书选用政党意识形态、组织结构，以及应外界变化的制度变革三重维度来考察台湾现代化中国民党转型民主政党的进程及相关问题。

意识形态是考察政党的关键指标。国民党意识形态的现代性主要体现在三方面：第一，形式上认可"宪政民主"；第二，承认并保护私有产权；第三，倾向"全民党"的偏好。退台后，国民党在组织结构、运作方式等方面实行统治，虽以种种借口推迟实行"宪政民主"，但一直坚持"三民主义"意识形态，承认"宪政民主"的价值意义。国民党意识形态的现代性与统治间的张力体现在其制度安排及统治方式中。这种制度安排及统治方式造就了国民党统治的有限多元主义，为台湾民主化预留了空间与可能。

国民党通过主导台湾经济发展来增强其统治合法性，单一政党主导经济发展有其独特的优势，私营经济的发展又对国民党统治产生制衡，使其政策与施政有利于私人部门的成长。台湾地区经济飞速发展带来了巨大的社会变迁，公民社会的成长，社会团体自主性提高，党外反对运动的高涨，社会政治环境的变化对国民党的一党统治构成威胁与挑战。随外部环境的变迁，国民党的意识形态、组织结构发生一系列调整与变革，并开始有限度的"中央层级"选举，直至 20 世纪 80 年代末启动政治自由化改革。

中国国民党主动开启台湾地区自由化民主化改革，使其居于改革的支配地位，拥有改革的主导权，能够有效利用执政绩效、优势资源和地位，控制民主化进程，制定易于自身的规则制度，这对政党的民主转型及民主制中的存续至关重要。中国国民党在转向民主政党过程，经历政党轮替是其需要面对的重要考验。民主制中的政党都可能成为在野党，不能单以一两次选举成败来考量与评价政党在民主制下的存续能力。成为在野党后仍能通过选举再次执政，标志着政党民主转向的初步完成。政党一旦被置于民主体制中，外在制度环境会约束规范政党的政治行为，为了生存发展，政党只能通过自身变革来适应民主政治，党内民主化改革才有可能实现，政体民主催生了党内民主。

目　　录

序

绪论 ………………………………………………………………… (1)

　　一、问题提出与选题意义 ………………………………………… (1)

　　二、国内外研究状况 ……………………………………………… (4)

　　三、研究思路与研究方法 ……………………………………… (13)

第一章　政党转型问题的理论阐释 …………………………… (15)

　第一节　政党与政党转型的一般解释 …………………………… (15)

　　一、政党及其功能 ……………………………………………… (16)

　　二、政党及政党体制的类型 …………………………………… (17)

　　三、政党转型的趋势及一般路径解释 ………………………… (21)

　第二节　后发达国家（地区）政党的类型及其转型 ………… (29)

　　一、后发达国家（地区）政党体制的主要形式——一党制 ……… (30)

　　二、一党制的演变路径 ………………………………………… (39)

第二章　意识形态的现代性与统治间的张力 ……………… (44)

　第一节　中国国民党意识形态的现代性 ……………………… (45)

　　一、"三民主义"意识形态 ……………………………………… (45)

　　二、"三民主义"意识形态现代性的表现 ……………………… (49)

　　三、"三民主义"意识形态的演化 …………………………… (54)

　第二节　中国国民党的统治方式 ……………………………… (58)

　　一、蒋介石个人权威的树立 …………………………………… (59)

　　二、"俄共"式的组织结构 ……………………………………… (62)

　　三、基层党部与专业党部组织化 ……………………………… (65)

　　四、形式上的党政分离 ………………………………………… (69)

　第三节　意识形态现代性与统治间张力的政治结果 ………… (71)

　　一、地方自治与封闭"中央" ………………………………… (72)

　　二、有限控制下的舆论开放 …………………………………… (76)

三、接受美援与受美影响 ……………………………………………… (77)

第三章 适应与变革：台湾现代化进程中的中国国民党 ……………… (79)

第一节 中国国民党主导下的台湾现代化发展 ……………………… (79)

一、中国国民党执政的合法性危机 ………………………………… (79)

二、当局主导的市场经济 …………………………………………… (82)

三、中国国民党统治对台湾经济发展的积极作用 ………………… (89)

第二节 现代化的挑战 ………………………………………………… (91)

一、异质化中产阶级崛起是国民党变革的压力与引力 …………… (92)

二、社会团体自主性增强动摇了国民党的社会控制 ……………… (95)

三、国民党造就党外反对势力的发展壮大 ………………………… (96)

第三节 国民党的适应与变革 ………………………………………… (101)

一、意识形态的调整 ………………………………………………… (101)

二、国民党组织结构多元化 ………………………………………… (103)

三、回应外部变迁的制度变革 ……………………………………… (108)

第四章 困境与蜕变：走向现代民主政党 …………………………… (112)

第一节 政党民主转型的奠基 ………………………………………… (112)

一、国民党统治下良好的执政绩效 ………………………………… (113)

二、国民党长期执政的资源优势 …………………………………… (117)

三、领导精英集权与温和的大陆政策 ……………………………… (121)

第二节 中国国民党民主转型的考验 ………………………………… (124)

一、派系斗争与政党分裂 …………………………………………… (125)

二、侍从关系解体与黑金政治泛滥 ………………………………… (131)

三、台湾民主制中的"政党轮替" ………………………………… (133)

第三节 民主制推动国民党民主转型 ………………………………… (135)

一、意识形态"中间化" …………………………………………… (136)

二、精简党工与组织结构扁平化 …………………………………… (138)

三、落实党内民主 …………………………………………………… (143)

四、处理党产及党营事业 …………………………………………… (147)

结论 …………………………………………………………………… (150)

附录

台湾政治转型中蒋经国的民主思想与善治抉择 …………………… (152)

台湾民主化时期李登辉的改革策略及其问题 ·············· (163)

参考文献 ··· (176)

后记 ·· (187)

图表目录

表 1.1　单一政党国家特征 ······················· (32)

表 1.2　排他性一党制与革命性一党制的区别 ·········· (36)

表 3.1　1953—1966 年间银行对公营和民营企业贷款分配比率
变化情况 ································· (84)

表 3.2　20 世纪 50—80 年代部分台湾技术官僚及其任职履历 ···· (104)

表 4.1　1991—1996 年台湾各主要政党"国会"选举得票与
席次分配 ································· (112)

图 1.1　萨托利对非竞争性政党体制的分类 ············ (33)

图 1.2　不同类型一党制在政治光谱中的位置 ··········· (34)

图 1.3　排他性一党制与革命一党制的演变路径 ········· (41)

图 2.1　俄共与国民党组织系统对比图（1924 年国民党改组后）····· (63)

图 2.2　"省议会议员"、"县议会议员"、"县市长"投票率
（1950 年—1973 年） ························ (74)

图 3.1　1952—1965 年台湾出口物品结构统计 ··········· (86)

图 3.2　1969—1988 年间国民党中常委台籍人士比例 ······· (108)

图 4.1　台湾民众对国民党"统独"立场的看法（1993—1996）··· (124)

图 4.2　中国国民党十三届二中"全会"后中央党部组织系统图 ··· (139)

图 4.3　中国国民党"十四全"后中央党部组织系统图 ····· (140)

图 4.4　中国国民党"十五全"后中央党部组织系统图 ····· (141)

图 4.5　中国国民党"十六全"后中央党部组织系统图 ····· (142)

绪　　论

一、问题提出与选题意义

（一）问题提出

一党制曾是台湾地区主要的政党制度，中国国民党肩负着台湾地区现代化和政党现代化的双重任务，面临着政治体制和政党性质的双重转型。在现代化浪潮中，有的执政党顺应现代化发展，通过改革使国家（地区）逐步走向现代民主，原有的政党逐渐成为竞争性政党体制中的重要力量，顺利完成了双重转型；有的执政党因错失改革时机或党力有限等原因，失去了主导改革的机会，或被失控的改革吞噬，失去政权难以重新执政；有的执政党拖延国家（地区）现代化进程，面临国家现代化与自身转型的双重困境。无论是从国家（地区）政治发展的角度而言，还是对政党自身的存续而言，第一种情形都堪称理想状态。中国国民党退台后的发展历程呈现出这种成功的双重转型。

在政治民主化进程中，原执政党面临着生存与发展的困境。这类政党怎样才能在民主制中存续，怎样进行调整以适应新的政治环境，怎样通过选举竞争来执掌政权等等，这些问题对其都是非常严峻的考验，绝非易事。中国国民党亲历了台湾政治发展的全部历程，自身也经历了深刻的蜕变，既有作为多年唯一执政党的荣耀，也有沦为在野党的痛楚。经过政党轮替，今天的中国国民党无疑是台湾政党政治中不可低估的重要力量。那么，作为昔日执政党，它自身具备哪些现代性因素？与其他政党有何不同？这些因素对其政党转型有何作用？为何国民党能在台湾民主政治中失去政权而又重掌政权？这些问题的提出，不仅从狭义上对国民党向现代民主政党的转型作以深刻研究，更从广义上对执政党转型作以一般性解释。

已有研究成果也在试图对这些问题作以回答，但大多是从两个角度进行探讨：一是强调台湾经济社会结构的变化与成熟，迫使国民党作出某种程度的妥协与让步而完成转型；二是强调领导精英顺应历史潮流，顺势而为推动转型。虽然不否认台湾经济社会结构和政治行动者对国民党转型的重要作用。但是本书力图把政党与政治体制作以区分，从政党角度去探讨国民党的现代性基因，以及随政治环境变迁所作的调适等问题，来解释中国国民党在民主化中存续的原因，并尝试厘清有关体制下其政党转型的相关问题。

胡安·林茨（Juan J. Linz）在探讨民主转型与巩固问题时，特别强调前非民主政体特质对于该政体民主转型与巩固的影响，"初始的非民主政体所具有的特征对可行的转型道路、对不同国家开始努力建立巩固的民主政体时所面临的任务具有深刻的意义"。① 依循这一理论，本文将关注中国国民党自身是否也具有现代性因素，这些因素对其成为现代民主政党有何作用？

林茨在20世纪90年代初谈到台湾政治体制转型时，特别强调对于政党存续问题的研究应予以重视和关注，他说"为什么国民党政权能够在民主化的挑战中生存下来？另一个有趣的问题是，在民主化过程中，为什么有些政党消失了，但有些却生存下来？"② 迪克森（Bruce J. Dickson）也提出过类似问题③如何在转型中不至于崩溃，是政党面临的一个重要问题，也是本研究的出发点和落脚点之一，本书将尝试对这类问题作出回答和阐释。

（二）选题意义

政党是联系一个国家与社会的桥梁和中介（纽带）。现代社会的共同要求和愿望一般都是通过政党表达而得以实现。政府的组成，政治领导人的选择与甄别，社会各阶层各群体利益的汇集与表达，国家权力的运作，以及日常的一般政治活动，都必须通过政党来进行。因此，在现代社会中，政党承担着国家政治的发动机和社会调节器的重要功能。

近代以来，国家现代化的历史任务常常是由政党来完成的，政党在引领国家现代化的进程中也要完成自身现代化的任务，即政党转型。世界政党发展的历史经验表明，政党现代化是现代政党发展的大势所趋，不可逆转。任何一个政党如果不能通过自身的变革适时进行转型，政党的运作就可能因不能适应政治环境的变迁而偏离正确轨道，政党的功能就得不到有效的发挥，

① ［美］胡安·J·林茨、阿尔弗莱德·斯泰潘，孙龙等译，《民主转型与巩固的问题 南欧、南美和后共产主义欧洲》，杭州：浙江人民出版社，2008年，第56页。
② 林茨，《对民主转型的一些思考》，载于林佳龙、邱泽奇主编，《两岸党国体制与民主发展——哈佛大学东西学者的对话》，台北：月旦出版社股份有限公司，1990年，第14页。
③ Bruee J. Dickson, *Democratization in China and Taiwan：the adaptability of Leninist parties*, Oxford, New York：Oxford University Press, 1997, p6.

甚至会丧失执政的合法性。

在政党转型相关问题的研究中，学界一直比较关注民主政体下欧美政党转型问题的研究，这些政党转型的主要原因是随社会经济环境的发展变化，需要对自身作出某种调整以便争取更多选民的支持，获得选票，上台执政。但对于国民党政党转型问题的研究并不多，甚至有学者认为国民党不能被称之为"政党"。国民党的政党转型与民主体制下的政党转型有着完全不同的历史背景，比如前者产生便与国家相交融，经常是在国家面临经济危机、社会革命、内战或外力入侵时才有兴起和发展的机会。而后者生来就与国家保持距离，他们产生于议会，或者为了代表一定阶层利益，产生于议会之外。政党产生的不同方式就意味着政党发展演变的不同路径和方向。此外，不同体制下政党在生存环境、主要目标等方面都会有所不同，这些差异对政党转型会产生十分重要的影响。

随着历史发展，政治体制可能自觉或不自觉的都要经历民主化进程。原有政治体制中的执政党会作出不同的应对策略。对于国民党而言，如果选择民主政治，就需要与其他政党竞争，通过获得多数选票上台执政。选举竞争意味着参选政党可能成为执政党，也可能选举落败，成为在野党。国民党拥有庞大的利益链条和历史包袱，成为在野党不再执政，这是它最不愿面对的现实问题。作为一个拥有百年历史，长期执政的政党，国民党恰恰也经历过这样残酷的考验，在2000年台湾地区领导人选举中落败，但它并没有就此丧失执政的可能性。在野期间，它除了承担在野党应有的监督职能外，从党员、党工、组织结构、中央决策体系到党内选举、提名方式等方面都进行了相应调适革新，在较短时间内完成了欧美政党几十年的现代化历程。正应了蒋经国晚年的话，"世上没有永远的执政党。政绩好了，仍然可以再被选上。"在2008年台湾地区领导人选举中，国民党通过民主选举重新执掌权柄。面对曾经的在野，国民党给现代化进程中故步自封的政党作了最好的诠释。政党轮替是政党现代化的应有之义。面对不可逆转的民主化进程，作为长期执政党要有信心、有勇气去面对可能的在野，要在思路上调整，要在利益上切割，越早进行变革，越主动进行变革，对自身有利的资源就越多，再次执政的可能性就越大。能够良性回应政治生态的变化，成为政党选举竞争中的坚实力量，是政党转型的趋势和目标所在。

综上所述，政党转型对现代国家（地区）政治发展有着重要作用和意义。比较而言，国民党转型遇到了更多瓶颈和困难。从实践层面而言，本研究希望可以为处于现代化进程中的政党提供可资借鉴的启示，从理论层面而言，希望可以对政党存续问题相关研究的作以有益探索。

二、国内外研究状况

本书将对中国国民党政党转型问题加以研究，并对执政党如何在民主制中存续的问题进行探讨。从文献和资料的准备角度而言，主要分为三大类，一是有关国民党史的基本史料；二是政党转型及政党现代化的相关文献；三是针对国民党政党转型以及相关议题的文献等。

（一）有关国民党史的研究现状

本书主要以中国国民党退台后政党发展的历史为依托，详尽地掌握国民党的发展历史就显得十分重要且必要。20 世纪以来，海峡两岸学者对国民党史研究的成果颇丰，李云汉在其《中国国民党党史研究与评论》一书中对台湾地区有关国民党史的研究作了介绍，通论性党史著述，为数当在 50 种以上，其中体系完整，内容充实，足资代表某一时代、地域或特别方面，而又常见的，有 30 种。有关国民党党史专论性著作，包括阶段性、地区性、专题性以及有关党史人物的传记等一共列举了 28 种。各种论文集有 36 种，所收学术论文综述在 300 篇以上。① 在众多专著中，属于通论性质，受到广泛认可、具有一定学术水平有的有四本：邹鲁的《中国国民党史稿》②，张其昀的《党史概要》③，罗家伦的《七十年来之中国国民党与中国》④，蒋永敬的《百年老店：国民党沧桑史》⑤。20 世纪 90 年代初，大陆也相继出版了一批有关国民党史的专著，比如李友仁、郭传玺主编的《中国国民党简史》⑥，刘健清、王家典、徐梁伯主编的《中国国民党史》⑦，马尚斌等著的《中国国民党史纲》⑧。不少专论性著述对研究中国国民党很有价值，但对本

---

① 李云汉，《中国国民党史研究与评论》，台北：近代中国出版社，1992 年，第 74—83 页。

② 1929 年初版，上海民智局；1938 年再版，商务印书馆；1976 年第 3 版，台湾商务印书馆；1960 年，中华书局。

③ 张其昀，《党史概要》，台北：中央改造委员会文物供应社，1951 年

④ 罗家伦，《七十年来之中国国民党与中国》，台北：中国国民党中央委员会党史委员会，1973 年。

⑤ 蒋永敬，《百年老店：国民党沧桑史》，台北：台北传记文学出版社，1993 年。

⑥ 李友仁、郭传玺主编，《中国国民党简史》，北京：北京档案出版社，1988 年。

⑦ 刘健清、王家典、徐梁伯主编，《中国国民党史》，哈尔滨：黑龙江人民出版社，1991 年。

⑧ 马尚斌等，《中国国民党史纲》，沈阳：辽宁大学出版社，1992 年。

研究而言，存在两方面的缺陷：第一，关于台湾民主化以后国民党情况的介绍很少。台湾方面出版的四本，详古略今现象也很明显。第二，两岸学者因为意识形态分歧，站在各自立场著书，都带有一定的感情色彩，缺乏客观性。邹鲁、张其昀、罗家伦的书都带有官书性质。海外学者对中国国民党相关问题的研究成果很多，主要集中于国民党人的传记、国民党历史上重大事件的专题性研究，但尚无完整系统论述中国国民党史的外文著作问世。

2005 年，由茅家琦、徐梁伯等联合著述的《中国国民党史》① 出版，该书是近年来研究国民党史的最新成果，全书上下两册，分为："孙中山与中国国民党""蒋介石与中国国民党""败退台湾后，蒋介石、蒋经国与中国国民党""李登辉与中国国民党"四大部分，系统而全面地介绍了中国国民党从成立之初一直到台湾政党竞争中成为在野党的全部历史，论述比较中肯，意识形态和个人感情色彩较少，但在著书过程中其隐含的结论尚可斟酌，即国民党最大的失误在于党内没有民主，最高领导人独裁专制，到李登辉时发展到顶峰，终于使国民党在台湾大失民心。这一结论带有一定局限性，没有把国民党失去政权的现实放入整个台湾政治体系中去考量，没有体认到现代化发展历史必然性趋势。王奇生的《党员、党权与党争：1924—1949 年中国国民党的组织形态》② 一书，对于国民党在大陆时期政党运作分析比较深刻透彻，观点新颖。该书作者从组织角度考察国民党在大陆时期为何失败，他认为一党独裁政权也有强弱之分，国民党的统治就属于弱势独裁，大陆的失败就源于其弱政权的特点。该书有助于充实本研究考察国民党政党特征所需的史料，对探讨国民党现代性因素这一问题很有启示和借鉴意义。

（二）政党转型及相关理论研究现状

1. 国外研究现状

现代意义的政党最早出现在美英两国，因此，对政党政治的研究主要起源于西方学界，研究对象也主要集中在民主政体下的欧美政党。国外学界对于欧美政党演变和分类的研究比较丰富，无论是早期组织学路径的代表迪韦

---

① 茅家琦、徐梁伯等，《中国国民党史》，厦门：鹭江出版社，2005 年。
② 王奇生，《党员、党权与党争：1924—1949 年中国国民党的组织形态》，北京：华文出版社，2010 年。

尔热基于政党组织规模及政党与次级团体关系维度对政党类型的分类①；还是历史主义路径的代表卡茨和梅尔的四阶段政党变迁模式②，即精英型政党、群众型政党、全方位政党、卡特尔政党，都与本研究中的中国国民党存在一定差别，很难直接套用西方政党及政党转型的经典理论范式，只能对其精华部分进行批判的、客观的和因地制宜的借鉴，例如西方政党研究的一般范式会选用政党意识形态、组织结构、选举情况这三项指标来对某一政党进行考察。

对于民主体制下政党变革的原因分析主要呈现三种分析路径，一种分析路径是一般所谓的"生命周期"分析路径，将政党变革解释成政党功能的成长和成熟的过程，另一种是所谓"系统层面趋势"分析路径认为政党变革是对环境变化趋势的适应性反应，还有一种认为是"突变"分析路径，认为政党变革是对突变性环境刺激抑或内在因素的结合的反应。这三种分析对本研究都有一定的参考价值。国外有关政党转型的理论已取得大量丰硕的研究成果③，他们认为任何类型的政党，其组织形态的变迁是必然的。政党变迁的主要动力来源于政党对环境的适应性，适应性主要表现在政党组织的结构性变化和功能性调整两方面，应对外部环境变化是政党组织结构调整的重要内容。

G·萨托利的《政党与政党体制》④ 堪称一部政党理论及比较政党研究的经典之作。在该书中，萨托利首先阐述了关于政党的一般理论问题。通过

① 法国政治学家莫里斯·迪维尔热（Maurice Duverger）从组织学视角出发，以政党组织的规模以及政党与次级团体的关系为维度，将政党分为干部型政党（cadre parties）和群众型政党（mass parties）。干部型政党主要由少数享有较高社会经济地位的政治精英组成。这类政党往往是国会议员及其政治网络的松散政治联盟。而群众型政党则拥有健全和完整的政治组织，通过对社会的动员而形成较大的组织规模，而且在政党组织之外还紧密联系着许多次级公民社会团体，譬如妇女联合会、青年联合会、工会、农会等。Duverger. Maurice. *Political parties: their organization and activity in the modern state*. Translated by Barbara and Robert North. London: Methuen, 1978.

② 在 1995 年论文《政党组织与政党民主的变迁模式：卡特尔政党的出现》中，卡茨和梅尔吸收了迪维尔热关于干部型政党和群众型政党的界分以及德裔美国学者奥托·基希海默尔（Otto Kirchheimer）关于全方位政党（catch-all party）的论述，再加上自己提出的卡特尔政党（cartel party），构筑了一个完整的政党变迁模式来描述两百年来的政党发展史。

③ Panebianco Angelo, *Political Parties: Organization and Power*, Cambridge University Press, 1988; Koelble Thomas, *The Transformation of European Social Democracy*, Cambridge University Press, 1991; Harmel and Janda, *An Integrated Theory of party Goals and Party Change*, Jounral of Theoretical Politics, 6 (3) 1994; Burce Dicson, *Democratization in China &Taiwan: The Adaptabilty of Leninist Parties*, Oxford: Clarendon Press, 1997.

④ ［意］G·萨托利著，王明进译，《政党与政治体制》，北京：商务印书馆，2006 年。

对"政党"概念的词源学考察，特别是通过对柏克、休谟、博林布鲁克、麦迪逊、贡斯当、托克维尔等政治思想家"政党观"的梳理，首先区分了宗派和政党的不同，并粗线条地勾勒了西方自近代以来对政党的态度的演变过程，即把政党当作宗派而加以贬斥到为政党政治的必要性提供理论辩护，政党自身也由贵族化走向平民化。在这一过程中，理论家们逐渐把现代政党与合法性、多元主义等问题联系起来，并且试图说明：开放的、多元的现代社会需要政党。萨托利强调，理解政党概念有三个前提条件①：第一，政党不是宗派；第二，政党是整体的部分；第三，政党是表达的渠道。这就是说，政党是代表整体的部分，它试图服务于整体的目的，而宗派代表的仅仅是自身。政党并非必然利他，但它必须对整体采取不偏不倚的立场，否则便蜕化为宗派。萨托利看重政党作为表达渠道的功能，而不是代表功能和引导功能。他说，"政党是执行表达功能的表达工具，……政党最好是被理解为沟通工具"②。政党固然可以引导、重塑乃至操纵民意，但萨托利认为，在多元政党体系下，这些功能实难发挥。

　　萨托利关于党国体制（party-state system）的分析值得关注。他指出，区别于部分论（把政党理解为部分）的政党多元主义体制，党国体制背后是一种整体论（把政党理解为整体）的政党观。在党国体制中，缺乏竞争性的多党，党内的派系分化和党外新政党的建立都是被严格禁止的，除党之外的社会政治组织缺乏自主性，这是党国体制的鲜明特点之一。在这个体系中，政党与国家融为一体，国家公共行政不过是党务的副产品或具体化。与多元体系中的政党是表达的工具不同，一元体系中的政党是选拔统治精英的工具。萨托利特别批评了法国政治理论家迪维尔热的一党多元主义理论。根据迪维尔热的这一理论，一党之内如果按照派系进行竞争，同样可以实现政治民主。萨托利认为这种观点只是一种一厢情愿的幻想。按照萨托利的分析，首先，政党多元主义不是宗派主义，竞争性的政党关系与白鲁恂（Lucain W. Pye）意义上的派系政治关系在本质上不可同日而语。其二，它们与合法性的关联也是极为不同的。前者争取选民支持，后者则是赤裸裸的权力斗争。党国体制无法通过派系斗争为自己获得统治合法性，因为它缺少自由竞争的选举。萨托利关于党国体制的分析对于研究国民党现代化与台湾政治

---

① ［意］G·萨托利著，王明进译，《政党与政治体制》，北京：商务印书馆，2006年，第52页。
② ［意］G·萨托利著，王明进译，《政党与政治体制》，北京：商务印书馆，2006年，第57页。

民主化间的互动关系有一定的启示意义。

另外，艾伦·韦尔的《政党与政党制度》① 一书，是近来对政党政治研究的重要成果。本书充满了对已有成果的批判性反思，与萨托利或者迪韦尔热不同的是，艾伦·韦尔试图对影响政党制度的因素作出综合评价，他系统地分析了社会学方法、制度主义方法和选择理论对于政党制度的三种不同解释，并对每种理论解释政党制度形成、稳定及变迁的效度进行了评估，也相应考察了其他类型政体中的政党制度。本书还将研究放在有关政党政治的过程这一问题上，这是在萨托利的书中看不到的。具体包括政党候选人和领袖的选拔，不同国家的政党中央组织与地方组织、领袖与普通党员、政党与支持者在决定候选人与领袖问题上的作用；在政党开展竞选运动方面，他认为随着电子技术的发展，政党对资金的需求开始上升；在政府组建上则重点讨论多党制政府下联合政府形成的不同模式；在讨论政府中的政党时则关注权力机关的相互制约、党派分布对于政党发挥作用的影响、政党与内阁、官僚机构、利益集团之间的关系。这些分析有助于本研究在探讨民主政体中国民党参与竞争选举等方面的问题。

2. 国内研究现状

政党转型是指政党在一定的社会历史条件下基于自身发展和现实需要，对意识形态、组织结构、组织基础、制度规范和活动方式等政党要素进行的调整、转变或转型。政党转型是当今世界各国政党的普遍选择，是政党政治研究发展的关键变量与动力。政党现代化是对政党发展的一种历史性描述，而这一过程也可称为政党转型，政党转型更侧重于政治学范畴的讨论，是一种基于结构功能主义的视角。国内对政党转型的研究虽不在少数，但很少运用政党转型理论去研究威权体制中政党转型的相关问题，更多是从普遍意义上关注欧美政党发展历程和走向，或是运用"政党现代化"这一名词来阐发中国共产党转型等问题。王长江的《政党现代化论》② 一书算是国内这一研究代表性成果。他没有对西方政党运行进行事实性的介绍，而是用现代化理论来分析政党变革，将现代化理论与政党研究结合起来，提出"政党现代化"的概念，并对西方政党的现代化历史进行了简单梳理。他分析了政党现代化的外部环境，包括公民社会、科技革命和社会发展对政党现代化的

---

① ［英］艾伦·韦尔，谢峰译，《政党与政党制度》，北京：北京大学出版社，2011年。
② 王长江，《政党现代化论》，南京：江苏人民出版社，2004年。

推动作用，以及政治文化、政治制度、法律制度和政党体制对政党现代化的影响。最后，具体分析政党现代化的内容，包括政党功能和组织机制的现代化、意识形态的现代化等。本研究是国内学界关注政党现代化问题较早的著作之一。高放、华翊的《关于政党现代化与苏共兴亡的关系》①　一文从提出"为何资本主义政党下台甚至灭亡不会造成社会制度的剧变，而苏联和东欧执政的共产党一旦下台，为何就会亡党亡国亡制呢?"这一问题入手，从现代政党的由来展开，分析了政党政治的特性，即公开性、群众性、竞争性、选择性、轮替性，并认为这就是政党现代化的标志。一党制条件下不具有竞争性、选择性、轮替性这三个条件，但作者认为这些条件仍然适用于一党制的苏联，如果苏共有充分的党内自由和党内民主，仍然可以保留并开创出党内的竞争性、选择性和轮替性。研究结论认为苏共成为执政党正是遵循了现代政党政治的特征，而苏共失败也正是因为背离了政党政治的特性。另外一些关注政党现代化及转型的研究，比如何增科的《政党的转型和现代化》②，王勇兵的《国外关于政党变革与转型的研究》③，桑学成的《政党转型与党的现代化》④　等。从概念或提法上来讲，"政党现代化"并不能算得上新概念，国内现有研究现状大体呈现两方面趋势：第一，研究主要是介绍欧美政党转型历程或对欧美政党转理论的分析归纳；第二，借用欧美现代政党的发展趋势或特点来阐发中共政党建设的方向或简单使用"政党现代化"这一名词来进行中共党建相关内容的论述。对政党转型的理论研究和实证研究明显薄弱，运用政党转型的理论来探讨研究国家（地区）政党转型，关注政党转型的路径与困境，将是本书力图完成的研究目标之一。

（三）国民党政党转型及相关问题研究现状

有关在台期间国民党政党转型研究的英文文献有限，但在民主巩固与台湾政治转型等问题上都会涉及相关国民党的研究，尽管并不深入。例如拉里·戴蒙德主编的《Consolidating the third wave democracies》⑤　一书中有三

---

①　高放、华翊，《关于政党现代化与苏共兴亡的关系》，《太平洋学报》，2003 年第 3 期，20—34 页。

②　何增科，《政党的转型和现代化》，《当代世界与社会主义》，2003 年第 2 期，81—84 页。

③　王勇兵，《国外关于政党变革与转型的研究》，《学习时报》，2004 年 9 月 13 日，第 6 版。

④　桑学成，《政党转型与党的现代化》，《江海学刊》，2009 年第 4 期，217—224 页。

⑤　Larry Diamond ed., *Consolidating the third wave democracies*. Baltimore：Johns Hopkins University Press，1997.

篇文章对台湾民主转型及政党政治进行了分析论述，分别是 "Taiwan's Transformation"①，"South Korea and Taiwan：The International Context"②，"Party Systems in Taiwan and South Korea"③。这三篇文章在对台湾民主转型的过程性论述后，用比较研究的方法重点分析了国际因素和国民党因素在台湾政治转型中的作用。戴蒙德主编的另一本书《政党与民主》④，在世界"第三波"民主化浪潮的反省下，对政党的基本定义及相关理论进行了反思性研究，其中有关列宁政党的论述非常细致，对分析国民党与列宁主义政党之间的差别十分有益。对理论进行探讨之后，这本论文集收录的其他文章还对世界范围内的政党体制作了普遍考察，包括西方民主国家的政党体制、民主国家的特殊政党体制，如日本的"1955 年体制"，以及威权国家（地区）和共产主义国家的政党制度。其中台湾学者朱云汉所著的《中国台湾地区一党霸权的遗产》⑤ 一文，认为国民党能够保持台湾地区政治秩序的稳定有赖于其政党意识形态、列宁主义的政党机器及其威权统治的制度安排。民主化以前，国民党已经聚集了大量财富、组织和意识形态的资源。在基层，"庇护—侍从"的关系网络，有效将地方选举的竞争和筛选机制转变为立法、政治控制和选择性联合的工具。因此国民党开始民主化之前就早已远离了经典意义上的列宁主义政党，趋近于具有群众基础的政党。朱云汉在有关国民党与台湾政治转型方面拥有大量有益的研究成果，堪称这一领域的权威，他还有数篇相关文章，如 "A Born – Again Dominant Party？The Transformation of the Kuomintang and Taiwan's Regime Transition"⑥ "Political Parties in Taiwan's Dominant One-party Democracy"⑦，《从党国体制到支配性一党体制：

① Hung-mao Tien. *Taiwan's Transformation*. Larry Diamond ed.，Consolidating the third wave democracies. Baltimore：Johns Hopkins University Press，1997.

② Yun-shih Yu. *South Korea and Taiwan*：*The International Context*. Larry Diamond ed.，Consolidating the third wave democracies. Baltimore：Johns Hopkins University Press，1997.

③ Teh-fu Huang. *Party Systems in Taiwan and South Korea*. Larry Diamond ed.，Consolidating the third wave democracies. Baltimore：Johns Hopkins University Press，1997.

④ 理查德·冈瑟、拉里·戴蒙德主编，徐琳译，《政党与民主》，上海：上海人民出版社，2012 年。

⑤ 朱云汉，《中国台湾地区一党霸权的遗产》，载于理查德·冈瑟、拉里·戴蒙德主编，徐琳译，《政党与民主》，上海：上海人民出版社，2012 年，第 292—322 页。

⑥ Yun – Han Chu, A Born – Again Dominant Party？The Transformation of the Kuomintang and Taiwan's Regime Transition, Hermann Giliomee and Charles Simkins, eds. The Awkward Embrace：One Party Domination and Democracy. London：Harwood Academic Publishers，1999.

⑦ Yun – Han Chu, Political Parties in Taiwan's Dominant One-party Democracy, Larry Diamond, Marc Plattner and Richard Gunther eds. *Political Party and Democracy*. Baltimore：Johns Hopkins University Press，2001.

国民党与台湾的民主转型》① 等，都从不同侧面讨论了有关国民党的若干问题，比如国民党威权统治带来的优势、国民党对民主化的意义、一党主导制中国民党的角色转换等问题。

Peter R. Moody, Jr. 的著作《Political Change on Taiwan：a study of ruling party adaptability》② 与迪克森（Bruee J. Dickson）的著作《Democratization in China and Taiwan：the adaptability of Leninist parties》③ 对国民党转型的研究都以"适应性"为切入点，认为国民党的存续在于其能够应外部环境的变化而变化的适应能力。迪克森对政党适应性作出了比较全面的分析和论证，适应性并非简单的依外部环境的变化而革新，并不是生存下来的政党就具有适应性。有的政党在一定时期内，即使僵化也能维持生存。因此他认为那些具有较强适应性的政党是能够促进民主转型成功的政党。④ 迪克森认为有三个变量决定了"列宁主义政党"的适应性：第一，党内精英的偏好与冲突；第二，政党对外部变化的反馈能力；第三，外部环境对政党的影响。⑤ 在对国民党的研究中，迪克森特别强调不能简单认为国民党是列宁主义政党，它与列宁主义政党有着细微而影响深远的差异。迪克森认为国民党是具有适应性的政党，但他并有进一步探讨为何一些政党展现出适应性，另一些政党则没有，是何种因素在其中发挥作用。

Edward Friedman 与 Joseph Wong 合编的著作《Dominant Party Systems：Learning to lose》⑥ 分析了世界范围主导党制的兴衰，包括日本、意大利、墨西哥、印度等国家。其中很有意思的论点在于，作者认为民主制就是创设一种制度，无论在野还是执政都不致受到迫害。成为在野，学会失败对主导

① 朱云汉，《从党国体制到支配性一体制——国民党与台湾的民主转型》，载于陈明通、郑永年主编，《两岸基层选举与政治社会变迁——哈佛大学东西方学者的对话》，台北：月旦出版股份有限公司，1998 年，第 268 页。

② Peter R. Moody, Jr. *Political Change on Taiwan：a study of ruling party adaptability*. New York：Praeger, 1992.

③ Bruee J. Dickson, *Democratization in China and Taiwan：the adaptability of Leninist parties*, Oxford, New York：Oxford University Press, 1997.

④ Bruee J. Dickson, *Democratization in China and Taiwan：the adaptability of Leninist parties*, Oxford, New York：Oxford University Press, 1997. p10.

⑤ Bruee J. Dickson, *Democratization in China and Taiwan：the adaptability of Leninist parties*, Oxford, New York：Oxford University Press, 1997. pp18 - 29.

⑥ Edward Friedman and Joseph Wong eds. , *Dominant Party Systems：Learning to lose*, Routledge, 2008.

党制下的政党来说十分难能可贵。① Joseph Wong 被收录进这本论文集的文章 "Maintaining KMT dominance, Political Transitions" 主要分析台湾地区国民党一党主导制的兴衰原因，其中作者认为，国民党一党主导的崩溃源于其政党革新过慢，不能与民主体制相匹配。②

台湾学界对于国民党转型的研究成果主要集中在 20 世纪 90 年代初，即台湾民主化时期。其中，张京育主编的《中华民国民主化——过程、制度与影响》③ 一书对台湾民主化中国民党政党角色的转变、选举制度和投票行为、两岸关系等方面都有很好的论述。此外，在这本书中，李普塞特、亨廷顿等国际知名学者也对台湾民主发展作了有独到见解的阐发。《台湾的民主转型：从权威型党国体制到竞争性的政党体系》④ 一书从政党入手，分析了国民党干部甄选、精英结构、放开选举等方面变化，通过分析认为国民党从竞争性政党走向了非竞争性政党，此外，把国民党放入台湾政党政治的大背景中予以考察，详细分析了党际间竞争与国民党党内竞争的有关问题，这些研究对本书都有一定的启示和借鉴意义。《两岸党国体制与民主发展——哈佛大学东西学者的对话》⑤ 论文集中，林茨的《对民主转型的一些思考》、苏进强的《列宁式政权民主化过程中的军政关系》、林佳龙的《解释台湾的民主》等文章也对本书具有一定的参考价值。2000 年以来，台湾学界对国民党的关注主要集中在有关民主选举等方面，比如《国民党选举机器的成功与失败》⑥《国民党主席选举后台湾政党政治与 2008 大选的分析》⑦《单一选区两票制对未来台湾政党政治发展之可能影响探讨》⑧《政党联盟的经

① Edward Friedman and Joseph Wong eds. , *Dominant Party Systems*：*Learning to lose*，Routledge，2008，pp3 – 5.

② Joseph Wong, *Maintaining KMT dominance*，*Political Transitions*，Edward Friedman and Joseph Wong eds. , Dominant Party Systems：Learning to lose，Routledge，2008，p63.

③ 张京育主编，《中华民国民主化——过程、制度与影响》，台北：台湾政治大学国际关系研究中心，1992 年。

④ 吴文程，《台湾的民主转型：从权威型党国体制到竞争性的政党体系》，台北：时英出版社，1996 年。

⑤ 林佳龙、邱泽奇主编，《两岸党国体制与民主发展——哈佛大学东西学者的对话》，台北：月旦出版社股份有限公司，1990 年。

⑥ 王金寿，《国民党选举机器的成功与失败》，《台湾政治学刊》第八卷第一期，99—146 页，2004 年。

⑦ 谢敏捷，《国民党主席选举后台湾政党政治与 2008 大选的分析》，《台湾民主季刊》第二卷第三期，第 133—137 页，2005 年。

⑧ 盛治仁，《单一选区两票制对未来台湾政党政治发展之可能影响探讨》，《台湾民主季刊》第三卷第二期，第 63—86 页，2006 年。

验——兼论国民党、亲民党之政党整合》①《国民党与民进党政党形象之跨时性分析：以三次总统大选选后调查为例》②，对于考察国民党在选举竞争中的表现都很有帮助。

三、研究思路与研究方法

(一) 研究思路

本书关注在台湾地区政治体制向民主体制转型的大背景下，国民党如何走向民主政党这一问题。对政党意识形态、组织结构、选举情况三要素进行考察，是西方政党研究的经典范式。但碍于体制特性，选举情况这一指标时常并不具有意义。处于变化政治环境中的威权政党由于掌握国家（地区）的政权，拥有政党变革与政体变革两重渠道来应外界环境变化作出相应制度调整和变革，这是研究威权政党要予以重视的维度，也是威权政党独有的变革渠道。本书尝试用政党意识形态、组织结构、应外部变化的制度变革，这样三个指标来探讨在政体变化中国民党的变迁，试图回答三个问题：第一，国民党有何独特性，这一特性对其政治转型有何影响和作用。第二，作为政党组织，国民党为了适应台湾地区政治生态的变化，作了哪些转变调适。第三，国民党如何在民主体制中存续，如何解释其在民主体制中的挫败与生存。

具体研究内容从以下几方面入手：第一，从理论层面对政党转型给予阐释，为进一步研究国民党转型问题进行理论铺垫。现代化历史进程决定了世界各国（地区）之间"相互学习仿效、相互竞争超越的无止境的运动"，"迟发现代化国家（地区）所面临的挑战是如何向先进国家学习"③。以此为基础，探讨政党转型的趋势与轨迹，对一党制的类型及其演变作以区别研究，以此作为对中国国民党政党转型的研究起点。第二，具体分析国民党的政党特征，即现代性的意识形态、形似"列宁主义政党"的组织结构。意识形态现代性是国民党能够走向民主政党的先天优势，这一特征使它与其他一党制中政党截然不同。国民党意识形态的现代性与现实统治间的张力，对

① 罗月英，《政党联盟的经验——兼论国民党、亲民党之政党整合》，台北：中国文化大学政治学研究所硕士论文，2005年。
② 郭琮渊，《国民党与民进党政党形象之跨时性分析：以三次总统大选选后调查为例》，台北：东吴大学政治系硕士论文，2006年。
③ 尹保云，《现代性与现代化的历史定位》，《学术月刊》，2005年第10期，第19页。

其统治方式产生重要的政治影响。第三，国民党大力推动台湾经济发展以增强其统治的合法性，经济发展带来政治社会面貌的巨大变化，对其统治构成挑战，对种种挑战的回应使国民党的组织形态和统治方式发生了变化。第四，对于政党可能遭遇的风险与挫折作出客观评估分析。正如国民党转型时，放松控制，容忍反对势力，顺应民主化进程，结果却是其在选举竞争中丧失政权。不能否认国民党丧失政权有其特殊性或偶然性，如李登辉执政后期刻意渲染族群矛盾、国民党内的分裂等，都对国民党丧失政权造成一定影响，但从政治发展的角度来看，国民党丧失政权，台湾政党轮替正是台湾民主成熟的表现。在选举挫败后，国民党为了适应政治环境的变化，开始真正的从意识形态、组织结构、党内民主等方面彻底进行变革，开始走向现代政党并再度执政。

（二）研究方法

1. 定性研究与定量研究相结合。定性研究（Qualitative research）是与定量研究（Quantitative research）相对的概念，是社会科学领域的一种基本研究范式，也是科学研究的重要步骤和方法之一。本研究将以定性研究为主，试图尝试多运用定量研究，使论述更具客观性和说服力。

2. 历史分析的方法。一般而言，任何事物都有其发生、发展和变化的历史，而任何新的事实都迫使人们对其以往的全部历史作一番研究，否则就难以把握事物本身发展的脉络和规律。历史本身的连续性要求我们在对现实问题进行研究时，必须对研究对象的发生发展过程作一番梳理，它是研究的基础和前提。本书将运用历史分析方法，系统地考察国民党现代化发展脉络，为理论阐述构筑坚实基础。

3. 比较研究的方法，比较研究是社会科学中一种重要的研究方法，它在开拓研究视角、明细研究对象的特点和激发创新方面具有独特的作用。因此，本研究也尝试用比较的方法对有关问题进行探究，这种比较会融合在研究与写作过程中，既有纵向的比较也有横向的比较，纵向比较主要是把国民党放入台湾政治转型的不同时期进行比较，横向比较主要是把国民党同其他政党进行比较。横纵向度的比较会使得研究更加深入，写作更加充实。

4. 坚持马克思主义基本立场，运用辩证唯物主义与历史唯物主义，实事求是地分析研究。辩证唯物主义与历史唯物主义要求我们辩证地、客观地认识和分析国民党转型等相关问题。不因意识形态、个人感情色彩过高或过低看待中国国民党的转型。

第一章　政党转型问题的理论阐释

政党政治作为一种普遍的政治现象存在于现代社会的，倍受学界的关注和重视，以政党为基础是西方民主政治的重要特征，"政党创造了民主；现代民主制以政党为依托，没有政党，民主制将不可实现"。① 政党及政党发展都与民主政治相联系，相关研究成果是在现代西方民主语境中产生。然而，随着后发国家（地区）的现代化发展，不同政治生态下的政党展现出截然不同的转型路径，现代民主国家政党的转型路径是怎样的？具有什么特点？政党的转型是怎样的？政党转型与政治体制转型之间有怎样的关系，等等。对这些问题的探讨不仅有助于后发国家（地区）政党的建设与发展，也能够弥补政党研究中缺陷。

第一节　政党与政党转型的一般解释

研究政党政治的经典范式一般都以西方民主政治为背景，但政党转型研究若完全依据这样的理论，既不能诠释和解决现实中的很多问题，也存在西方中心主义之嫌。当然这并不意味要完全抛弃这些理论，相反，这些经典理论仍然是研究问题的基础。

政党与政党体制是两个不同但相互关联的重要概念，政党是一个特殊的政治组织或团体，与特定的意识形态和价值体系相联系，"以获取政权或分享政权的行使为其首要目标"②。政党制度就是"当几个政党同时存在与一个国度之内时，此种共同存在的方式和形态"③，简而言之，在特定政治制度下政党之间，及政党与外部制度环境间的互动关系及其模式等都属于政党

---

① E. E. Schattschnieder, *Party Government*, New York: Holt Rinehart&Winston, 1942, p1.

② Maurice Duverger, *Political Parties: Their Organization and Activity in the Modern State*, London: Methuen, 1964, pp1 –2.

③ Maurice Duverger, *Political Parties: Their Organization and Activity in the Modern State*, London: Methuen, 1964, p210.

体制的范畴。

一、政党及其功能

英文中"政党"（party）一词源自拉丁语，来自动词的 pars 或 partire，其含义是"分开或分割"，最先进入英语的词汇形式是 part，意指社会的一部分。17 世纪后，part 演化成 party，意味某种政治组织，常常与派系（fraction）混用。直到博林布鲁克才明确区分了政党和派系的不同，他认为政党与派系虽同是一群人以专业力量寻求政治运作中的人事决定，但是与派系相比及，政党不论在组成人员、所持主张、组织、领袖与纪律上，都更为专业、严密。

埃德蒙·柏克第一次明确地定义了"政党"，他认为："政党是人们联合起来，根据一致认同的某种特定原则，通过共同努力来促进国家利益的一种团体。"① 该定义堪称经典并被广泛引用。熊彼特对柏克的政党定义并不认同，他说："一个政党并不是如古典学说（或柏克）要我们相信的那样，是旨在'按照他们全体同意的某个原则'来推进公众福利的一群人……任何政党在任何特定时间里当然要为自己准备一套原则或者政纲，这些原则或政纲可能是采取他们政党的特征，对他的成功极为重要……一个政党是其成员打算一致行动以便在竞选斗争中取得政权的团体。"② 在熊彼特的定义里，政党就是通过选举获得政权的组织。政党宣称其致力于提供良好的公共产品和追求社会公正，但并不等于该政党就一定能够做到。只有选民才能判定一个政党是否提供了良好的公共产品和追求社会公正。与熊彼特定义相关的是爱泼斯坦的定义，他认为："任何群体，无论它的组织多么松散，只要它在一个特定标签下参加竞选政府公职，就可以被称作政党。"③ 萨托利认为"政党是由在选举中提出的正式标识来辩明身份的、能够通过选举（自由或不自由）提名候选人占据公共职位的政治集团。"④ 强调政党在竞选中的作用是这些定义的共同特征，也是现代西方政党的主要功能。在竞选中，政

---

① Edmund Bruke, Thought on the Causes of the Present Discontents, Louis I. Bredvold and Ralph G. Ross eds., The Philosophy of Edmund Bruke, Ann Arbor: University of Michigan Press, 1960, p134.

② ［美］约瑟夫·熊彼特，吴良健译，《资本主义、社会主义与民主》，北京：商务印书馆，2009 年，第 413 页。

③ ［美］利昂·D. 爱泼斯坦，何文辉译，《西方民主国家的政党》，北京：商务印书馆，2014 年，第 15 页。

④ ［意］G·萨托利，王明进译，《政党与政党体制》，北京：商务印书馆，2006 年，第 95 页。

党作为候选人的有力后盾，投入大量人财物力为候选人宣传造势，竞选拉票，力争使候选人在选战中脱颖而出。通过一系列选战活动也起到通知、督促选民去投票的作用，这是政党社会化与政治动员的功能。

随着政党政治和政党活动的逐步发展，政党的定义也不断丰富，如"政党是集合民众以行使国家权力为目的的组织"，"政党寻求以合法手段追求其目标""当政党可以参与国家的竞选时，政党将会寻求参与之""政党是由持相似的信仰、态度和价值的人们组成的集团"①。对政党定义的最新发展来自于艾伦·威尔，他认为：政党是这样一个组织，"（a）常常试图通过占有政府职位来寻求其在国家中的影响力，（b）通常涵纳不止一种社会利益，并因此在某种程度上试图'凝聚不同的社会利益'的组织机构"② 今天的政党不再单一的代表某一阶级、阶层或利益集团利益，更强调超阶级的利益聚合与表达，政党需要收集汇总选民的选民和党员的各种政治、经济和社会诉求及主张，并进行科学化的分析判断，再以系统化的方式表述出来，形成政策主张及配套措施，通过对现有政府施压，或在成为执政党的情况下贯彻自己主张的政策。

与此相关，政党还有政治录用的功能，政党会在其内部培养精英或将社会上的精英吸纳到党内，并将这些精英分子安排到政府运作的重要环节，或推荐给民众，由民众把他们选举到权力机关中。因此，现代政党具有利益聚合与表达、政治社会化与政治动员、政治录用等功能。

二、政党及政党体制的类型

（一）政党类型

通常认为，最早的现代政党雏形源自17世纪70年代的英国辉格党和托利党，以及后来美国的联邦党和反联邦党③。最早产生于欧美的政党一部分代表新兴资产阶级的利益，被称为"自由党"，还有一部分是大土地贵族的政治代表，被称为"保守党"。随着欧美工业革命的发展，工人阶级逐渐成

---

① ［英］艾伦·韦尔，谢峰译，《政党与政党制度》，北京：北京大学出版社，2011年，第8—10页。

② ［英］艾伦·韦尔，谢峰译，《政党与政党制度》，北京：北京大学出版社，2011年，第11页。

③ 中国大百科全书总编辑委员会编，《中国大百科全书·政治卷》，北京：中国大百科全书出版社，1992年，第470页。

熟与壮大，一大批工人阶级政党相继成立，比如社会党、社会民主党或工党。20 世纪 20 到 30 年代，伴随着欧洲社会激烈的政治抗争，共产党与法西斯政党这两种截然不同类型的政党诞生。二战之后，基督教民主党复兴，现已成为欧洲主要的政党群体之一。1951 年，左翼社会党也重建了其国际组织，即社会党国际，开始了一个全新的发展时期，并与基督教民主党一并构成西欧最大的两个政党群体。20 世纪六七十年代开始，共产党在欧美的影响力明显下降，绿党诞生并成为世界政党谱系中最年轻的政党。欧美国家（地区）发展的不同历史时期产生了不同类型的政党，此后在漫长的发展演化过程中，有的政党生命力顽强，有的政党昙花一现，有的政党兴而后衰，有的政党败而再兴。

从政党类型学的角度来讲，最早的欧美政党基本都是从上层精英的政治派别发展而来，因而被称"精英党"。法国著名政治学家 M·迪韦尔热将这类由议会中的议员根据自己的利益、观点、倾向结合而成，最初活动范围限于议会内部的政党被称为"内生党"①。19 世纪末 20 世纪初，大批社会主义政党诞生，他们最初主要在议会以外开展政治活动，被称为"外生党"。他们主要是吸引广大工人等普通群众加入政党，因此这类政党又被称为"群众党"。迪韦尔热从组织学的角度，依据政党的组织规模及政党与次级团体间的关系，将政党分为精英党和群众党，内生党和外生党。"精英党"或"干部党"先于"群众党"出现于欧美社会，工业革命的发展和选举权的不断扩大，才使拥有更多选民为特点的"群众党"逐步出现。这种分类方式是一种历史主义视野。从功能主义路径出发，西格蒙德·纽曼（Sigmund Neumann）以政党追求的具体目标和承担的相应政治功能为维度进行分类，将政党分为个体表达型政党（parties of individual representation）、社会整合型政党（parties of social integration）和完全整合型政党（parties of total integration）。"个体表达型政党是代表特定社会群体或阶层进行利益传输和表达。社会整合型政党不仅拥有健全完整的组织结构，而且有能力向党员以及支持性选民提供一系列政治和社会服务。同时，党员和选民则以会费或志愿活动来回馈政党。完全整合型政党致力于执掌政权和激进地改造社会，

---

① Maurice Duverger, *Political Parties: Their Organization and Activity in the Modern State*. London: Meuthen, 1954, p71.

并要求党员对政党要有高度认同和无条件的服从。"①

不同研究方法和视角对政党类型的划分各不相同，但这些政党都毫无例外的是在现代西方竞争选举的民主政治环境中产生和发展起来的。对大多数非洲国家以及加勒比海、中东、南亚以及东南亚的很多国家来说，建立政党的初始目的是为了应对殖民主义，寻求民族解放。在这些国家，一个政党领导国家走向独立，并在国家独立后长期维持统治地位，政党生存于非竞争性政党体制中。对于这类政党，既有理论对它们进行系统研究与归纳的非常有限，面对后发现国家的执政党，需要将其与整个政治体系作以链接，在政党体制的大背景下来审视这类政党。

（二）政党体制的类型

随着政党的出现，各政党之间、政党与政体之间的关系网络或结构逐渐发展起来，形成一种政治系统，即政党体制。政党体制划分的最基本标准是依据一个国家（地区）政党的数量及其力量对比关系，即"计数原则"。迪韦尔热在《Political Parties：Their Organization and Activity in the Modern State》一书中首次提出这样的分类②：独党政治（single-party system）、一党独大（system with a dominant party）、两党政治（Anglo - Saxon two-part system）和多党政治（multi-party system）。这种分类方法为政党体制的研究提供了基本范式，在后来很长时间内都被大多数学者视为常识。

米歇尔·霍斯肯等就以此为标准将政党体制归纳为五种类型③：一是一党制。一党制是20世纪政治的重要特征，苏联、东欧、及非洲亚洲后发国家（地区）是或曾经是一党制国家。二是一党主导体制。在国家（地区）层面一个主导政党通过竞争选举长期掌握政权的政党体制。如日本的"1955年体制"，即1955年开始自民党持续赢得选举33年之久。三是两党制，拥有两个有着相近获胜机会的主要政党，比如美国、英国、澳大利亚都属这一类型，这是西方世界最为熟悉的政党模式。四是多党制。政党体系中

---

① Sigmund Neumann, *Towards a Comparative Study of Richar Political Parties*, Sigmund Neumann ed. , Modern Political Parties：Approaches to Comparative Politics. Chicago：University of Chicago Press, 1956, pp395 - 416.

② Maurice Duverger, *Political Parties：Their Organization and Activity in the Modern State*. London：Meuthen, 1954.

③ Michael Roskin, *Political Science：an introduction* (9th ed.), Upper Saddle River, N. J. : Pearson Prentice Hall, 2006, pp227 - 229.

存在三个或三个以上实力相当的政党，任何一个政党也不能独立取得多数组织政府，一些政党便联合起来执掌政权。五是两大政党主导体制。在一个国家内存在两个较大政党和几个有意义的小党，小党也能够赢得选票，使其具有重要影响。

萨托利并不满足于根据政党数量来划分政党体制的类型，"这些分类不能仅仅以数字为标准来识别和维持。正是在这个地方，政党的数字变量成为第二位的，而意识形态变量则成为了第一位的。"① 萨托利以"意识形态—实用主义"这一标准区分了"温和的多数主义"和"极化的多数主义"的政党体制，在此基础上再细分为七个不同的类型②：一党制；霸权党制；主导党制；两党制；有限多党制；极端多党制；粉碎型体制。在萨托利看来，根据数目标准，一党制政体的多样性和差别被完全忽略，因而把以前误认为是一党制的某些政体重新分类为霸权党制和主导党制两个类别。七种政党体制就被归为了两大类，即竞争性体制和非竞争性体制，前两种都属于竞争性体制，后五种都属于非竞争性体制。在这里，是否具有竞争性是区别政党体制的重要标准。

萨托利也对竞争进行了解释和强调，他认为"决定性因素不是实际的竞争，并且更不是高度的竞争性，而是竞争是否可能。因而，只要新的竞争者可能进入市场，只要大众可能转移他们的忠诚，只要政策的决策者对此保持警觉并影响到其政策，那么，结构上讲，这个体制就是竞争性的。"③ 作如此清晰的描述是为了说明还有一类看似具有"竞争性"的状况，并不能称为竞争体制，"把竞争视为与公民的'接触'相联系的政党的'动员努力'，来定义竞争的概念并提议以此测评竞争性……那么，如果公民在暴力和威胁下去参加投票，并且被迫公开地投票支持已经选择好了的候选人。"④ 萨托利认为如果这样理解"竞争"，那么美国政党体制的竞争性处于委内瑞拉与苏联间的某个位置，这是极其荒谬的，"在垄断且没有市场的情况下怎么能够有竞争。"⑤ 竞争性体制与西方民主体制相联系，与多党制、两党制

---

① ［意］G·萨托利，王明进译，《政党与政党体制》，北京：商务印书馆，2006 年，第 177 页。
② ［意］G·萨托利，王明进译，《政党与政党体制》，北京：商务印书馆，2006 年，第 177—183 页。
③ ［意］G·萨托利，王明进译，《政党与政党体制》，北京：商务印书馆，2006 年，第 304 页。
④ ［意］G·萨托利，王明进译，《政党与政党体制》，北京：商务印书馆，2006 年，第 300 页。
⑤ ［意］G·萨托利，王明进译，《政党与政党体制》，北京：商务印书馆，2006 年，第 300 页。

相联系，非竞争性体制多与后发现国家（地区）相联系。艾伦·韦尔特别强调："在自由民主国家，影响政党发展的一个极为重要的因素是，政党为获得大众选民的选票彼此之间定期展开竞争。这种竞争对政党意识形态的发展及修正、政党对支持者和党员的吸纳、政党组织的发展及变化都产生了影响。"① 他还认为，竞争性体制不仅是存在竞争选举这么简单，还应该有一整套社会中介制度和特定的政治价值，这可以解释通过军事征服和殖民化手段，一些竞争性政体被强加到后发国家（地区），但这些国家（地区）的自由民主制度却没有成熟发展起来。

政党和政党体制的基本理论是我们研究政党转型问题的基础，在不同国家（地区）现代化进程中，随着外部环境和内部组织的变化，政党本身为了生存发展必然会进行调适和转变，在一些情况下政党体制也会因为主要政党自身变化而发生变化。当代西方国家的政党体制相对稳定，以两党制或多党制为主，政党转型对政党体制的影响甚微。但对于后发国家而言，政党的转变会直接对政党体制产生重要影响。

三、政党转型的趋势及一般路径解释

从近代世界各国家（地区）政治发展的历程来看，现代国家的兴衰与政党的出现和发展息息相关，"据2010年统计，目前全世界204个国家和地区中，除20多个君主制或政教合一的无政党国家外，绝大多数国家和地区都存在着政党，约计6200多个。"② 从各国政党演变发展的历史来看，随着社会经济的现代化，政党的意识形态、组织结构、选举表现、选民基础（或社会基础）都处在不断变化之中。国内外学者对政党变化的考察，已经有了相当丰富的研究成果。总的来说近些年发达国家政党转型主要呈现出以下几方面的趋势：

（一）政党意识形态的包容性

对于"什么是意识形态"这一问题，研究者们迄今还存在较大分歧，"社会科学还没有发展出一套对意识形态真正不带价值的评判概念。"③ 意识

---

① ［英］艾伦·韦尔，谢峰译，《政党与政党制度》，北京：北京大学出版社，2011年，第112页。

② ［美］莱斯利·里普森，刘晓等译，《政治学的重大问题：政治学导论》（第10版），北京：华夏出版社，第232页。

③ ［美］克利福德·吉尔慈，韩莉译，《文化的解释》，上海：上海人民出版社，1999年，第223页。

形态在不同研究者那里有不同定义，带有正面、负面、中性的不同价值彩色。例如，波普尔（Karl Popper）就认为意识形态是一套封闭的思想体系，是没有经受过理性审查的一套价值判断。对奥克肖特（Michael Oakeshott）来说，意识形态是政治中的理性主义，是抽象而不切实际的空想。① 中立的解释认为，"意识形态是具有符号意义的信仰和观点的表达形式，它以表现、解释和评价现实世界的方法来形成、动员、知道、组织和证明一定行为的模式或方式，并否定其他一些行为模式或方式。"② 政党的意识形态是其实践价值目标的基本工具，意识形态是政党产生的前提，是政党赖以生存的根基。"先有意识形态和意识形态的认同才可能有政党，对一个政党而言，意识形态好比灵魂"③，政党的政策、目标、组织和动员能力，很大程度上都体现在政党的意识形态上，政党意识形态的差别也是政党差别的重要体现。John Gerring 在《Party Ideologies in America，1828－1996》一书中认为，选民肯定有自己的利益，政党要赢得选票就需要回应这些利益，但是对这些利益的回应又不能以一对一的形式表现在政治诉求上，而是以意识形态总原则总方针的方式出现。比如美国民主党和共和党不会在具体税率问题上竞争，而是对"大政府小政府""自由平等"这样的问题进行竞争。④

随着欧美国家现代化发展，各国政党为了能够上台执政，都在争取更多选民的支持，为此必须要对自身意识形态进行更新，使其能够更多的聚合大众，容纳更多民众的利益诉求。二战后欧洲社会党就普遍放弃了马克思主义意识形态，逐步取消阶级斗争、公有制等内容，重新解释和界定社会主义性质，指导思想更为多元化。东欧剧变、苏联解体后，一些国家的共产党也通过理论调整，逐渐淡化意识形态中社会主义的成分，甚至不再提社会主义的字样，把民主、自由、人权视为社会主义的基本特征。例如，古巴共产党为走出困境，运用意识形态动员和团结党内外一切积极力量，在 1991 年 10 月召开的古巴共产党四大上，把古巴民族民主革命领袖何塞·马蒂的思想与马列主义并列为党的指导思想，并写进了 1992 年的古巴宪法。法共也提出

①　[英]迈克尔·欧克肖特，张汝伦译，《政治中的理性主义》，上海：上海译文出版社，2004 年，第 41 页。

②　[英]戴维·米勒、韦农·波格丹诺编，中国问题研究所等译，《布莱克维尔政治学百科全书》，北京：中国政法大学出版社，1992 年，第 345 页。

③　王长江，《政党现代化论》，南京：江苏人民出版社，2004 年，第 206 页。

④　John Gerring, *Party Ideologies in America*, 1828－1996, New York：Cambridge University Press, 2001, p201.

"新共产主义"理论，"把社会主义归结为一种社会运动过程，主张通过在资本主义社会内的连续性变革，克服资本主义的'剥削、异化和统治'，从而实现其理想社会。"① 欧美主要政党从 20 世纪 90 年代中期开始都对自身意识形态进行了调整，总得趋势就是更为中间化。一些欧美老牌的保守党和自由党在其意识形态上也做出了重大转变，摆脱了原有意识形态的传统，转而强调公正、公平、团结等中性价值。1995 年布莱尔领导的英国新工党为了上台执政，修改了党章第四条被看作是英国工党图腾的"公有制"条款，随后为应对全球化，提出了完整的"第三条道路"理论。

政党的纲领政策是其意识形态的体现，政党意识形态决定了政党政策的基调。与意识形态相比，政党的纲领政策更具灵活性，能够对客观环境做出及时调整与反应，在不同时期，欧美政党的纲领政策都可能会出现不同程度的"转向"，这种转变使政党政策更具包容性，而各政党之间也会相互借鉴吸收，其政策纲领自然也会呈现出一定程度的趋同性。"从《哥德斯堡纲领》的非马克思主义化，到介于自由主义和传统社会民主主义之间的所谓'第三条道路'和'新中间路线'，战后社会党现代化发展中具有里程碑意义的两次重要纲领路线调整，都展现出越来越超越阶级、'超然左右'的姿态。"② 20 世纪 90 年代以后，共产主义政党的纲领政策都向非暴力、非意识形态的方向发展，比如法共提出了"共产主义变革"的思想，用"新共产主义"代替 70 年代提出的"法国特色的社会主义"。美共也提出了"权利法案社会主义"，并在此后逐步将政党纲领确定为"美国的社会主义道路：团结起来争取和平、民主、就业和平等"。自由党和保守党的政策纲领也趋向中间，无论是德国基督教民主联盟的《汉诺威纲领》作为"中间人民党"的政治路线，还是西班牙人民党的"改良的中间主义"路线，总体上也是趋向包容性的中间道路。

（二）政党社会基础的扩大化

政党的存续和发展都必须拥有一定的社会基础，政党的社会基础是政党生存和发展的根本，也是一个政党区别于其他政党最鲜明的特点。李普塞特认为，"在现代的任何民主制度中，不同群体之间的冲突都是通过政党表达的，而政党基本上相当于一种'把阶级斗争民主化的媒介'。即使许多政党

---

① 于海清，《国外政党现代化的观察与思考》，《山东社会科学》，2012 年第 1 期，第 35 页。
② 于海清，《国外政党现代化的观察与思考》，《山东社会科学》，2012 年第 1 期，第 35 页。

已放弃阶级冲突或阶级忠诚的原则,但分析它们的要求和它们的支持力量仍表明,它们确实代表不同阶级的利益。"①。随着世界各国阶层的不断分化与整合,政党的社会基础也发生了重大变化。西方新技术革命的迅猛发展,产业结构不断升级,传统工业逐步衰退,高新科技和第三产业不断崛起,科技、金融、管理、教育等行业的"白领"人数猛增,"中间阶层"逐渐成为社会结构中的重要力量。

政党为了生存发展要尽可能多地赢得选票,以此扩大自身的社会基础。"中间阶层"作为当今社会结构中的主体力量,无疑是人数最庞大的阶层,政党通过淡化阶级和意识形态色彩,革新政策纲领,充分体现表达中间阶层的利益主张和诉求。社会党普遍提出了"全民党"的发展目标,其目的就是为了得到最广泛的社会支持。如英国工党在1995年就宣称,"想使工党成为其成员包括个体户和失业者、小企业主和他们的顾客,经理和工人、房屋所有者、补贴住房租用者、技术工程师,还有熟练的医生和教师的党。"② 改革后的工党努力使自己变为一个现代化的"新工党"。在1997年大选中,布莱尔提出不仅要成为"人民的党",也要成为"商业界和企业界"的党,"应该使党成为一个开放的、拥护它所寻求代表的社会的党"。受马克思主义的影响,德国社会民主党早年具有鲜明的工人阶级特点,但面对德国社会结构变迁的现实状况,1959年,社会民主党也通过了新的基本纲领《哥德斯堡纲领》,明确指出"社会民主党已经从一个工人阶级的政党变成一个人民的党。"1989年,社会民主党的《柏林纲领》,指出社会民主党"必须对成为社会成员多数的中产阶层具有吸引力"。在1998年的竞选中,以施罗德为代表的党内改革派在纲领中公开主张,"我们依靠靠读书练技术的、积极进取的雇员,依靠在家庭和社会中为我们的子女教育承担责任的男子和妇女,依靠富于远见、投身事业的经理和企业主,依靠具有革新精神的、灵活的中间等级、手工业者、自由职业者,依靠勇敢的创业者,依靠出色的、具有很高文化素质的信息工作者,医生和工程师,依靠从事大量发明创在的技师和科学家,依靠具有责任感的德国工会。这些都是我们所信赖的人。他们同我们社会中的这些创造效益的人们一起组成德国的中派。"③ 扩大社会基

① [美] 西摩·马丁·李普塞特,张华青等译,《一致与冲突》,上海:上海人民出版社,1995年,第204页。

② 王义保,《当代西方国家政党转型的潮流审视》,《社会主义研究》,2011年04期,第72页。

③ 张世鹏,《历史比较中的欧洲"第三条道路"》,《欧洲》,1999年第2期,第10页。

础是欧美主要政党的普遍趋势，法国社会党为了实现建立"新阶级联盟"的目的，提出了联合所有阶级和阶层，要成为"一个公民与多种不同的政治和社会结构之间中介者"；瑞典民主党主张建设成为一个跨越阶级与集团利益的多元化"现代政党"；墨西哥革命制度党也宣称要成为人民全部价值观的代表。

一些共产党不再把自己视为阶级的党，而宣布自己是一个新的群众性政党，是全体国民的自由政治组织。葡萄牙共产党提出自身"不仅是工人阶级和全体劳动者的政党，同时是反映其他非垄断阶级和阶层根本利益的政党"；日本共产党也认为，"日共是工人阶级的政党，同时也是日本国民的党"。保守党和自由党也提出了面向所有阶层开放的口号，在纲领政策中明确维护劳动者社会福利和公民权利，以最大程度地争取社会中下阶层的支持。例如美国的民主党自20世纪以来在经济政策上就倡导国家干预，主张通货膨胀、赤字财政等政策时也力推平衡预算、紧缩通货等举措等等。

（三）组织结构精简化与党内民主化

政党组织结构一般涉及党员队伍及组织运行两个层面，政党组织结构的变化是对外部环境变迁的直接回应。从总量上来看党员构成，政党人数停滞不前，大部分都在缓慢下降。"德国基民盟，1986年拥有党员71.4万，但到2008年只剩53.3万人。英国保守党在1950—1960年时，党员数高达280万人，到200年也只剩56万人。德国社会民主党在1986年有91万党员，到2008年只有53万多人。"[1] 对待党员招募的问题，态度更为开放，方式更为多元化，例如德国社会民主党打破固定党籍的传统做法，建立了"项目党员制"，允许那些不愿承担党员全部义务的人可以在一段时间内入党并随时退党，但前提是要赞成政党部分主张例如法国社会党采取向社会公开党内活动，允许非党人士参与党的会议，设立妇女、青年工作委员会，通过加强舆论宣传等方式吸引更多社会群体入党。党工数量上总体呈下降趋势，但公职部门的党工人数在增加。20世纪70年代后期，公民组织和公民社会日益发展壮大，在政党之外给公民提供了一种可供选择的政治参与和进入政府的渠道，这恰恰削弱了党的基层组织在政治录用和选举动员方面的某些功能，进而就削弱了党的公职部门对基层的依赖，就迫使党的权力结构向有利于党的公职部门倾斜。

---

① 于海清，《国外政党现代化的观察与思考》，《山东社会科学》，2012年第1期，第37页。

在组织建设方面，党内更为民主化是欧美主要政党转型的目标之一，扩展直接民主和提高政党代表性是新的关注点。在党内民主选举方面，特别是在政党领袖和国家公职候选人的选拔上，不断加大直接民主的力度，由全体党员直接投票选举公职候选人。在政策制定方面，许多政党都建立了全国性政策论坛以及其他各种形式和层级的论坛，党员参加政策讨论或通过投票表达对政策草案的意见，经过党内汇总各方意见进行决策。在一些具体问题上进行决策性的党员公决，如英国工党曾就是否修改党章、是否批准选举宣言等进行全党公投。为了提高政党的代表性，党内机构组成及政党公职候选人上，对特定群体，特别是女性、少数民族和青年，都会有相关的比例要求。例如比利时法律规定，政党候选人名单必须做到男女平等，即男女各占50%；名单中前两位不能是同一性别，如不符规定，国家选举机构将拒绝接受名单。①

国民党完成向民主政党转变之后的发展方向是否类似现代西方政党转型的一般趋势，是研究中可以检验与关注的问题。

对于政党变革研究的三种基本的分析路径：

（一）"生命周期分析路径"，其代表性人物是米歇尔斯。他认为政党变革是政党功能发展和成熟的过程，是由自然趋势决定的，所有政治组织都要经历同样的阶段。哈默（Harmel）和琼达（Janda）也同样认为政党变革是一个进化过程。② 他将组织发展比喻为一个类似于生物有机体的发展历程，经过出生、成长、衰退、和死亡等阶段。他们认为，政党追求的目标是多元性，如选票最大化、职位最大化、政策影响最大化等，这些目标的相互作用刺激，推动着政党的变革。

米歇尔斯认为任何政党在成立之初都没有集权化倾向，但随着政党的不断成长，将呈现愈加集权的结构，寡头化趋势也愈加明显。在他看来，掌握组织大权的领袖会形成属于自己利益的特殊团体，这些特殊利益集团可能背离组织原来所追求的目标，权力意识会助长领袖对权力的本能贪欲。政党的组织化程度越高，其代表凌驾于党组织之上的可能性就越高。米歇尔斯认为寡头统治是所有政党都难以避免的局面。但李普塞特在为米歇尔斯《寡头

---

① 王燕、谢峰，《西方政党党内民主发展的新趋势》，《社会主义研究》，2012 年第 4 期，第143 页。

② Deschouwer, *The Survival of the Fittest: Measuring and Explaining Adaptation and Chang of Political Parties*, European Consortium for Political Reseach, 30. March. , 1992, p3.

统治铁律》一书所写的序言中，认为米歇尔斯的观点有所偏颇，"虽然政党组织内部有寡头化趋势，但必须看到政党是整个民主社会的基础所在，它能够确保其代表的集团（阶层）利益不受其他集团侵害。因为政党代表不同利益集团，这就保障了任何群体都不能拥有某种权力对其他多数采取镇压强制等永久性权力，这便是民主制度得以建立的基础。"① 诚然，政党会有寡头主义的发展趋势，但多元主义民主政体的存在，有助于化解政党内部寡头化倾向。

（二）"系统层面分析路径"，是西方政党转型研究中最为重要的派别，迪韦尔热、基希海默尔，卡茨和梅尔都是这一理论的代表人物。他们以组织学和历史主义的研究方法为主，描绘出西方政党转型的一般范式，即从精英党到群众党再到全方位政党再到卡特尔政党。迪韦尔热从西方类型学的组织学方法出发，以政党组织的规模以及政党与次级团体的关系为维度进行分类，将政党分为干部型政党（cadre parties）和群众型政党（mass parties）②。到 20 世纪 60 年代，被基希海默尔（Otto Kirchheimer）称为"全方位政党（catch-all party）"③ 的政党类型开始出现，这种新型政党的特点被概括为以下五点④：（1）意识形态色彩式微；（2）上层领导集团的地位加强；（3）党员个体的作用下降；（4）超越对单一阶层或特定群体的依赖，尽力争取最广泛的社会支持者；（5）与各种利益集团保持最紧密的联系。到了 20 世纪后期，卡茨和梅尔在吸收了干部型政党、群众型政党、全方位政党的论述之后提出了卡特尔政党（Cartel Party）⑤ 的概念。这是一种新的政党类型，主要包括以下特点⑥：（1）政党是国家和社会联系的纽带，逐渐远离社会而融入国家，类似于"准"国家机构；（2）选举是为了挑选更合适的公职人

---

① Michels, Robert, *Political parties: a sociological study of the oligarchical tendencies of modern democracy*, New York: Free Press, 1968, p48 – 49.

② Maurice Duverger. *Political Parties: Their Organization and Activity in the Modern State.* London: Meuthen, 1954, p71.

③ Otto Kirchheimer. *The Transformation of the Western European Party Systems.* Joseph LaPalombara, Myron Weiner, eds. Political Parties and Political Development. Princeton, N. J. : Princeton University Press, 1966.

④ Peter Mair. *The West Europe Party System*, Oxford, New York: Oxford University Press, 1990, p58 – 59.

⑤ Richard Katz, Peter Mair. , *Changing Models of Party Organization and Party Democracy: The Emergence of the Cartel Party.* Party Politics, Vol. 1, No. 1, 1995, pp5 – 28.

⑥ Richard Katz, Peter Mair. , *Changing Models of Party Organization and Party Democracy: The Emergence of the Cartel Party.* Party Politics, Vol. 1, No. 1, 1995, pp5 – 28.

员，而不是针对具体政策，各政党之间的政策差异日益缩小（3）国家财政拨款为政党提供活动经费，而不再依赖党员个人的支持；（4）各主要政党在相互竞争时，都能达成某种默契，既利于自身生存，又能排斥新的政治力量的介入。四阶段的分析范式明显是从欧美政党变化特征的基础上抽象而来，对于威权国家（地区）的政党转型实际并不适用。

"系统层面分析路径"主要是从政党类型学的角度来关注政党的发展与演变，其研究对象细化为政党组织形态的变化，包括组织结构、权力格局、党员配置、政党与选民、社会、国家间的结构性关系等。从精英党、群众党、全方位政党到卡特尔政党，这样的转变基本都源自政党对外部环境变迁的刺激，如普选权的扩大催生了群众型政党，政治活动的职业化和专业化带来卡特尔政党的出现。

（三）"适应性转型路径"。迪克森最早提出了政党"适应性"的问题最，认为政党适应性（party adaptation）是"政党对处在不断运动和变化的政治生态和社会需求的反馈和回应，并以一个民主光谱中从极权到民主发展的一种运动来表示，适应性随着极权或威权政党向民主政党的转型或变革过程而产生"。"与政党的回应性变化（reactionary change）而言的，适应性是更为进步的变化，它意味着政党组织或政治体系对变化中社会政治环境更具变革性的回应（response）。"① 在政治光谱中从极权主义向民主的移动，被认为是政党对外部环境变化的适应性转变，反之则被认为回应性变化。适应性的转型更具主动性，其转型目标也是现代性的，他认为在威权国家政党的适应性转型便可等同政体转型，这种转变包括政党的意识形态、组织结构等方面。这种变化可能是"渐变"也可能是"突变"，外部环境或内部权力的剧烈变化都可能导致政党的突变，但这具有随机性和偶然性。

迪克森认为并非生存下来的政党就具有适应性，有些政党在一个短期内，即使僵化也能保持生存，但只有那些具有较强适应性的政党更能够促进民主转型，他将政党顺应和推动民主转型视为政党的"适应性"。用适应性来解释威权国家的"一党制"的演变，虽然有一定的道理，但是更进一步考察这些国家（地区）的政党就不难发现：一些政党能够适应或顺应外部环境的变迁，进而做出改变，而另一些政党却抗拒这种变迁，甚至以拖延国

---

① Bruce J. Dickson, *Democratization in China and Taiwan: the adaptability of Leninist parties*, Oxford, New York: Oxford University Press, 1997, p7.

家现代化来应对这种改变；一些政党顺应潮流却"搬起石头砸自己的脚"，政党被改革所吞噬消亡；另一些政党又能在政体转型中实现政党转型，进而成为竞争性政党体制中的重要力量。遗憾的是，迪克森并没有对于这种差异的原因予以系统的分析与解释。无论是"生命周期理论"，还是基于西方政党特点的"系统层面分析"，似乎都很难回答这一问题。

第二节 后发达国家（地区）政党的类型及其转型

政党转型的一般趋势展现了欧美国家主要现代政党的发展方向，三种政党转型路径从不同视角展现了政党演变的主要途径，但这些理论并不能充分解释后发现代化国家（地区）的政党演变。从后发达国家（地区）政治发展的现实来看，执政党面临"政体"和"自身"的双重转型：一些执政党能适应外部环境的变化，做出改变走向民主体制，政党仍表现持续的生命力，顺利完成"双重转型"；而另一些政党却不能应现代化发展而变革，最终被现代化进程所吞噬；还有一些政党在自身现代化的道路上困顿不前，甚至逆潮流而为，以此拖延国家现代化来减少政党转型的压力。为何不同政党在现代化道路上展现出如此不同的景象，以西方民主政治为背景的理论似乎很难回答这些问题。

欧美现代化国家的政党是在竞争性政党体制下生存和发展，是代议制民主的产物。"政党是任何现代民主政体所不可缺少的，政党执政是现代民主政治的基本运行方式。"[1] 因此，有学者认为"较之民主政府而言，政党对威权主义政府的意义相对较小。威权主义统治者或是先将政党干脆抛到一边，宣称全国团结在自己身边而政党完全没有必要；或是在某种一党制国家的表面下维持其个人的统治。"[2] 不言而喻，这种认知太过狭隘。一党制通常存在于威权国家，亨廷顿认为，"一党制多产生和盛行于现代化初期，因为这一时期传统的社会结构被打破，一党制是由政治体系中较为现代化的社会力量所形成，其目的在于对抗落后社会力量。"[3] 一党制的演变直接关系

---

[1] Maurice Duverger, *Political Parties: Their Organization and Activity in the Modern State*, London: Methuen, 1964, p20.

[2] ［英］罗德·黑格、马丁·哈罗普著，张小劲、丁韶彬、李姿姿译，《比较政府与政治导论》，北京：中国人民大学出版社，第 286 页。

[3] Samuel P. Huntington, *Social and Institutional Dynamics of One - Party System*, Samuel P. Huntington and Clement H. Moore, eds., Authoritarian Politics in Modern Society: The Dynamics of Established One-party Systems, New York: Basic Books, 1970, p12.

到威权国家（地区）的发展。

一党制中政党的产生与西方发达国家政党的产生有很大不同。西方民主政治是资本主义经济发展到一定阶段的必然产物，西方政党又是民主政治的产物。资本主义的发展产生了不同的利益集团，他们组织起来就形成了早期的西方政党。代表不同利益集团的政党在"自由""平等"的价值基础上，通过竞争上台执政，实现集团利益最大化。而现代西方政党已经趋于中间化，不仅仅只代表某一阶层的利益。后发达国家（地区）的政党一般先于国家政权产生，在领导民族独立解放运动中，通过暴力夺取政权，执政后依然通过暴力机关控制国家社会，党国一体，形成单一政党长期执政的局面。亨廷顿认为，二战后通过民族独立和解放运动建立的亚非拉国家往往实行一党制，相较于军人政体和个人政体，一党制更为持久更有利于国家发展和政治稳定。① 亨廷顿一向重视政治制度的秩序和稳定，以及提供公共产品的能力。一定阶段内一党制的确能保证国家的稳定与秩序。但只要一党制政权需要通过推动国家（地区）现代化发展的良好执政绩效来维持自身合法性时，这种稳定的制度就会受到挑战，一党制中的政党就面临政体转型和自身转型的双重使命。

一、后发达国家（地区）政党体制的主要形式——一党制

一般而言，一党制就是政权被一个政党所垄断，任何其他政党不被允许存在。这些地区执政党的形态与变化直接关系其政体的演变，忽视对一党制的研究和关注等于放弃对后发现代国家政治发展的关注。当然，前文已经谈过对一党制的研究不能按照既有的西方政党政治的经典范式来进行讨论，也不能将政党与政体混为一谈来考察，更不能视政体的变化为研究的终点，伴随政体变化的原有执政党的存续问题也是十分值得关注和探讨的。

（一）一党制的分类

萨托利用"是否存在竞争"的标准将政党制度分为竞争性体制和非竞争性体制，他认为对竞争的判断"是根据实际情况而不是根据法律规定来判断的。不论法律规定如何，只要竞争终止了，那么非竞争就开始了。"②

---

① ［美］塞缪尔·P. 亨廷顿，王冠华、刘为等译，《变化社会中的政治秩序》，上海：上海人民出版社，2008 年，第350—355 页。
② ［意］G·萨托利，王明进译，《政党与政党体制》，北京：商务印书馆，2006 年，第299 页。

"非竞争的情形是不能仅仅依据候选人没有遇到对手而获胜来判断，只有当一个政体不允许竞争时，该体制才是非竞争性的。"① 一党制只存在一个政党且只允许一个政党存在，因此，一党制被归为非竞争性体制。但是一党制在实践中具有多样性复杂性，学者们根据不同的标准对一党制进行了分类，使一党制的研究更为理论化系统化。

整个政治体系中只存在唯一政党，再称为"体系"就已经很不准确了。一党制与多党制"除了这种在规模上的不同之外，一党制下的政党展示了整体主义或整体性的特点，因为它完全否定整体是来自部分间的互动这一观点。即使在该类政党内部，任何正式的党内派别都是被禁止的，被认为是异端邪说，是不能容忍的离经叛道。"② 一个政党不能单独产生其自身的系统，及政党体系，那么单一政党属于什么样的体系单位呢？鉴于单一政党不能与其他政党相互作用，萨托利就用"党国体制"这个词来定义系统所处的位置。"尽管作为部分的政党正由于这个原因不能把自己等同于国家，作为整体的政党从概念上讲只能把自己等同于国家。两个整体只有倾向一直才能共存。从这个意义上来说，单一政党可以被看作是国家的复本。"③ 他还强调，任何情况下党国体制都是"一元系统"，并由此对党国体制作了限制④：第一，在党国体制中，公共行政大体上只是党务的副产品。……其次，凭才能任命的文官制度倒很可能和党务职业体制同时存在。只要政党控制着官僚，这种处理方式肯定有利于效率的获得。第三，在技术工作上，党必须吸收技术人才。这里，磐石暴露出其大得裂纹，因为政党政客和技术专家之间的关系可能成为非常棘手的问题。第四，在由共产党的政治机构构成的国家（如伊勒斯库所称呼的）中有若干机构，这些机构是如何相互协调的（特别是政治警察、军队和党的机构适合如发生关系的）的确是一个复杂的问题，这里包含了巨大的可能性和变数。

1. 基于"压制性程度"的分类

萨托利认为一党制在镇压烈度、压迫性统治的烈度上是不同的，他根据胁迫或镇压的烈度存在递减的顺序，做出了三种式样的区分：极权主义一党

① ［意］G·萨托利，王明进译，《政党与政党体制》，北京：商务印书馆，2006 年，第299页。
② ［意］G·萨托利，王明进译，《政党与政党体制》，北京：商务印书馆，2006 年，第61页。
③ ［意］G·萨托利，王明进译，《政党与政党体制》，北京：商务印书馆，2006 年，第70页。
④ ［意］G·萨托利，王明进译，《政党与政党体制》，北京：商务印书馆，2006 年，第71页。

制、独裁主义一党制、实用主义一党制。① 萨托利强调意识形态因素是其中一个关键变量，"决定（度量）一党制国家榨取—压迫性能力（extractive-repressive capacities）的最强大唯一因素是意识形态因素。更确切地说极权和独裁政体被认为是反映了不同的意识形态烈度"②。此外，他还使用"次级集团和次体系的独立性"等指标来考察这三种模式。基于上述标准，极权主义一党制是政党对公民全部生活经验的渗透、动员和垄断控制的最高程度，具有强烈的意识形态，是政党谱系中最极端的一种。极权主义一党制都致力于破坏次级体系，甚至任何次集团的自主权，在国家控制和私人生活范围之内没有一条可划分的界限。独裁主义一党制难有实力渗透到整个社会，不是全面渗透的而是"排他性"的。独裁主义一党制在意识形态烈度、压榨性和动员能力方面都低于极权主义一党制，其体制特性阻碍次体系，却容忍次集团的自主性。次级集团也都谨慎地远离政治，单纯专注自己的事业。实用主义一党制则处在意识形态最低点，与其他两种一党制类型相比，强制性更少，更多地采用包容性的政策，而不是排他性政策。它缺少意识形态上的内聚力，与外部集团的关系是凝聚性的，而不是破坏性的，对次集团的自主性相当开放，对边缘性的次体系也保留一定空间（见表1.1）。

表1.1　单一政党国家特征

标准	极权主义一党制	独裁主义一党制	实用主义一党制
强制性、压榨性及动员性	高	中	低
意识形态	强大且全面控制	较弱且非全面控制	不相关或非常微弱
外部集团的政策	破坏性	排斥性	吸纳性
次集团独立性	无	限于非政治性团体	允许或宽容
专断性	无限且不可预测	在可预见的范围内	受到限制的

资料来源：［意］G·萨托利，王明进译，《政党与政党体制》，北京：商务印书馆，2006年，第317页。

2. 基于"意识形态—实用主义"向度的分类

就政党所处的政治环境而言，萨托利认为还存在一类一党制，即"以一个政党为中心"同时也存在一些第二等级的边缘性小党，这些边缘性的、

---

① ［意］G·萨托利，王明进译，《政党与政党体制》，北京：商务印书馆，2006年，第306页。
② ［意］G·萨托利，王明进译，《政党与政党体制》，北京：商务印书馆，2006年，第308—309页。

从属的小政党可能在政治体系中具有某些重要作用，不应该忽略不计，萨托利将之称为"霸权一党制"，它属于非竞争性政党体制（见图 1.1）。

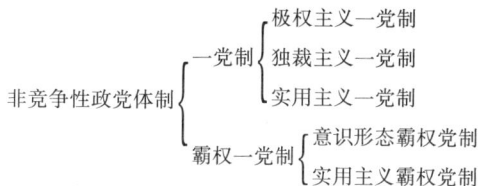

图 1.1　萨托利对非竞争性政党体制的分类

资料来源：［意］G·萨托利，王明进译，《政党与政党体制》，北京：商务印书馆，2006 年，第 305—333 页。作者整理。

霸权党制不允许正式的、事实的权力竞争，其他政党都是作为第二等级特许的政党而存在。他们不被允许在平等条件下与霸权党竞争，轮流执政就不会发生，霸权党将一直执政。"尽管主导党仍然服从构成负责人政府的条件，没有真正约束迫使霸权党顺应民愿。不论其执行什么样的政策，其主导地位是不会受到挑战的。"① 萨托利并不赞同把这种体制描述为"以合作为基础的多党制"，他认为霸权党制绝不是多党制，至多是一种双层体制，在这样的体制中，霸权党容忍并随意地把权力的一部分分配给从属性的政治集团。例如，波兰在 1965 年、1969 年和 1972 年的选举中，255 个席位（55%）属于共产党，117 个席位属于统一农民党，39 个席位属于民主党，另外 49 个席位属于独立人士。统一农民党和民主党在表决时总是与共产党保持一致。② 霸权党容忍竞争只是一种表象，实质的竞争没有发生，也不能容忍竞争。

霸权党制在榨取和强制能力方面的表现不同，萨托利根据"越是独裁主义类型的政党同时也越可能是意识形态类型的政党"这一假设③，从"意识形态—实用主义"的向度将霸权党制分为：意识形态霸权党制和实用主义霸权党制。墨西哥是典型的实用主义霸权党制，就墨西哥革命制度党的名称演化而言，从国家革命党（1929—1937），到 1938 年解散又以"革命党"重建，再后又更名为革命制度党，这就足以体现其政党很强的包容性和凝聚

---

① ［意］G·萨托利，王明进译，《政党与政党体制》，北京：商务印书馆，2006 年，第 322 页。

② ［意］G·萨托利，王明进译，《政党与政党体制》，北京：商务印书馆，2006 年，第 322—323 页。

③ ［意］G·萨托利，王明进译，《政党与政党体制》，北京：商务印书馆，2006 年，第 323 页。

力，是成熟的实用主义政党。而它周围也环绕着几乎固定力量的小党：国家行动党、社会主义人民党、墨西哥革命党。长期分配给小党的席位封顶不超过 20 席，这就固定了这些外围政党的二等角色。波兰是意识形态霸权党制的代表，二战后波兰在苏联的势力范围内，各项国内事务都受到苏联的牵制，1948 年波兰工人党和波兰社会党合并，成立了波兰统一工人党，而后开始了长达 37 年之久的霸权党制，其附庸党包括统一农民党、民主党以及三个天主教会的政治组织。附庸党"享有各个层次的政府的和管理的职位，……并影响公众舆论，……但并不试图削弱霸权党的地位。"[1] 波兰并不像典型"苏联模式"的国家，统一工人党并没有形成对社会的全面控制，社会力量有其生长的空间。波兰在战后曾积极推行农业集体化和工业化，造成了严重的社会不满。1956 年波兹南事件后哥穆尔卡上台执政，结束了强制性的农业集体化运动，给人民更多的自由，改善政教关系等。1970 年盖莱克上台实行了高工资、高消费的经济政策，实行对外开放，积极引进外资，允许公民出国旅游等措施，释放了一定的自由空间，工人权利得到更好的保障。因此，不同类型的一党制其强制性镇压性不同（见图 1.2）：强制性弱的，意识形态色彩淡化，偏向实用主义，次级集团的自主性强；镇压性强的，意识形态色彩浓厚，对次级集团进行严密控制。这些因素都深刻影响和决定了一党制的发展方向。

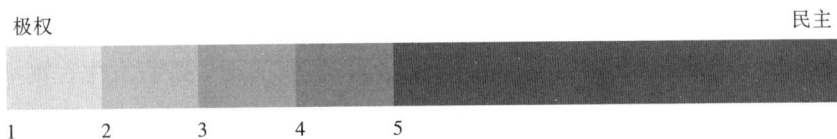

图 1.2 不同类型一党制在政治光谱中的位置

注：1 代表极权主义一党制；2 代表独裁主义一党制；3 代表实用主义一党制；4 代表意识形态霸权党制；5 代表实用主义霸权党制

资料来源：［意］G·萨托利，王明进译，《政党与政党体制》，北京：商务印书馆，2006 年，第 305—333 页。作者制图。

3. 基于对待"社会分裂"不同态度的分类

细化一党制的类型有利于解释一党制不同的演变轨迹。美国著名政治学

---

① Allardt and Littunen, eds., *Cleavages, Ideologies and Party System*, Helsinki：Westermarck Society, 1964, p283.

家亨廷顿特别重视这一问题，国内学界对其关于"政治发展与政治参与""文明的冲突"等观点十分熟知，但对其有关一党制的研究却知之甚少。亨廷顿首先认为不能单纯以数量标准来区分一党制和多党制，数量的标准也不能有效地考察一党制或多党制在不同历史阶段的演化轨迹。因此，亨廷顿从一党制的不同起源出发区分了两种政党类型，他认为一党制源于社会分裂。社会分裂的扩大会带来不同利益集团的两极对立，政治精英就组织一种社会力量对另外一种社会力量实施统治，并将这种统治合法化，一党制就此产生。社会分裂可以发生在两个社会经济集团之间，也可以发生在两个种族、宗教、民族之间。在欧洲历史上，这些社会势力的二元对立通过国家分裂得到解决，例如挪威脱离瑞典。也可通过建立一党制的极权国家得以解决，比如意大利和德国的法西斯统治。后发国家（地区）的社会分裂却不能像西欧通过国家分裂和领土分离而解决，它们的社会分裂是政治精英通过实施统治，建立一党制来解决的。但不同的一党制对待社会分裂所采取的策略是不同的，即对社会分裂的态度和回应方式不同，据此亨廷顿将一党制分为两类，即排他性一党制（exclusion One-party system）和革命性一党制（revolutionary One-party system）。

排他性一党制"接受社会分裂并运用政党作为动员方式，以此获得选民支持，同时镇压或限制从属力量的政治活动。政党实际上通过限制政治参与保持其垄断地位"。① 相反，革命性一党制的政党领导会尽力去消解这种社会分裂，通过清除从属社会力量收紧对整个社会的控制，以此回应支持者；或者通过吸收从属社会力量来扩大支持者以回应社会挑战。基于种族、民族分裂的一党制通常实行排他性政策，但并非排他性一党制必须基于种族、民族的分裂。革命性一党制多基于阶级、职业和其他经济原因的分裂形成。排他性一党制的社会动员是不均衡的，即一部分社会力量被高度动员，另一部分社会力量是低度动员。革命性一党制下全体社会成员都被高度动员。

总之，排他性一党制中的领导精英致力于无限期维持分裂社会，以及无限期把从属集团排除出政治之外，通过限制从属集团政治参与的范围来垄断

---

① Samuel P. Huntington, *Social and Institutional Dynamics of One - Party System*, Samuel P. Huntington and Clement H. Moore, eds., Authoritarian Politics in Modern Society: The Dynamics of Established One-party Systems, New York: Basic Books, 1970, p15.

政治权力。而革命性一党制的领导精英则通过消除反对势力或与反对势力对话的方式，将他们变为支持者，致力于建立一个平等的或无阶级的社会，加快结束社会分裂。

表 1.2　排他性一党制与革命性一党制的区别

	排他性一党制	革命性一党制
社会分裂的原因	种族、民族等原因	阶级、职业等经济原因
政党对待分裂的态度	维持社会分裂	消除社会分裂
社会面貌	存在社会阶层	社会无阶层
社会动员	部分动员	全体动员

资料来源：Samuel P. Huntington, *Social and Institutional Dynamics of One - Party System*, Samuel P. Huntington and Clement H. Moore, ed., Authoritarian Politics in Modern Society: The Dynamics of Established One-party Systems, New York: Basic Books, 1970, pp4 - 13. 作者制表。

亨廷顿通过政党与政治体系中其他机构（集团）力量的对比，确定了三个标准来考察一党制中政党实力的强弱[①]：（1）政党对政治合法性垄断的程度（的垄断程度）；（2）政党对甄选政治领导的垄断程度；（3）政党在利益聚合和政策制定上的垄断程度。用这三个标准可区分同一类型政党体制的不同亚类型，还可以用来区分同一政党体制的不同发展阶段。亨廷顿认为，强一党制下政党在上述三方面都发挥作用，也不是绝对的垄断；在弱一党制下的政党在这三方面的作用就很小。"短期而言，稳定且有效率的威权统治可能与一个弱政党共存。但长久而言，一个威权体制的实力在很大程度上依赖于其政党的实力。"[②] 排他性一党制属于弱一党制，革命性一党制属于强一党制，较之于排他性一党制，革命性一党制更能保持长期统治地位。

（二）"一党制"与主导党制、多党制的区别

1. 一党制与主导党制的区别

主导党制（Dominant Party System）（也被称为一党独大制）是指在多党竞争中，一党长期执政，其他反对党长期在野的一种特殊政党体制，属于竞

---

① Samuel P. Huntington, *Social and Institutional Dynamics of One - Party System*, Samuel P. Huntington and Clement H. Moore, eds., Authoritarian Politics in Modern Society: The Dynamics of Established One-party Systems, New York: Basic Books, 1970, p6 - 7.

② Samuel P. Huntington, *Social and Institutional Dynamics of One - Party System*, Samuel P. Huntington and Clement H. Moore, eds., Authoritarian Politics in Modern Society: The Dynamics of Established One-party Systems, New York: Basic Books, 1970, p9.

争性体制。萨托利认为，"主导党体制处于竞争性政党的边缘。"① 换句话
说，"主导党制"是竞争性政党体制的最低层次，民主的发育程度也不健
全，是一种不成熟的民主形式，与两党制相比不具有先进性。"主导党制"
有可能演变为非竞争性政党体制，也有走上独裁专制道路的可能性。日本自
民党、印度国大党、新加坡人民行动党、马来西亚巫统、墨西哥制度革命
党、瑞典社会民主党、挪威工党、南非非国大等国，都曾产生或现在仍然是
主导党制模式。曾经的意大利法西斯党、德国纳粹党、西班牙长枪党等是真
正建立和实行过一党制的国家。安德鲁·海伍德（Andrew Heywood）特别
强调不能把主导党制与一党制相混淆，尽管他们有时展现出共同特征，但主
导政党体制中仍存在众多的政党在有规律的大选中为权力竞争，可以认定主
导政党体制还是有竞争的。② 在政党谱系中，一党制属于非竞争性体制，主
导党制属于竞争性体制。

　　主导党制毫无疑问属于政党多元主义范畴，大党之外的政党不仅被允许
存在，而且也作为主导党在法律上的合法竞争者而存在，主导党制存在着一
个以上政党，总能长期赢得议会的绝对多数，轮流执政实际上不会发生。其
反对派不用面对很多官方限制，也不会受到侵扰。尽管其执政党会利用职权
和执政资源以维系政治支持，但政党和国家分离的法定原则一般都会得到遵
守。主导党体制的政治进入门槛很高，但也不是无法进入，也有很多占主导
地位的政党被选举下台。主导党制与一党制（或一党霸权制）的区别是，
主导党制存在公平的竞争，反对势力被允许合法存在，出版言论结社等民主
要素也都存在。一党制中，这些民主要素都被强制性禁止，弱势一党制允许
某些要素在其控制下得以发展，但这与主导党制下情形完全不同。

　　主导党制与一党制中政党的影响力不同，亨廷顿认为"在一党制下，
比如波兰、墨西哥，其他政党可能存在，但它们几乎没有影响。他们类似于
两党制下的少数党。因此一党制不同于主导党体制，主导党体系是有一个主
要政党，它有管理的能力，在政治竞争中，几个小党可以被主要政党忽
略。"③ 20 世纪 50 年代，印度国大党（The Congress Party）是印度的主导政

---

① ［意］G·萨托利，王明进译，《政党与政治体制》，北京：商务印书馆，2006 年，第 294 页。

② Andrew Heywood, *Politics*, Basingstoke：Macmillan/Palgrave, 1997, p243.

③ Samuel P. Huntington, *Social and Institutional Dynamics of One – Party System*, Samuel P. Huntington and Clement H. Moore, eds., Authoritarian Politics in Modern Society：The Dynamics of Established One-party Systems, New York：Basic Books, 1970, p5 – 6.

党，但国大党并不能统治（管理）其外部力量。其他政党得以生存并作为"压力政党"，类似于两党制中的压力集团，他们对国大党的政策制定和领导阶层都产生过重要影响。在墨西哥，要对革命制度党（The Partido Revolution Institutional）施加压力，只能在其党内进行，其他政党几乎没有作用。一党制中，其利益的表达被要求在其政党范围之类，但在主导党制中，自身利益的表达需要在党内但要通过其他政党。

2. "一党多元主义"与多党制的区别

"一党多元主义"的代表人物迪韦尔热认为，当派别在一党制下的政党内自由发展时，多元主义在该党内就得以再生且可以发挥同样的作用。因此，"一党多元主义"可能存在某种政治民主因素。但萨托利明确表示①，（如果事实上存在的话）内部存在派别的一党制与存在一个以上政党的体制是完全不同的政党体制。党内派系竞争不能代替政党之间的竞争。在一党制内，领导人之间的竞争是统治者内部的斗争，其结果不用去经受选举竞争和合法化的检验，党内分歧是由于"私人"的而非"功能性的"竞争。多党（含两党）制中，不仅有党内竞争还有政党之间的竞争，政党间竞争的意义十分重大，政党领导人之间的对立是间接的，他们是通过争取选民而相互竞争，这样会产生影响深远的结果。

就国家与政党关系的角度而言，一党制下，国家和政党相互重叠，在多元体制下，他们是相互分离的。一党制下，党的观点是国家的观点，"它们都被'谁在掌权'这个尺度所定位，在这个意义上，正是国家的观点吸收了政党的观点"②。相反，在多党制下，政党处于国家与社会之间，在统治者和被统治者之间，政党以"谁被统治"的尺度来制定政策，因此政党政策倾向于成为国家政策。换句话说，"一党制国家造就了权力独裁，而多党制则使权力民主化"。③ 多党间竞争时，只有政党得到被统治者支持，才能实现统治。一党制的政党持续不断的统治，所面临的主要问题是由谁来统治本党。

萨托利认为，并不是一党制欠缺某些东西，而需要提供某些作以弥补或交换。无论是一党制还是多党制，政党内的竞争都会发生，这只是一个竞争选举的过程。多党制国家应该包含两个维度的竞争选举，即政党内部的竞争

① ［意］G·萨托利，王明进译，《政党与政党体制》，北京：商务印书馆，2006 年，第 78 页。
② ［意］G·萨托利，王明进译，《政党与政党体制》，北京：商务印书馆，2006 年，第 78 页。
③ ［意］G·萨托利，王明进译，《政党与政党体制》，北京：商务印书馆，2006 年，第 78 页。

选举，政党之间的竞争选举。政党之间的选举竞争意味着，"多头政治'民主化'的东西：选举竞争和自由选举"①，这是一党制所欠缺的，这种缺陷是党内竞争无法弥补的。

二、一党制的演变路径

西方政党由于体制机制的原因，对外部环境的反应比较敏感，可以通过选举结果而刺激政党做出改变，以争取更多选票维持自身的生存和发展。西方政党演变与发展的既有理论比较丰富和成熟，但无论是"生命周期理论"，还是基于西方政党特点的"系统层面分析"，抑或"适应性转型路径"，似乎都很难解释一党制发展演变的多样性。一党制的"机制并不被认为是可以自我改变的，并且它们的结构对环境改变产生的压力在很大程度并不敏感"②。在萨托利看来，一党制很难发生改变，一党霸权是其发展的方向，实用主义色彩浓厚的一党制更容易变革。亨廷顿把不同性质政党的变革分为两种路径：对于排他性政党而言③，随着社会和经济的现代化，排他性一党制会走向多党制。

（一）排他性一党制的三种演变路径

在萨托利看来，一党制的"机制并不被认为是可以自我改变的，并且它们的结构对环境改变产生的压力在很大程度并不敏感"④。也就是说，一党制很难发生改变，一党霸权是其发展的方向。亨廷顿则认为，随着社会和经济的现代化，排他性一党制也有走向多党制的可能⑤。

排他性政党以三种可能的方式回应现代化所带来的挑战⑥：第一种方

①　[意] G·萨托利，王明进译，《政党与政党体制》，北京：商务印书馆，2006年，第79页。

②　[意] G·萨托利，王明进译，《政党与政党体制》，北京：商务印书馆，2006年，第316页。

③　Samuel P. Huntington, *Social and Institutional Dynamics of One – Party System*, Samuel P. Huntington and Clement H. Moore, eds., Authoritarian Politics in Modern Society：The Dynamics of Established One-party Systems, New York：Basic Books, 1970, p18.

④　[意] G·萨托利著，王明进译，《政党与政党体制》，北京：商务印书馆，2006年，第316页。

⑤　Samuel P. Huntington, *Social and Institutional Dynamics of One – Party System*, Samuel P. Huntington and Clement H. Moore, eds., Authoritarian Politics in Modern Society：The Dynamics of Established One-party Systems, New York：Basic Books, 1970, p18.

⑥　Samuel P. Huntington and Clement H. Moore, *Authoritarianism, Democracy, and One – Party Politics*, Samuel P. Huntington and Clement H. Moore, eds., Authoritarian Politics in Modern Society：The Dynamics of Established One-party Systems, New York：Basic Books, 1970, p510.

式，它们试图减缓社会和经济的改变，以缩小现存精英冲突，阻碍社会力量政治意识的觉醒，换言之，即通过延缓国家现代化，以此延缓自身变革。第二种方式，政党领导会通过抑制的手段去容纳精英的分歧和大众的不满。越来越多的运用政策、控制策略、内部手段等多种方式，使一党制日趋保守和镇压，甚至可能走向革命性一党制。对反对性社会力量抑制越多，支持性社会力量就需要更多的政治参与，他们被组织起来进入军队或者自我保卫部门。对反对性社会力量而言，这个体制变得更加独裁专制。但对支持者而言，这个体质变得更加平民化。尽管这意味着更有利于政治精英延缓政治体系的崩溃，保护其独裁统治。然而，如果反对性社会力量实力与其支持性社会力量实力相等或更为强大，类似社会动员很可能通过革命或分裂破坏其体制。第三种方式，排他性一党体制的领导接受现代化及其政治结果，并试图去适应政治体制的改变。一部分政治精英在他们与其他政治精英斗争的过程中，可能会降低现存分裂的重要性，并寻求之前被排除在外的社会力量的支持。支持性社会力量和之前被排除在外的反对性社会力量都能够在同样的政治框架内表达他们的利益。以分化为前提的政党体系，反对派要求被排除的社会力量形成新的政治组织。现存政党的主导力量致力于容纳被排斥的社会力量和反对派的政治精英，进而形成以自身为基础的新的政治组织，至此两个或更多的政党会出现。

（二）革命性一党制走向稳固一党制的路径

在亨廷顿看来，革命一党制会经历三个阶段[①]：转型、巩固、适应，最后达到稳固的一党制。就理论而言，这些阶段有明显不同。实践上，它们可能有所重叠。所谓"转型阶段"，并不是政体转型或政党转型意义上的变革，是对原有体制的统一与固化，摧毁老的秩序，取而代之新的制度，建立一个同质的社会结构而不是一个分裂的社会，将所有次级集团都置于政党的控制之下，政权的生命主要依靠政党对次级团体的控制和镇压能力。在这个阶段领袖和意识形态发挥重要作用，一般都会存在一个卡里斯玛（Christmas）型的强势领袖来统领政党，以此填补破坏旧秩序后留下的权威真空。

第二个阶段是"巩固阶段"，进入巩固阶段后，政党领袖和意识形态的

---

① Samuel P. Huntington, *Social and Institutional Dynamics of One – Party System*, Samuel P. Huntington and Clement H. Moore, eds., Authoritarian Politics in Modern Society: The Dynamics of Established One-party Systems, New York: Basic Books, 1970, p24.

作用与政党规范化、制度化之间的矛盾愈发明显。巩固阶段分裂已经消除，意识形态的作用在衰落。对政党领袖而言，他希望个人权力最大化，反对政党制度化发展，试图削减党的权威，因此领袖个人可能通过国家暴力机关（如军队、警察）或者社会动员的方式来平衡政党权力。亨廷顿认为，"对巩固阶段的一党制而言，最重要的问题是权力继承的制度化"，[①] 对最高领导人的任期、权限进行限制，或实行集体领导。这个阶段，领袖个人和政党制度化之间的内在冲突产生了向官僚化和寡头化领导发展的趋向。一党制权力继承制度化可能会导致权力在几个人中进行分割，也可能会导致权力集中在一个手中。

第三个阶段是"适应阶段"，前两阶段的冲突和挑战主要在政党内部，而这一阶段主要面对的是政党如何定义其角色的问题，"这一阶段的挑战在于政党如何调整与外部环境尤其是社会的关系。"[②] 政党要面对来自四个方面的挑战：一是新兴技术官僚阶层的出现。二是复杂利益团体的形成，这包括专业团体、工商业团体、劳工团体及其他社会经济团体的地位越来越重要。三是批判性知识分子群体的出现，这一群体疏远权力。四是政党如何应对大众政治参与的要求。政党在上述四方面做出回应和努力的同时，一个稳固的一党制就已经形成。

```
                    →延缓变革
      ┌排他性一党制┤→革命一党制
      ┤            →多党制
      └革命一党制：转型→巩固→适应→稳固一党制
```
图 1.3　排他性一党制与革命一党制的演变路径

资料来源：Samuel P. Huntington, *Social and Institutional Dynamics of One – Party System*, Samuel P. Huntington and Clement H. Moore, ed. , Authoritarian Politics in Modern Society：The Dynamics of Established One-party Systems, New York：Basic Books, 1970, pp15 – 35. 作者制图。

（三）稳固一党制走向民主的可能

亨廷顿和摩尔（Clement H. Moore）认为稳固的一党制也有走向民主体

① Samuel P. Huntington, *Social and Institutional Dynamics of One – Party System*, Samuel P. Huntington and Clement H. Moore, eds. , Authoritarian Politics in Modern Society：The Dynamics of Established One-party Systems, New York：Basic Books, 1970, p29.

② Samuel P. Huntington, *Social and Institutional Dynamics of One – Party System*, Samuel P. Huntington and Clement H. Moore, eds. , Authoritarian Politics in Modern Society：The Dynamics of Established One-party Systems, New York：Basic Books, 1970, p33.

制的可能，这取决于三个条件①：第一，前革命一党制社会的性质。革命一党制一旦成为稳固的一党制，前革命一党制的某些政治形式和实践特征必定会整合进新体制中，因此稳固一党制中必定包含前体制的一些特征，前革命一党制的性质对政体的演变有重要影响。胡安·林茨（Juan J. Linz）在探讨民主转型与巩固问题时，也特别强调先前非民主政体的特质对于该政体民主转型与巩固的影响，他认为"初始的非民主政体所具有的特征对可行的转型道路、对不同国家开始努力建立巩固的民主政体时所面临的任务具有深刻的意义。"② 詹妮弗·甘迪（Jennifer Gandhi）在《独裁统治下的政治制度》一书中也明确表示，威权体制的政治结果开始于其政治起源。③ 革命性一党制是现代化进程的重要政治结果，是现代化进程中的高潮，因此革命性一党制较少再受到现代化的影响，真正对现有体制发展产生影响的是原革命一党制中特殊文化传统和既有行为模式，即前现代社会的非正式制度会对稳固一党制的民主化起到奠基作用。

第二，国际环境。在对国家民主化的研究中，学界通常都会考虑外部因素的影响，尤其是国际环境对国内政治发展的影响。亨廷顿认为，"国家政治发展常常决定性地源于国际动力和强制力。……美国的外交政策使拉丁美洲很难走向革命一党制，苏联的影响使东欧不可能民主化"。④ 列维茨基（Steven Levitsky）和威（Lucan Way）通过对35个国家的政治发展的研究发现，"国际影响"在其中起到重要作用⑤。"国际影响"包括西方压力（western leverage）和西方联系（linkage to the west）两个方面。西方压力主要是西方国家施加压力，要求其进行民主化改革，主要手段就是实施制裁。在面对外部施加压力和制裁时，政体的抗拒和承受能力以及与西方讨价还价

① Samuel P. Huntington and Clement H. Moore, *Authoritarianism, Democracy, and One - Party Politics*, Samuel P. Huntington and Clement H. Moore, eds., Authoritarian Politics in Modern Society: The Dynamics of Established One-party Systems, New York: Basic Books, 1970, pp510 - 513.

② ［美］胡安·J·林茨、阿尔弗莱德·斯泰潘，孙龙等译，《民主转型与巩固的问题：南欧、南美和后共产主义欧洲》，杭州：浙江人民出版社，2008年，第56页。

③ Gandhi Jennifer, *Political Institutions under Dictatorship*, New York: Cambridge University Press, 2008.

④ Samuel P. Huntington and Clement H. Moore, *Authoritarianism, Democracy, and One - Party Politics*, Samuel P. Huntington and Clement H. Moore, eds., Authoritarian Politics in Modern Society: The Dynamics of Established One-party Systems, New York: Basic Books, 1970, p511.

⑤ Steven Levitsky and Lucan Way, *Competitive Authoritarianism: Hybrid Regimes After the Cold War*, New York: Cambridge University Press, 2010. p5.

的能力，都决定了政体的发展。西方联系是指政权与西方国家或国际组织，在经济、军事、外交、科技 等领域的互动，包括跨国资本、贸易、人员和咨询的流动。与西方的密切联系的政权，西方压力和干预对本国政权的影响较大，较容易走向民主化。而与西方关系不那么密切的国家（地区），国际因素的影响就比较有限。

第三，政党制度化水平。亨廷顿和摩尔认为，"政党制度化是一党制民主化的必要而非充分条件"①。政党领袖可能选择避免制度化，因为这是一个痛苦的过程，也可能使一党制崩溃或退回无政党独裁主义。逻辑上而言，政党制度化的目标是多样的，可以不包括现代民主自由和多元主义的议题。例如，在南斯拉夫，可以容忍与政治无关的团体与个人的自由。在与政治相关的团体和政治选择上，政党仍然保持着强有力的控制。当与政党利益相关的个人或团体对其认同源自治理制度时，政党为确保这种认同的唯一途径就是团体和个人政治参与的自由化与制度化，这时政党制度化才可能走向民主。否则在一党制逻辑中，对政党好的，便是对社会好的，政党制度化未必有利于民主化，也可能巩固和完善一党统治。

---

① Samuel P. Huntington and Clement H. Moore, *Authoritarianism, Democracy, and One – Party Politics*, Samuel P. Huntington and Clement H. Moore, eds., Authoritarian Politics in Modern Society：The Dynamics of Established One-party Systems, New York：Basic Books, 1970, p513.

第二章 意识形态的现代性与
统治间的张力

亨廷顿和摩尔（Clement H. Moore）认为一党制之前的社会性质影响其民主化的可能①。胡安·林茨特别强调前非民主政体的特质对于该政体民主转型与巩固的影响，他认为"初始的非民主政体所具有的特征对可行的转型道路、对不同国家开始努力建立巩固的民主政体时所面临的任务具有深刻的意义。"② 一党制一旦制度化，之前的某些政治形式和实践特征必定会被整合进入新体制，稳固一党制中必定包含前体制的一些特征，前体制的性质对政体演变具有重要影响。

国民党作为威权政党，"三民主义"意识形态的现代性隐含了"宪政民主"的面向。但其组织结构类似列宁主义政党，并进行威权统治。国民党意识形态所标榜的现代性与现实威权统治之间的张力，使国民党统治呈现有限多元主义。政党特征所带来的张力决定了国民党与列宁主义政党具有完全不同的演变轨迹。已有研究认为国民党退台后实行威权统治，随着经济高速发展，公民社会的成长，在反对势力、西方压力、精英偏好等内外因素作用下，选择启动自由化改革，这样的解释具有一定的说服力。但也应该看到，国民党从建党伊始就宣称坚持"三民主义"意识形态，实行"军政、训政、宪政"三阶段政治路线，其中始终包含着"宪政民主"的指向。国民党政党理念和定位，与其威权统治的现实常常相互掣肘，自相矛盾。它自诩的"宪政民主"受到威权统治的影响而大大"缩水"，其威权统治又受到意识形态的制约，表现出软威权弱势独裁的特征，它与军事独裁的严密性、镇压性、动员能力都大相径庭。意识形态现代性与威权统治间的张力及其制度

---

① Samuel P. Huntington and Clement H. Moore, *Authoritarianism, Democracy, and One – Party Politics*, Samuel P. Huntington and Clement H. Moore, eds., Authoritarian Politics in Modern Society: The Dynamics of Established One-party Systems, New York: Basic Books, 1970, pp510 – 513.

② ［美］胡安·J·林茨，阿尔弗莱德·斯泰潘，孙龙等译，《民主转型与巩固的问题：南欧、南美和后共产主义欧洲》，浙江人民出版社，2008 年，第 56 页。

安排，为日后台湾的民主化改革和国民党的转型奠定了基础。

第一节　中国国民党意识形态的现代性

19世纪90年代末，中国不断受到外国列强的欺凌，清政府拒绝进步知识分子的改革主张，孙中山等一批爱国人士于1894年在美国檀香山创立兴中会，之后又分别改组为中国同盟会、国民党及中华革命党。1919年10月10日孙中山改组中华革命党为中国国民党，以实现"民族、民权、民生"的三民主义为立党宗旨。

作为国民党意识形态的"三民主义"是一个不断发展调和的思想体系。兴中会时期，三民主义思想体系尚处于萌芽状态，这时的民族主义还带有中国传统文化中"汉族本位"的观念，民权主义则是"创立合众政府"，"集会众以兴中"，至于民生主义，则尚未提及，孙中山的救国主张还停留在反清复明的会党性质上。1903年，孙中山在《东京军事训练班誓词》首次提出"驱逐鞑虏、恢复中华、创立民国、平均地权"，1905年在《民报》发刊词上首次将其概括为"三民主义"。"三民主义"深受西方政治文明的影响，在当时中国深受专制统治，倍受外国列强欺凌，人民生活困难等具体国情下提出，虽然存在不足，但作为国民党的意识形态，"三民主义"框架基本延续下来，其最终目标是建立"民主共和及其立宪政体"，实现"民族、民权、民生"的三大目标，对国民党的政党组织及威权统治都产生了深刻影响。

一、"三民主义"意识形态

所谓三民主义，即民族主义、民权主义和民生主义。孙中山在1924年《国民党一大宣言》中指出："国民党之民族主义，有两方面意义：一则中国民族自求解放；二则中国境内各民族一律平等。"[1] 民族主义是实现国家主权的独立与统一，是实行三民主义的前提。孙中山早期的民族主义思想中存在汉族本位主义的狭隘性，1906年《同盟会军政府宣言》中写道，"维我中国开国以来，以中国人治中国，虽间有异族篡据，我祖宗常能祛除光复，以贻后人。今汉人倡率义师，殄除胡虏，此为上继先人遗烈，大义所在，凡

---

[1]　孙中山，《孙中山选集》（下册），北京：人民出版社，1981年，第591页。

我汉人，当无不晓然。"这是古代华夷思想观念的延续，对其他民族存在鄙视态度。但孙中山的这一思想也在不断修正，愈趋成熟，在国民党一大上孙中山就明确提出了"中国境内各民族一律平等"和"中国各民族自求解放"等的进步观点。

三民主义的民族思想，不单是要废除君主专治，更是要建立平等、自由的民主共和国。辛亥革命时，他指出革命的宗旨"不专在对满，其最终目的，有在废除专制，创造共和"。辛亥革命后，孙中山在《中华民国临时约法》中明确规定"中华民国之主权属于国民全体"，在这里对中华民国国家主权载体进行了规定，即一切权力属于全体人民。孙中山认为，民族国家的建立是实行民主宪政的前提，他所要建立的民主共和国是民有、民治、民享的现代民主国家，他认为"林肯所主张之民有、民治、民享，就是兄弟所主张的民族主义、民权主义、民生主义"。① 这种民族主义贯穿着平等自由民主的精神，是一种现代性的意识形态。

所谓民权主义，是要废除君主专制，实现民主共和，国家的一切权力属于人民。孙中山指出："专制国以君主为主体，人民皆其奴隶，共和国以人民为主体"②，"主权在民，民国之通义"③。"主权在民"是指在自然状态下每个人拥有完全的自由和平等，国家是社会契约的产物。由于国家是社会成员与统治者达成的权利与义务、权力与责任的契约，因此国家只是保障个人实现权利的工具，权力的真正主人是人民。《国民党一大宣言》中，孙中山进一步阐述了"国民党之民权主义，于间接民权之外，复行直接民权……凡真正反对帝国主义之个人及团体，均得享有一切自由及权利……"④。民权主义大量吸收了西方启蒙思想家的理论，其价值内核蕴含了西方民主自由平等的观念。

孙中山深受西方权力制衡思想的影响，提出了权能区分理论和五权宪法思想，他将国家政治权力分为"政权"和"治权"两种类型，为了确保人民行使国家主权，充分享有"政权"的四项民权，即选举权、罢免权、创制权和复决权，这些权力主要通过国民大会和地方自治来行使。政府享有"治权"，即立法权、行政权、司法权、考试权和监察权。孙中山的"权能

① 张磊，《孙中山论》，广州：广东人民出版社，1986年，第272页。
② 《孙中山全集》（第二卷），北京：中华书局，1985年，第452页。
③ 《孙中山全集》（第三卷），北京：中华书局，1985年，第412页。
④ 《孙中山全集》（第九卷），北京：中华书局，1985年，第118—120页。

区分、五权分治"的国家制度设计理念不仅吸收了西方权力制衡的思想，实际也带有中国儒家传统文化的色彩。"三权分立"和"五权宪法"虽都有司法、立法、行政的职能，但至少有两方面不同：第一是权责上不同。三权分立中的立法权具有三种职能，即立法权、代表权和监察权；而五权宪法中的立法权仅具有立法的职能。三权分立中的行政权、司法权都具有一定的立法职能，但五权宪法中的行政权、司法权没有立法职能，只能分别负责行政、司法事务。二是目的不同。三权分立是为了制衡，而五权分立却是为了提高效率，互相合作配合，以造成一个"万能政府"，并在其中树立起"先知先觉"的贤人政治。对于防止滥用权力，他更多寄希望于政治道德而不是制度约束。

尽管三民主义的思想来源与西方政治思想有所不同，但无论"五权宪法"还是"权能分开"都是为实现"宪政民主"所设计的。早在1897年，孙中山就提出革命后要尽快立法。中华民国成立后，孙中山就制定了《中华民国临时约法》。由于受到客观因素影响和限制，《临时约法》当时并没有充分体现孙中山的思想，但其还是反映了孙中山依法治国的理念。孙中山在强调宪法重要性时指出，"宪法者，国家之构成法，亦即人民权利之保障书也"。[1] 并指出，"治国首在纲常"，"今者，正式国会、正式政府成立之期不远，尤不能不细心研究，冀产出一最良之宪法，以为立国之根本。"[2] 同时，他还指出，"中华民国必有好宪法，始能使国家前途发展，否则将陷国家于危险之域"。[3] 认同民主宪政，并把其作为政党发展的目标，是三民主义意识形态的重要特征。

所谓民生主义主要关注改善和提高人民物质生活水平。孙中山指出："民生就是人民的生活——社会的生存、国民的生计、群众的生命便是。"[4] 他在《国民党一大宣言》中指出，"国民党之民生主义，其最要之原则不外二者：一曰平均地权；二曰节制资本。"[5] 求富和求均是贯穿孙中山民生主义思想的核心线索。孙中山在《民生主义》演讲中进一步指出，节制资本的同时，又要发达资本，制造国家资本，振兴实业；平均地权，要求政府照

---

① 《孙中山全集》（第五卷），北京：中华书局，1985年，第319页。
② 《孙中山全集》（第三卷），北京：中华书局，1985年，第2页。
③ 《孙中山全集》（第五卷），北京：中华书局，1985年，第5页。
④ 曹锦清编，《民权与国族——孙中山文选》，上海：远东出版社，1994年，第168页。
⑤ 《孙中山全集》（第九卷），北京：中华书局，1985年，第346—347页。

地价收税和照地价收买，最终达到"耕者有其田"。孙中山实现民生主义的两大措施就是"平均地权"和"节制资本"。他不赞同经典马克思主义理论中"剥夺"地主土地，消灭资本，从而建立均贫富的社会的途径。他认为只有像欧美国家那样的发达资本主义国家，才可能通过阶级斗争消灭资本，达到社会均富。

"平均地权"是民生主义的主要内容之一，《同盟会宣言》中指出："核定天下地价。其现有之地价，仍属原主所有；其革命后社会改良进步之增价，则归于国家，为国民所共享。"① 平均地权并不是把地主阶级的土地分给无地或少地的农民，而是在维护地主阶级一定利益的前提下，核定地价之后，地主按地价纳税，国家在必要时照价收购，随着国家经济发展，所增长的地价就收归国有。这样，既可以制止地主垄断土地，又可以使国家富裕。"节制资本"是孙中山民生主义的主要思想，"故民生主义者，即国家社会主义也"。② 把一切与民生相关的大型实业，如铁路、电气、水道等，都为国有，使私人资本不能操纵国计民生，既可以发展资本主义大工业，又可以避免走上垄断资本主义。

以民族解放、民族统一为主的民族主义，以权能分治、五权宪法为制度的民权主义，以平均地权、节制资本为内容的民生主义，这都是当时中国最先进、最科学的思想。民权主义的核心是权力分治，民生主义的要义是提高人民福祉，这都顺乎世界潮流，具有强烈的现代性因素。为实现这一建国蓝图，孙中山设计三阶段的革命路线。1923 年 1 月 29 日，孙中山于《申报》五十周年纪念专刊上发表《中国革命史》一文，称："从事革命者，于破坏敌人势力之外，不能不兼注意于国民建设能力之养成，此革命方略之所以必要也。余之革命方略，规定革命进行之时期为三：第一为军政时期，第二为训政时期，第三为宪政时期。"1924 年 1 月 23 日，孙中山发表了《国民政府建国大纲》，集中阐述了他三阶段的政治主张："在军政时期，一切制度悉隶于军政之下。政府一面用兵力扫除国内之障碍；一面宣传主义以开化全国之人心，而促进国家之统一"；"凡一省完全底定之日，则为训政开始之时，而军政停止之日"。孙中山认为，革命胜利后人民群众还不具备行使民主权利的能力，必须经过一个阶段的训练，培育行使民主权力所需要的能力

---

① 《孙中山选集》（上册），北京：人民出版社，1981 年，第 69 页。
② 《孙中山选集》（上册），北京：人民出版社，1981 年，第 93 页。

和素养。训政时期的主要内容包括涤荡旧污、思想训导、节制军权、颁行约法、地方政制建设、地方自治的经济建设和文化建设等整套措施，全方位得做好实施宪政的社会基础工作。在此阶段，政府派员训练、协助人民建立一个自治的县，并直接选举县级官员；当一个省所有的县完全自治后，即该省就进入宪政阶段，可以选举省长；当全国有一半的省进入宪政阶段后，即全国进入宪政阶段，颁布宪法，由人民选举新的中央政府，而国民政府完成了自己的使命，就此解职。尽管孙中山晚年受到苏俄影响，赋予了三民主义一些新的内涵，但孙中山始终认为："中国同俄国的国情彼此向为不相同，所以制度也不能相同"，"中国将来是三民主义和五权宪法制度"①。国民党退台后四十余年里，一直宣称其坚持"三民主义"意识形态，力行"民主宪政"。三民主义意识形态是国民党重要的政党特征，这一特征对其发展产生了重要影响。

二、"三民主义"意识形态现代性的表现

已有研究在定义国民党时，都称之为"准列宁主义政党"。理查德·冈瑟和拉里·戴蒙德认为，列宁主义政党的目标是推翻既存的政治系统并实现社会革命。这种政党采用一种以半秘密内阁为基础的封闭式的结构。② 在组织中，党员要经过严格挑选，政党需要忠诚的党员，党员受意识形态的教化是强烈的、不妥协的。政党的决策是高度集中和独裁的，并将自己看作无产阶级的"先锋"。列宁主义政党最初的立足点是拒绝资产阶级的代表机构和议会，大多数共产主义政党作为反体制伙伴或半忠诚的竞争者参与西方民主国家的选举政治。但党的最终目标是夺取政权，必要时使用武力。"一些非共产主义政党（国民党）也符合这些组织特征和执行上的许多特点。"③ 台湾学者朱云汉也认为，旧的国民党符合苏俄式政党的许多组织和运作特征。④ 国民党与列宁主义政党在组织结构、运作方式上有一些类似特征，国民党的结构就犹如金字塔一般，由区分部、区党部、县党部、省党部上至中

---

① 《孙中山全集》（第八卷），北京：中华书局，1985 年，第 286 页。
② ［美］理查德·冈瑟、拉里·戴蒙德，《政党与民主》，载于理查德·冈瑟、拉里·戴蒙德主编，徐琳译，《政党与民主》，上海：上海人民出版社，2012 年，第 17 页。
③ ［美］理查德·冈瑟、拉里·戴蒙德，《政党与民主》，载于理查德·冈瑟、拉里·戴蒙德主编，徐琳译，《政党与民主》，上海：上海人民出版社，2012 年，第 20 页。
④ 朱云汉，《中国台湾地区一党霸权的遗产》，载于理查德·冈瑟、拉里·戴蒙德主编，徐琳译，《政党与民主》，上海：上海人民出版社，2012 年，第 290 页。

央党部;党的组织原则是民主集中制等等。

但国民党与列宁主义政党在意识形态上存在巨大差异。国民党的三民主义意识形态的现代性"不像其他列宁主义政党,国民党没有认同无产阶级专政,或者通过共产主义政党垄断权力,相反国民党意识形态一直宣称有条件的民主。"[①] 同时,国民党的目标和定位也是最终要建立"宪政民主共和国",意识形态的现代性因素和民主指向决定了它意识形态的温和性和柔韧性,影响和制约了组织的强制力和压迫性。国民党意识形态的现代性主要表现在以下三方面:

(一) 形式上认可"宪政民主"

国民党三民主义意识形态宣称其政党目标是建立"宪政民主共和国",因此训政开始后,党外反对者从没有停止对其批评,1929 年胡适就曾撰文要求制定约法保障人权,并强调训政不能没有法治。1931 年 2 月,国民党高层内部就"是否制定训政期间的约法"发生了激烈的冲突。立法院长胡汉民反对制定约法,他认为孙中山的遗教和著作就是训政期间的最高纲领,没必要新制定一部约法,而蒋介石则极力主张制定约法,这场冲突最终以蒋介石拘押胡汉民,罢免其立法院长而结束。同年 6 月 1 日国民政府正式公布了《中华民国训政时期约法》。《约法》肯定了人民的"权利""自由""人民之权利义务",明确规定:"国民无男女种族宗教阶级之区别在法律上一律平等","人民非依法律不得逮捕拘禁审问处罚","人民之住所非依法律不得侵入搜索或封锢",人民有信仰宗教、迁徙、通信通电、秘密结社集会、发表言论或刊行著作、请愿等自由,"非依法律不得停止或限制之"。此时的国民党虽是一党专制,但在形式上明确保障了个人的宗教、结社、言论、请愿、秘密通信的权利和自由。

虽然这部约法的核心是以党治国,但也开宗明义声地称:"国民政府本革命之三民主义五权宪法以建设中华民国,既由军政时期入于训政时期,允宜公布约法共同遵守,以期促成宪政,授政于民选之政府。"国民党在形式上承认"宪政"是自己的政治目标,训政仅仅是为达到宪政的一种过渡。尽管如此,党外对国民党实施训政的批评声不绝于耳,反对"一党专政""以党治国",要求"还政于民"。党内高层也有"结束训政,实行宪政"

---

① Tun - Jen Cheng, *Democratizing the Quasi - Leninist Regime in Taiwan*, World Politics, Vol. 41, No. 4, Jul. 1989, pp471 - 499.

的呼声。1932 年 4 月，刚上任的立法院长孙科发表了《抗日救国纲领草案》，提出"于最近期间，筹备宪政之开始"，并要求开放党禁，随之遭到了时任行政院长汪精卫、监察院长于右任的公开反对，于是引发了一场关于"宪政与训政"的全社会大辩论，大大推动了国民党的宪政步伐。1936 年 4 月 23 日，国民党中常委通过了《宪法草案修正原则》，及《国民大会组织法》《代表选举法修改原则》，1936 年 5 月 5 日，国民政府准时公布了《中华民国宪法（草案）》，这份宪草因此又称之为《五五宪草》。

随后抗日战争全面爆发，国内形势发生重大转折，各地的国大代表选举虽已完成①，但国民大会无法按时召开，宪政之路被中断。抗战结束后，国共之间的冲突并未结束，直到 1946 年 1 月 10 日达成了第一次停战协定。同日在重庆召开了各党派参加的政治协商会议。1 月 31 日政协（史称旧政协）达成了国内各政治派系团结和平建国的五项协议后。但由于蒋介石公然撕毁停战协定，内战全面爆发，中共和民主同盟拒绝参加政府组阁，并要求延期召开"制宪国民大会"，但蒋介石一意孤行，在中共和民主同盟缺席的前提下，1946 年 11 月 15 日单方面召开了"国民大会"。"国民大会"的主要任务就是制定《中华民国宪法》，三民主义最终于被列入"宪法"第一条，由此规范了"中华民国"的宪政基础。1948 年 3 月又召开"行宪国民大会"，其主要任务是选举国民政府总统及副总统。1949 年底，国民党在大陆全线溃败退守台湾，为维护"法统"地位，国民党直到 1990 年前都没有改选过"国大代表"。

国民党一党独裁统治时期，从"训政"开始一直在进行所谓"制宪"，最终也单方面完成了所谓"宪政"共和国的建构。国民党承认"民主宪政"并力图从形式上予以实现，不可否认这其中存在虚假和伪善，但这种政党定位和"制宪"过程对政党统治产生了重要影响。

（二）承认并保护私有产权

国民党与以苏共为代表的政党"最基本之差别是它容许私人经济之发展"②。三民主义意识形态的"民权"思想强调了对个人权利的尊重和保护。

---

① 除河北、察哈尔、北平、天津、东北、台湾等地或被日本占领，或"华北自治"情形特殊以外。

② 明尼，《自由化、民主化及国民党的角色》，载于张京育主编，《中华民国民主化——过程、制度与影响》，台北：政治大学国际关系研究中心，1992 年，第 150 页。

人具有生物性和社会性双重属性，前者表现为人在经济行为中的唯利是图，政治行为中对权力的渴望甚至贪婪；社会性，即人类出于种系自我保存和繁衍，需要彼此合作和尊重，进而产生共同的"契约制度"来扬弃人性的"恶"。利益驱动是现代经济社会得以运转的动力机制。市场经济的"契约制度"保留自私的利益动机，又抑制它的过度膨胀。市场经济使人的这种本性得以充分展示和释放，有利地促进了人类文明的发展。现代市场经济还带来一系列社会经济变迁，比如公民社会的成长，言论出版的自由等，也包括人性中伦理、道德等方面，这些因素都能够对市场经济的"恶"予以抑制。

明晰的产权关系是市场机制的先决条件，私有产权对现代经济生活至关重要。在制度经济学看来，财产不是土地、房屋、牲口、货币等物质形态的存在，而是使用和处理这些东西的权利和所有权。市场交易本质上"不是实际'交货'那种意义上的'物品的交换'，他们是个人与个人之间对物质的东西的未来所有权的让与和取得"①。明确的产权有助于引导和制约人们的行为动机，一定程度上可以抑制人们的贪欲和争斗，培育良好的社会风气，保持社会稳定。"这点非常重要，因为这意味个人可拥有私有财产，而中产阶级之兴起逐渐变为可能。"② 而只有当人们自由支配个人财产权时，政治自由权才能得到有效实现。

从建党伊始起国民党就不排斥私营经济，"是否允许私营经济存在"对国民党来说从来就不是问题。"民生主义"强调"节制资本"以求均富的思想，因此大陆时期国民党试图在政策上向农民、工人有所倾斜，使他们获得更多利益，而这种政策往往又会招致地主、资本家的抵抗和批评，因而国民党常在地主与农民、工人与资本家之间周旋，两面不讨好。退台后，国民党鼓励私营经济发展，对推动台湾经济社会的变迁都起到了重要作用。私人部门的不断成长对国民党及领导精英决策施政形成有效约束，使其政党不太可能肆意妄为，进而形成现代趋向的发展型策略。

（三）倾向"全民党"的偏好

亨廷顿在分析一党制起源时认为，一党制政党发展壮大源于其夺取政权

---

① ［美］康芒斯，于树生译，《制度经济学》（下），北京：商务印书馆，2009 年，第 74 页。
② 明尼，《自由化、民主化及国民党的角色》，载于张京育主编，《中华民国民主化——过程、制度与影响》，台北：台湾政治大学国际关系研究中心，1992 年，第 150 页。

的斗争，赢得斗争并许诺含有空想成分的美好未来是政党意识形态的核心内容。① 在他看来，当旧的社会结构被彻底打破，整个社会结构完全由政党安排和控制，政党塑造的对立面就消失了，自身合法性便会受到质疑，意识形态必然发生动摇并威胁统治基础。② 一个政党为了夺取政权，往往会制造两个对立阶级以此进行社会动员。掌握政权后，政党已经缺乏进行斗争所必需的动力，但这种斗争却是一党制稳定的基础。其来自于政党领袖致力于彻底改造社会，摧毁传统结构，缩小理想与现实间差距的努力，并以此作为增强政党力量和发展党组织的动力。现代西方政党为了生存发展必须尽可能多的赢得选票，随着选举权的扩大和中产阶级的壮大，政党通过淡化阶级和意识形态色彩等方式扩大社会基础，政党社会基础中间化同质化是现代西方政党的普遍特征。

国民党建党之初对阶级基础的定位就模糊不清，定位模糊使国民党总试图讨好各阶层，客观上具有"全民党"倾向。1924 年以前，孙中山并没有政党阶级基础的意识，国民党'一大'前后也没有明确提出阶级基础的问题。国民党一大《宣言》对"民权""民生"的表述多有反对资产阶级专政的意味，但这个《宣言》是鲍罗廷起草的，孙中山并不满意，鲍罗廷也提到"在讨论宣言草案时，凡涉及'工人''农民'之处，汪精卫等国民党人总力图用'群众''人民'等含糊不清的术语代替。在孙中山的理念中，本无阶级之分，也反对马克思的阶级斗争学说。"③ 国民党在与共产党分道扬镳后，对与共产党有关的理论路线都过犹不及地"划清界限"。国民党认为"阶级分析的方法主要是由共产党人所运用的。……当时国民党内'一般老同志'盲目地说中国没有阶级，惧怕'阶级'这个术语，甚至干脆将'阶级'改称做'界'，如说到农工阶级，便说农界工界，颇能反映清党后国民党人讳言阶级和阶级斗争的情形。"④

国民党更多时候展现出全民党的阶级偏好，"本党所代表的全民，不是

① ［美］塞缪尔·P. 亨廷顿，王冠华、刘为等译，《变化社会中的政治秩序》，上海：上海人民出版社，2008 年，第 355 页。
② ［美］塞缪尔·P. 亨廷顿，王冠华、刘为等译，《变化社会中的政治秩序》，上海：上海人民出版社，2008 年，第 355 页。
③ 王奇生，《党员、党权与党争——1924—1949 年中国国民党的组织形态》，北京：华文出版社，2010 年，第 159 页。
④ 王奇生，《党员、党权与党争——1924—1949 年中国国民党的组织形态》，北京：华文出版社，2010 年，第 160 页。

单纯的代表农工。农民不论地主、自耕农或佃农，工人不论劳工与资方，均为本党所代表的对象。"① 蒋介石在 1929 年初的曾明确指出，"本党所代表的民众，是一切被压迫的民众，绝没有阶级之分，及不排斥农工阶级，也不限于农工阶级；及不排斥小资产阶级，也不限于小资产阶级。一切被帝国主义者所剥削，被封建势力所蹂躏的民众，都是本党应该代表的民众。……我们只知道本党有拥护农工利益的政纲，绝对不承认有代表农工单一阶级利益的理论，更不能有代表小资产阶级利益的理想。"② 国民党在政策理念的宣示和舆论宣传上一直坚称其始终代表一切被压迫民众，尤其是被帝国主义所压迫的民众，不承认存在阶级对立和阶级斗争。

三、"三民主义"意识形态的演化

1924 年、1950 年国民党分别进行了两次重要的政党改造，改造中国民党都期望建立起类似列宁主义政党的强大政党组织，组织结构、运作方式、基层组织等都仿照俄共创建，但唯独仍旧坚持"三民主义"意识形态。退台后蒋介石也丰富发展了三民主义中"民生主义"的内涵，坚持与发展中的三民主义为国民党主导台湾现代化发展提供了意识形态的合法性。

（一）坚持"三民主义"意识形态

1924 年国民党在对自身改造中，按照"以俄为师"的原则，建立起与苏共类似的组织框架，将政党凌驾于国家之上，实行以党治国。但这次改造并非完全俄共化，而是有所取舍，其中最为显著的特点就是国民党仍坚持"三民主义"意识形态，及三阶段的政治路线图，即军政、训政、宪政，最后实现三民主义。孙中山非常明确这次学习苏俄的目标是从技术层面学习其建党、治党的方法。为此国民党中央宣传部还特意发表通告申明："国民党之本体不变，主义不变，政纲之原则不变，此次改组，乃政党之组织，采用俄国委员制。"③ 国民党这次重要的政党改造其出发点就是从党务组织方面

---

① 王奇生，《党员、党权与党争——1924—1949 年中国国民党的组织形态》，北京：华文出版社，2010 年，第 158 页。

② 张其昀主编，《先"总统"蒋公全集》（第一册），台北：中国文化大学出版社，1984 年，第 572—573 页。

③ 《中央执行委员会宣传部辟谣》，载《中国国民党周刊》（第 14 期），1924 年 3 月 30 日。转引自王奇生，《党员、党权、党争——1924—1949 年中国国民党的组织形态》，北京：华文出版社，2010 年，第 12 页。

学习俄共，其思想理念、政党定位仍坚持"实现三民主义，建立宪政共和"。这次改造的特征被描述为"三民主义为体，俄共组织为用"①，这也是国民党长期被称为"准列宁主义政党"的原因之一。

列宁建党理论的核心是以集中制为原则，建立严密组织系统，并拥有一批职业革命家。包括以下四个方面：第一，政党是无产阶级的先锋队，而非松散团体，任何人都不能自由加入或退出，组织纪律严密。应该是"作为阶级的先进部队的党成为尽量有组织的，使党只吸收至少能接受最低限度组织性的分子"。② 第二，小部分精英组成的"职业革命家组织"是政党的领导核心。第三，集中制是党的组织原则，党员需要无条件服从政党决议。"为了保证党内团结，为了保证党的工作集中化，还需要有组织上的统一，而这种统一在一个已经多少超出了家庭式小组范围的党里面，如果没有正式规定的党章，没有少数服从多数，没有部分服从整体，那是不可想象的。"③ 第四，党外可以有多种形式的群众组织，但它们应服从党的监督，接受党的领导，但不可"把这些组织和革命家的组织混为一谈"。当列宁提出以上建党原则时，俄国社会民主党尚处于非法的秘密状态，这种非法身份必然对党的组织构成和运行方式产生影响。在革命取得成功后，这种"铁的政党"在马克思主义阶级斗争的逻辑范畴内与国家政权相结合，从而变成无产阶级专政的党国体制。

孙中山及其革命党人并不认为三民主义和同盟会在政治上应具有垄断性和独占性。"民国成立后，孙中山主张将同盟会由一革命政党转变普通政党，与其他政党通过公平竞争而取得政权，实践党纲和主义。"④ 此时孙中山并不赞成一党独尊，他说"文明各国不能仅有一政党，若仅有一政党，仍是专制体制，政治不能进步"。⑤ 孙中山的政党理念深受西方政党政治的影响。

十月革命的胜利改变了孙中山的政党政治的基本理念，充分意识到一党独掌政权的重要性，"他并不认为共产主义比他的三民主义优长新奇，只是

① 王奇生，《党员、党权、党争——1924—1949 年中国国民党的组织形态》，北京：华文出版社，2010 年，第 11 页。
② 《列宁选集》（第一卷），北京：人民出版社，1995 年，第 470 页。
③ 《列宁选集》（第一卷），北京：人民出版社，1995 年，第 498 页。
④ 王奇生，《党员、党权与党争——1924—1949 年中国国民党的组织形态》，北京：华文出版社，2010 年，第 19 页。
⑤ 《孙中山全集》（第二卷），北京：中华书局，1985 年，第 408 页。

借鉴'以主义治国'的方法,并认为在革命成功后,要用三民主义治国。"①
国民党并没有吸收"集中制""铁的纪律"这些俄共组织的精髓,单纯企图
通过组织结构的改造增强党力,不可能解决纪律涣散,组织松弛的弊病,更
不可能建立起如俄共那样的政党组织。

(二)"民主"与"革命"关系的再造

1945 年,国民党"六全"大会上,对党的性质没有明确规定。会议通
过的党章只规定,"中国国民党为三民主义五权宪法为党纲"。② 1950 年 7 月
22 日,国民党中常会临时会议通过《本党改造纲要》,确定国民党的性质为
"革命民主政党",并"信守三民主义,领导国民革命,坚持反共抗俄之斗
争"。③ 党的组织原则采用民主集中制,每个党员都要为实现党的"主义"
而奋斗。改造首先确立的就是国民党的本质和属性,即"革命民主党"。蒋
介石在改造开始前就对此有明确说明,"本党为革命民主政党,在三民主义
最高指导原则之下……以求国家独立、人民自由、政治民主与经济平等,并
为世界之和平与安全而努力。"④ 中央改造委员会也特别对"革命"与"民
主"的问题做出解释,认为革命和民主相互之间并不抵触,"革命"只是为
了国民党恢复革命精神,重振纪律和加强组织,"保持了党的革命特质——
就是有决心、肯牺牲、不畏难的精神,对民主毫无妨碍,更无损国民党为民
主政党的性质。"⑤ 革命民主政党是以"革命"为手段,以"民主"为目
标,这种革命已不同于孙中山提出的打倒帝国主义和封建军阀的国民革命,
而是"要恢宏革命精神,发扬民主思潮,应天顺人,以力对力,完成反共
抗俄救国救民的神圣使命"⑥,革命是"反共抗俄"的另一种表述,以"反
共抗俄"唤起党员的革命意识,增强党组织的凝聚力。

在国民党官方的解释中认为,"革命民主政党"的最终目标是要实现民

---

① 王奇生,《党员、党权、党争——1924—1949 年中国国民党的组织形态》,北京:华文出版
社,2010 年,第 21 页。

② 李云汉主编,《中国国民党党章政纲汇编》,台北:中国国民党中央委员会党史委员会,
1994 年,第 140 页。

③ 李云汉主编,《中国国民党党章政纲汇编》,台北:中国国民党中央委员会党史委员会,
1994 年,第 173 页。

④ 蒋中正,《交议本党改造案说明》,载于中央改造委员会文物供应社编,《总裁关于党的改
造之训政》,台北:中央改造委员会文物供应社编,1951 年,第 27 页。

⑤ 崔书琴,《解释本党为革命民主政党》,《改造半月刊》(第 21 期),1950 年 7 月 1 日,第 15—
19 页,转引自许福明,《中国国民党的改造(1950—1952)》,台北:正中书局,1986 年,第 81 页。

⑥ 张其昀,《张其昀先生文集》,台北:"国史馆",1989 年,第 7884 页。

主制度，但要通过革命精神和组织制度来加以保障。他们认为，这并不是说国民党开民主的倒车，由"宪政"再回到训政，而是为了强化政党组织，更好统领社会政治发展，为实现民主政治铺平道路。但"革命"政党与"民主"政党是互相矛盾的，不只在于组织形式上的差异，也在于他们为达成目的所采取的手段不同。革命政党多以武力为其夺取政权及维持政权，而民主政党则依靠政策主张在选举时争取多数支持。因此当时党内外对界定"革命民主政党"都有不少批评和劝诫。

国民党始终在强调自身的"民主"特性，同时也把实现"民主宪政"作为最终目标，但也强调碍于生存环境暂时施行威权统治，为自己的威权统治构建理论逻辑。这次政党改造重建了党政、党军关系，实现"以党领政""以党领军"，恢复乃至部分强化了国民党的"党国"传统，"蒋中正虽一再表明追求民主政治的决心，但纵观国民党改造时期的特性，依然保持着在大陆的'革命政党'的属性"①，但这与其宣称的1947年开始的"行宪"相违背。蒋介石也意识到现在毕竟已经开始"行宪"，必须承认政党政治的合法性。在1952年国民党"七全"大会上，他的政治报告中就曾指出："本党民权主义当前的任务，一方面要巩固党内政党政治的基础；而另一方面，同时还要对于反共抗俄的友党，辅助其长成壮大，为本党反对党树立典范，与我们携手偕行，共同完成国民革命第三任务，建立三民主义新中国。我们认为，只有尊重政党政治，才能发挥政党的力量，走向民主建国的坦途。"②虽然这些话实属"作秀"，但毕竟证明国民党最高决策者承认民主体制内执政党需要拥有反对党，凸显国民党执政理念和现实的深刻矛盾，也为后来台湾的民主转型埋下了伏笔。

（三）对"民生主义"的重视与发展

1949年国民党退台后，通过各种手段将三民主义意识形态灌输到整个社会。与在大陆时期的理论和实践乏力相比，国民党在台湾不仅重建了对孙中山思想的解释体系，而且在实践孙中山学说上也取得了明显成效。

退台后国民党把民生主义解读为三民主义的核心，非常重视社会经济的发展，努力提高民众的物质生活水平，提供良好的公共产品，改善人民生活质量。蒋介石在实践中认识到孙中山的民生主义还不够完善，他认为民生主

---

① 田弘茂，《台湾经验新阶段：持续与创新》，台北：二十一世纪基金会，1990年，第2页。
② 孙代尧，《台湾威权体制及其转型研究》，北京：中国社会科学出版社，2003年，第85页。

义不仅包括衣、食、住、行四大要素，还应包含育、乐两大问题，以往孙中山虽对育、乐问题有所论述，但不够系统全面。在传统农业社会向现代工业社会发展过程中，落后的社会组织已不能适应新的社会经济环境的要求，更不能充分解决民生主义中的育乐问题。蒋介石认为随着台湾社会的发展，"民生主义的社会政策之研究确立，刻不容缓，而育乐两篇的补充，也就成为重要工作了"。他在孙中山有关育乐问题论述的基础上，通过自己的思考和研究，提出了解决民生主义育乐问题的措施，以"补总理民生主义全部讲稿中未完部分的缺憾"①。育乐问题要向人们描绘出三民主义社会的愿景以及国民党施政的最终目标。1963 年国民党"九全"大会，蒋介石特别谈到"建设三民主义新中国的目标和方略"，他认为："三民主义是现代思想的主流；三民主义建设，就是现代化的建设。"② 这一理念，使国民党在推动台湾经济发展和民生建设方面取得了巨大成绩，也成为国民党意识形态合法性的来源。

第二节　中国国民党威权主义统治方式

同盟会成立以来，国民党始终就是一个组织松散、纪律松懈的组织，孙中山一直在寻求比较完备的组党方法，以期国民党具备严密的组织性和战斗力，却始终未能达到理想的效果。1917 年，俄国十月革命成功后，俄共的组党方式及原则引起了孙中山的注意并产生了浓厚的兴趣。1923 年，时任苏联副外长的越飞提出的"全力支持国民党"的战略得到了俄共中央政治的批准，"苏俄开始提醒孙中山不要执着于单纯的武装革命，而应该注意健全党的组织和重视思想政治宣传工作。"③ 俄共不仅向国民党提供物质援助，还多次告诫和要求孙中山要加强党的组织建设。1923 年 7 月，俄共中央派鲍罗廷前往中国担任孙中山的"政治顾问"。鲍罗廷用俄共革命的成功经验，说服孙中山对国民党进行改组。

王奇生认为，"很多学者多以为 1924 年改组后的国民党由一个组织散漫

① 《联合报》，1953 年 11 月 15 日。
② 秦孝仪主编，《"总统"蒋公思想言论总集》（第 28 卷），台北：中国国民党中央委员会党史委员会，1984 年，262 页。
③ 王奇生，《党员、党权、党争——1924—1949 年中国国民党的组织形态》，北京：华文出版社，2010 年，第 7 页。

的党变成一个组织严密的党，这在很大程度上只是一个背离实际的历史幻象。"① "改组后，除了党员数量急剧扩充之外，其组织内聚功能并未得到增强，形式上仿效俄共组织体制，实际上仍是一盘散沙。"② 国民党重视中央组织的建设，但忽视基层组织建设，基层党组织薄弱，党员构成复杂，参差不齐。孙中山去世后上层派系斗争激烈，随着战争的爆发，军权力量又胜过党权。究其原因在于这次改造中孙中山坚持"三民主义"意识形态，只从表面组织架构及运作方式上仿效俄共，但俄共其精髓却没有习得。"三民主义"是一种具有现代性因素的包容性价值理念，这种价值理念与更为多元分化的组织结构匹配，但却不能规制约束如俄共这样的严密的组织形式。

1949 年初，蒋介石第三次下野，在溪口老家期间开始检讨和反思，他认为，国民党失败的原因，一方面是由于军政的原因，但最关键的原因则是政党的瘫痪。从党员构成、组织形态、到领导方式都发生了问题。因此"党乃变成奄奄一息的躯壳，而政与军亦失其灵魂，形成军队崩溃、社会解体的现象。"③

1950 年，国民党开始进行政党改造。改造的实际目的是为了强化政党组织，加强党力，建立一元化的领导权威，实行一党专政。改造完成后，国民的组织结构、运作模式等方面类似俄共式的政党。

一、蒋介石个人权威的树立

国民党的最高权力机关是中央执行委员会，中央执行委员会常务委员会（简称中常会）负责党务。中央执行委员会下设立政治委员会和军事委员会，政治委员会负责政治，军事委员会负责军事。三个机构虽几经变化，但其职能分工基本保持不变。孙中山在世时，三个机构基本都听命于他，孙中山去世后，由于政治委员会委员大多兼任中常委，所以中政会地位与中执会已经不相上下。1928 年，国民党实施"训政"之后，政治委员会为全国最高权力机关，集立法、决策和人事大权于一体，对中常会负全责。但随后中

---

① 王奇生，《党员、党权与党争——1924—1949 年中国国民党的组织形态》，北京：华文出版社，2010 年，第 50 页。

② 王奇生，《党员、党权与党争——1924—1949 年中国国民党的组织形态》，北京：华文出版社，2010 年，第 90 页。

③ 曹圣芬，《从溪口到成都——狂风暴雨一年中的蒋总统》，《改造》第六期，1950 年 11 月 16 日，第 9 页，转引自许福明，《中国国民党的改造（1950—1952）》，台北：正中书局，1986 年，第 42 页。

政会委员人数的不断膨胀，它逐渐演变成为一个运转不灵的机构。"中政会委员也脱变为一个没有实权的荣誉性职衔。……在中政会由实而虚的同时，中常会更变得无足轻重。"[①] "训政"期间"党政军"兼职情况十分普遍，陈立夫回忆："那时，大部分党的中央委员同时也在中央政府中兼任它职，像中央执行委员会常务委员中，只有丁惟汾先生是例外；事实上，我认为中央党部也只有他和我两人没有兼任其他职务。"[②] 孙中山在世时，一人控制党政军权。孙中山逝世后，蒋介石借"党军"势力不断上位，尤其北伐开始后，军权急速蹿升，并很快对国民党党权构成威胁。

1925 年孙中山去世后，以党首之位为核心的高层派系斗争持续近十余年之久。在国民党上层权力斗争中，以胡汉民、汪精卫、蒋介石为首的三大派系间展开了政治主导权的争夺，与此同时，西山会议派、桂系、冯玉祥等也不甘示弱，参与其中，使派系斗争更为复杂和激烈。权力斗争与政治、经济、军事权益纠结在一起，导致国民党的内耗持续不断。随着国民革命的完成及对外战争的需求，军事实力的强弱就自然成为斗争的重要砝码。党政军角色一旦相剥离，党权是依附于政权和军权之上，如果没有军政兼职，便会沦落到政治边缘。

国民党内围绕最高权力的派系斗争从未停止，随着战争的开始，拥有军权的蒋介石虽然在形式上掌握了党政领导权，可是派系斗争却愈演愈烈，派系的力量常常挟持架空蒋介石的权威。尤其是以陈果夫、陈立夫为首的 CC 系，基本垄断党权。他们牢牢地控制了国民党中央到基层各党部，"国民党党机器由北伐时期指导全国政治军事的核心权力组织逐渐脱变为一个由单一政治派别所独掌和垄断的权力工具。这个单一的政治派别就是 CC 系。从1929 年至 1949 年的 20 年间，国民党的党机器大部分时间控扼在 CC 系的手中。"[③] 早在 1935 年国民党第五次全国代表大会被 CC 系完全控制，因此在大会选举中，陈立夫所得选票竟然与蒋介石相同。[④] 除 CC 系之外，较具实力的还有三青团派、黄埔系、朱家骅系、孙科的太子派、新桂系等。蒋介石

---

① 王奇生，《党员、党权与党争——1924—1949 年中国国民党的组织形态》，北京：华文出版社，2010 年，第 158—159 页。

② 陈立夫，《成败之鉴：陈立夫回忆录》，台北：正中书局，1994 年，第 150 页。

③ 王奇生，《党员、党权与党争——1924—1949 年中国国民党的组织形态》，北京：华文出版社，2010 年，第 261 页。

④ 王子壮，《王子壮日记》（第 10 册），台北："中研院"近代研究所，2001 年，第 186 页。

常常需要平衡各派系之间的力量，这在很大程度上削弱了其统治权威。例如，国民党六大前夕，各派关注的焦点完全不在政策政纲之上，都集中在权力分配上。其他各派系无法单独与 CC 系抗衡，于是其他各派便联合起来与 CC 系对抗，在中央委员选举办法问题上各派系僵持不下，蒋介石最终只能以空前扩增中委名额的方式来平衡缓解国民党各派的争夺。但名额再多也无法满足所有人的愿望，党内各派之间的分歧难以弥补，蒋介石个人的形象和权威也被大打折扣。

退台后，蒋介石进行国民党改造的目的之一就是想要真正把持政党权力，清除 CC 系盘根错节的脉络。1950 年 6 月起，蒋介石拒不参加中央常委会议，对国民党中央党部呈送的文件，一概退回不阅，对国民党现状表现出极大不满。此时，有中常委就提出全体中常委应自动辞职，以便让蒋介石放手实施政党改造。此后，陈果夫辞去了"中国农民银行"董事长、"中央合作金库"理事长，"中央财务委员会"委员等职。蒋介石又下令改组陈果夫任董事长的农业教育电影公司，并由蒋经国接任。改造运动开始后，陈果夫挂名为"中央评议委员"，陈立夫连这一挂名也没有，被迫远走美国。次年，陈立夫病逝。就此，CC 系的领导力量被削弱权力，其部属也均遭革职移权，蒋介石独享政党控制权。

在大陆期间，国民党中央委员只增不减，1924 年第一届国民党中央委员为 51 人，到 1945 年第六届中央委员为 460 人。[①] 第六届中央委员的数量是第一届中央委员的 9 倍。这些中央委员大都位高权重，实际并无作为，蒋介石力图通过这次改造，建立起强有力的党中央，能够发挥实际效力。因此，1950 年改造中将原有派系交错的党中央全盘否定，组建起由 16 个背景相对简单的成员构成的新中央核心，即中央改造委员会。"其主事的十六位改造委员，除了在党、政、军各方面均有相当的历练和优秀的表现外，学历高、年纪轻（平均年龄四十七岁）是一大特色，而且其中大部分都为蒋总裁一手甄拔，多数与蒋公有师生、部属的关系。"[②] 16 人中，陈诚、张道藩、谷正纲、郑彦棻、胡建中、袁守谦、陈雪屏、蒋经国为原中执委委员，另外8 人则为蒋介石钦点的新生力量。他们大都具有海外名校学习或工作经历[③]：

① 李松林主编，《中国国民党史大辞典》，合肥：安徽人民出版社，1993 年，第 676—678 页。
② 许福明，《中国国民党的改造（1950—1952）——兼论其对中华民国政治发展的影响》，台北：正中书局印行，1986 年，第 171 页。
③ 冯琳，《中国国民党在台改造研究（1950—1952）》，南京：凤凰出版社，2013 年，第 50 页。

张其昀曾在哈佛大学进修两年，张道藩毕业于英国伦敦大学，谷正纲曾留学德国柏林大学，蒋经国毕业于莫斯科大学，连震东毕业于日本庆应义塾大学经济科，崔书琴获哈佛大学哲学博士，萧自诚获哈佛大学政治学博士，沈昌焕获密歇根大学政治学硕士。

中央改造委员会取代第六届中央委员会成为国民党中央的核心机构，代行中执委和中监委职权，仅向蒋介石一人负责。这样，党中央机构精练，没有派系彩色和矛盾斗争，展现了较为高效和谐的一面。同时，为了容纳随国民党退台的一众元老，设立了没有实权的荣誉机构——中央评议委员会。这些元老不少是派系领导，如 CC 系的陈果夫、张厉生，桂系的白崇禧，政学系的张群、吴铁成。这样的安排明显抑制了各派系对政党权力的操控，使权力集中于蒋介石一人手中，尽管 CC 系还存在一定活跃程度，但已不能影响蒋介石的绝对权威。

国民党中央为了清除党内的小组织和帮派团体，采取了一系列组织整顿的措施，在其文件、工作指示等各种场合都不断强调要消除派系，保证公平正义。在干部政策纲领中规定了互调原则，即"职位互调""区域互调""上下级互调"[1]，互调制度是为了避免拉帮结派，为了防止党员干部在一地一定职位任职太久，产生地方派系的问题。在各级选举中，国民党为了考察党员能否消除派系观念，均明确规定以记名方式进行投票，减少派系暗箱操作的机会，以此来提高选举的透明度。在肃清派系斗争的大背景下，没有派系背景的干部更容易获得提拔。通过种种举措，原有派系均得到不同程度的削弱，国民党上层派系斗争得到遏制，表现出一定的统一性和团结性，蒋介石能够有效的掌握并控制政权，一定程度上有利于提高国民党的统合能力及施政能力。

二、"俄共"式的组织结构

1924 年国民党仿照俄共的组织架构和机构设置从形式上对自身进行了改造。就党章而言，与 1919 年俄共（布）第八次全国代表会议颁发的《俄国共产党（布尔什维克）章程》相比较，"俄共章程分为 12 章 66 条，国民党总章分为 13 章 68 条，内容均由党员、党的组织机构、中央党部、地方党

---

[1] 中国国民党中央委员会党史委员会编，《中国国民党党务发展史料——中央改造委员会资料汇编》（上），台北：近代中国出版社，1990 年，第 407 页。

部、集成组织、党的纪律、经费、党团等几个主要部分组成，其基本结构非常相似，大部分条文几乎雷同。"① 国民党仿照俄共建立了其组织系统，即从中央到地方与国家行政相并行的层级机构（见图2.1）。在各层级权力机关外，还设立了各级监察委员会，定期检查和监督同级委员会的工作。

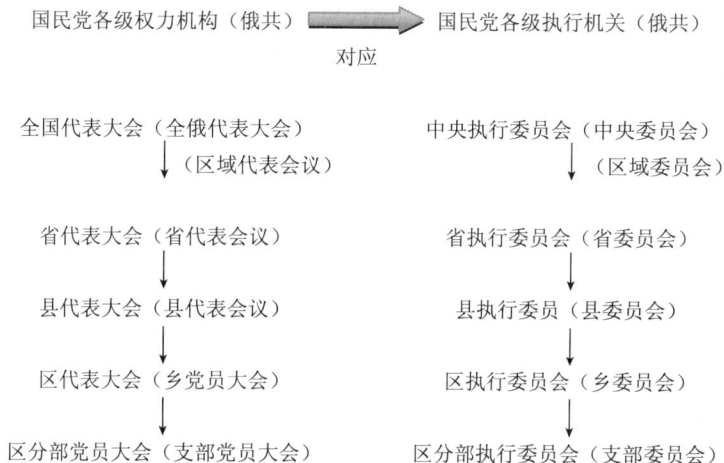

国民党各级权力机构（俄共）　　　→　　　国民党各级执行机关（俄共）
对应

全国代表大会（全俄代表大会）　　　　中央执行委员会（中央委员会）
　↓　（区域代表会议）　　　　　　　　　↓　（区域委员会）

省代表大会（省代表会议）　　　　　　省执行委员会（省委员会）

县代表大会（县代表会议）　　　　　　县执行委员（县委员会）

区代表大会（乡党员大会）　　　　　　区执行委员会（乡委员会）

区分部党员大会（支部党员大会）　　　区分部执行委员会（支部委员会）

图2.1　俄共与国民党组织系统对比图（1924年国民党改组后）

资料来源：王奇生，《党员、党权、党争：1924—1949年中国国民党的组织形态》，北京：华文出版社，第14页，作者制图。

退台后，国民党设中央、"省"（"院"辖市）、县（市）、区分部委员会，在区分部委员会下又设小组，以小组取代原来的区分部，作为基层组织单位。中央改造委员会拟订出从中央到地方的各级组织规程和各级代表大会选举办法，以使各级组织和民意机构有章可循。台湾威权体制的最高决策中心是国民党的最高决策机构，即国民党中常会，党主席是其领导核心。中常会的决策执行部门是中央党部，由秘书长负责，下设七个具体执行机构，分别是组织工作会、文化工作会、大陆工作会、海外工作会、社会工作会、青年工作会和妇女工作会。

抗战以前，国民党党员主要分布在城市地区，以知识分子和官僚为主体，其政党组织疏离于广大基层农村。抗战期间，国民党在全国范围内开展扩大征召新党员运动，曾提出要征召1000万党员的目标。这段时间党员的

① 王奇生，《党员、党权、党争——1924—1949年中国国民党的组织形态》，北京：华文出版社，2010年，第14页。

招募十分混乱，中央分配的党员发展指标由各省党部分配到县级党部，县级党部因人手有限、经费短缺，基层组织薄弱，农民毫无入党热情。在此情况下，如果按照正规途径和手续征收，很难完成上级党部下达的发展任务。"于是，各种征收方式，或强制、或欺骗、或利诱、或造假，花样百出。"① "据大量忆述文献反映，战时及战后国民党基层党部在吸收党员时的弄虚作假是一种全国性的普遍现象。"② 这种情况下，党员质量自然不高，党务系统对党员的征收没有规定制度可言，混乱不堪。在强制公务人员入党的政策下，党员构成中公务人员的比例急剧上升，而之前的教师、学生和自由职业者等城市知识分子比例下降。"与战前相比，战时国民党党员的文化程度发生了明显变化。战前国民党基本上是一个以城市中上阶层为主体的政党，党员大多具有良好的教育背景。而战时国民党党员的整体教育水平明显下降……战时党员大多来自内地省区的县城和小镇。党员的文化素质和知识结构更加偏重于传统。对外界新思想新事物深怀疑虑，对任何社会经济变革极力抗拒。党变成维护他们既得利益和社会权势的招牌和工具。"③ 这些人早在军阀时代就已受雇于地方当局，或者是基层社会旧制度的既得利益者。"随着党部机关的衙门化，党部委员的官僚化、普通党员的特殊化，在国民党内部逐渐滋生出一批被当时人称做'党痞'、'党棍'和'党混子'的寄生群体。"④ 这一群体的崛起，使国民党的形象和影响大打折扣，更失去了民众对国民党的信赖。

蒋介石认为，国民党大陆失败就在于制度建立的落后和缺失，退台后最紧要的任务就是政党的制度化，"要使国家一切事业走上轨道，最要紧的就是制度化。"⑤ "要完成剿共抗俄的国民革命军'第三任务'，唯在建立一种

① 王奇生，《党员、党权与党争——1924—1949 年中国国民党的组织形态》，北京：华文出版社，2010 年，第 350 页。
② 王奇生，《党员、党权与党争——1924—1949 年中国国民党的组织形态》，北京：华文出版社，2010 年，第 351 页。
③ 王奇生，《党员、党权与党争——1924—1949 年中国国民党的组织形态》，北京：华文出版社，2010 年，第 347 页。
④ 王奇生，《党员、党权与党争——1924—1949 年中国国民党的组织形态》，北京：华文出版社，2010 年，第 319 页。
⑤ 秦孝仪主编，《先"总统"蒋公思想言论总集》（第二十三卷），台北：中国国民党中央委员会党史委员会，1984 年，第 472 页。

现代化的制度。……一切都要从头做起，更要从建立制度做起。"① 改造开始后，蒋介石就亲自指导干部管理办法草案的拟定，改造委员会对干部政策进行了一系列的建设，并于 1950 年通过了《中国国民党干部政策纲要》，规定干部的领导作风为原则领导、一元领导和民主领导；干部分子经由选举、简拔、荐举、考选、训练方式产生；职务根据需要和个人意愿进行之别互调、区域互调、上下级互调、国内外互调；严密考核干部分子工作，不合格者解除职务。② 1952 年，又相继出台具体实施细节，包括《中国国民党干部分子产生规程》《中国国民党干部分子管理通则》《中国国民党党务干部分子任期条例》《中国国民党干部分子互调办法》《中国国民党党务干部分子管理办法》等一系列细则，完善和细化了党内干部任用选拔考核制度。改造运动中也建立起与之配套的人事制度，蒋介石特别强调人事任用和考核的重要性，人事审核制度以"工作考验忠诚"为原则，重视"农工商业岗位上及办理实业成绩素著者"③。党内根据需要，对各种干部任用进行类型（党务、政治、社运）、区域、上下级、"国内外"的适当调配。同时，中央和"省"县市还分别设立人事审核委员会，负责各级组织人事审核。干部政策纲领的主要目的是建立健全人事制度，矫正过去国民党因缺乏完善的人事制度而导致的弊病，使全党能真正发挥整体的功能，通过健全人事制度来贯彻既定的干部政策。

三、基层党部与专业党部组织化

在组织结构上，俄共式的政党与现代西方政党最显著差异在于建立能够精细化地控制每个党员的基层组织，俄共式的政党不是由独立散漫的个体成员组成，是以组织严密的"支部"作为党的基本组织，党支部是党组织的基础。国民党仿照设立"区分部"为党的基本组织，以党员居住、生活和工作区域来划分和建立"区分部"。西方政党一般只有上层机构和十分松散的党员构成，随着选举权的扩大，政党就是选举机器，不具有这样广泛的控制性和渗透性，党员可以随意入党或脱党。

---

① 秦孝仪主编，《先"总统"蒋公思想言论总集》（第二十三卷），台北：中国国民党中央委员会党史委员会，1984 年，第 140—147 页。

② 中国国民党中央委员会党史委员会编：《中国国民党党务发展史料——中央改造委员会资料汇编》（上），台北：近代中国出版社，1990 年，第 404—408 页。

③ 张其昀，《张其昀先生文集》，台北："国史馆"，1989 年，第 7893 页。

　　抗战时期，国民党的组织规模及党员人数得到空前扩张，1926 年 10 月统计资料显示，"国民党在全国 90% 的省区和 25% 的县份分别建立了省级和县级党组织。"① 党员数量虽然可以大体评判一个政党组织实力的强弱，但政党内部组织结构决定了政党实际运作的情况。国民党仿照俄共式的政党组织，力图建立起能够严密控制每位党员的基层组织，但国民党的基层组织大多有名无实，大多数党员只是挂名党籍，党员质量却十分不理想，导致党组织的规模扩大，党力却依旧涣散。国民党仿照俄共的基层"支部"设立区分部，区分部之上又分别设立区党部、县党部或市党部，但国民党的基层组织并没有开展实际活动。其纪律性严密性也只是徒有其表，尤其基层组织相当松散，不具有动员能力。基层党员也都把入党作为"进入城市，向上爬升"的工具，基层党部没能成为国民党向下扩展渗透的中介。

　　大陆时期，无论在工厂、矿山、铁路及其他专业性部门中，还是在民间和社会团体中，国民党都没有建立起牢固健全的基层组织。基层组织也不具有动员和号召能力，一些基层支部很少举行支部会议或活动，即使举行了会议活动也没有党员愿意参加，甚至连国民党中央所在的区支部都很少举行例会。② 深町英夫考察国民党改组时期广东省内各下级党部的表现指出，"国民党浸透各地社会时，仍遭遇了原有地方菁英的抵抗；有时候，国民党动员工人与农民，俾在地域内社会内部建立其阶层秩序的同时，反被地方菁英维持原有权力结构的心理所利用。"③ 国民党经常卷入地域社会的既有矛盾、对立、竞争中，即使连党的组织内部也常体现这中关系。县市党部也多不健全，党员之间还存在明争暗斗，争权夺利的现象，党组织对党员约束力也十分有限。"1929 年，普通党员仅 27 万余人，到 1937 年，也不过 52 万余人。1929 年，南京政府仅控制了约 8% 的国土和 20% 的人口；抗战前夕，它所能控制的地区和人口分别增至 25% 和 66%。"④ 由于党力不足，国民党的势

---

　　① 李云汉主编，《中国国民党党务发展史料——组织工作》（上），第 100—101 页，转引自王奇生，《党员、党权与党争——1924—1949 年中国国民党的组织形态》，北京：华文出版社，2010年，第 39 页。

　　② 《中国国民党第一、二次全国代表大会会议史料》（上），第 621 页，转引自王奇生，《党员、党权与党争——1924—1949 年中国国民党的组织形态》，北京：华文出版社，2010 年，第 42 页。

　　③ 深町英夫，《近代广东的政党·社会·国家》，251—255 页，转引自王良卿，《改造的诞生》，台北：台湾政治大学历史系，2010 年，第 464 页。

　　④ ［美］劳埃德（Loyd, E. Eastman），陈红民等译，《1927—1937 年国民党统治下的中国流产革命》，北京：中国青年出版社，1992 年，第 331 页。

力范围只能限于上层和城市，在农村等基层组织中影响十分薄弱。

在大陆期间，国民党只能控制政治表层，未能深入社会内部，国民党不是派遣和选拔政治上合格的党员进入各级政治和社会权力机构中，也没有塑造和培养党员成为社会的楷模，以此赢得民众的信任和拥护，而是毫无甄选机制地吸纳旧社会权势力量进入国民党，因此国民党组织的进步性及其影响并没有传递到社会基层，更无法辐射到社会生活的各个方面。国共分裂以后，国民党为了和共产党划清界限，放弃了"民众运动"，并认为"民众运动"是共产党的专长和标签。1924 年政党改造时建立的农民、工人、商人、青年、妇女的民众运动组织，在 1928 年也被撤销了。这一举措使得国民党更加疏离民众，基层组织脆弱，边疆省区组织空虚。五部是国民党与民众的组织纽带，五部撤销后，国民党中央另成立"训练部"，后改名为"民众训练委员会""民众运动指导委员会""民众训练部"等，旨在控制民众，遏制群众运动，但效果都不理想。在广大农村基层社会，甚至不如乡村教会组织和秘密社会团体。一些地方哥老会的势力和影响都远远超过了国民党，只有取得当地哥老会的同意后，国民党的政策措施才能推行。民众是政党生存和发展的基础，没有民众的政党就好比空中楼阁，政党潜藏巨大风险，随时可能崩溃。

退台后中央改造委员会从制度上为各级党部都精心设计了组织规程，甚至连中央改造委员会各处组及其下属各委员会都有专门的组织规程。从组织形式上，在改组后的大半年时间内各级组织陆续建立，基层单位由区分部变为小组，所有党员均被划入党小组，一个小组由 3 至 11 人组成，每两星期举行一次党小组会议或活动。在城市，党小组的划分以职业为主，地域为辅；在乡村，以地域为主，职业为辅。1951 年 5 月左右，小组作为基层单位划编完成，到 8 月，仅台湾省党部所辖小组便多达万余，以后还有增加。人数较少、定期活动、分布广泛的小组作为国民党的基层组织，延伸到社会各角落，一定程度上加强了国民党对基层社会的严密掌控。改造以前，一般担任中央或省级政府重要工作的从政党员，很少参加区分部，更谈不上担任基层组织工作。改造中规定，每个党员都要参加小组，其中包括中央改造委员会等高级党官。基层组织的形态也影响和改变了国民党上层组织的散漫状态。

在改造之前，国民党各级党组织之间基本处于隔绝状态，基层群众的意见也很难真实准确反馈给中央。改造期间，各级党组织的活动比以前活跃许多，多数小组都能按期召开每月至少两次的小组会议。基层党小组发挥了沟通群众与中央的作用。改造中特别强调党组织要直接渗透进入台湾基层社会团体，包括青年学生团体、农工团体、妇女团体等。1950年，中央改造委员会在台湾专科以上学校设置知识青年党部，由国民党中央直接领导，并先后在台湾大学、师范学院等七所院校建立知识青年党支部，有计划有步骤地争取知识青年加入国民党。1952年，蒋介石又提出组建高中以上学生必须参加的"中国青年反共救国团体"，由"国防总政治部"负责筹备，蒋经国任团主任。

国民党退台之初，宋美龄就发起成立"中华妇女反共抗俄联合会"，动员和团结各界妇女为稳定台湾社会，巩固国民党统治基础服务，她特别提出三项任务[①]："1. 检举嫌疑分子；2. 劳军与组训民众；3. 救济大陆同胞。"国民党改造开始后，隶属中央执行委员的妇女运动委员会被撤销，重新组建了妇运会，并在台北、台中、台南设置组织，健全妇女运动的各级组织，以加强妇运宣传。国民党"七大"决议将妇女工作体制分为决策与执行两层次：中央妇女指导工作会议为决策机构，宋美龄担任执行长；中央委员会妇女工作会为执行机构，设主任一人主持工作。1953年，国民党七届三中"全会"通过增设妇女工作会，负责妇女工作及妇女团体的党团活动。当时妇女工作的主要任务就是贯彻党的政策，包括吸收妇女入党、健全妇女基层组织等，充满"党化"色彩。

国民党中央改造委员会强调，不仅要在党员征收上重视吸收农工党员，更重要的是在农工中建立组织，随着各项社会改造事业的开展，工会与农会便成为国民党的基本社会组织。改造开始后，将改造职业党部组织列为重要内容，迅速通过工人运动委员会人选，及相关设置原则与组织规程，具体任务在于执行党的经济政策，推动发展生产、组织与教育群众等。工会组织形式上受到国民党的扶植控制，但实质上国民党并未透过工会将劳工的利益整合起来，只是全盘掌控工人群体，使其成为国民党可利用的政治资源，巩固其政权。

日本殖民时期，硬性规定每位农林畜牧者都需加入农业会并缴纳会费，所以农会是深入台湾民间的庞大组织。国民党退台后为深入扎根农村基层组织，在中央改造委员会指导下特别成立了农人指导委员会。农民运动是以农

① 陈晓慧，《由上而下的革命：中国国民党改造之研究（1950—1952）》，台北：台湾政治大学历史研究所博士论文，2000年，第117页。

会为主要的协助机构，以公共利益与农民利益相结合，并配合实行三七五减租，公地放领，及耕者有其田等农业政策。改造中，国民党特别重视农村社会状况的调查，及三七五减租政策的贯彻，这些实惠使农民对国民党的形象大为改观，为其累积了大批忠实的支持者。国民党也利用由上而下的政策来主导农民组织，积极在农会中建立党小组，或吸收各地农事小组长及各地农会干事优秀者为党员，以便更好控制。在国民党的扶植下，工会、农会等群众团体成为国民党在工业、农业等部门的分支机构，达到了强化社会基础，巩固政权的目的。但是，政党对社会团体控制，使社会团体缺乏自主性，扼杀了社会多样性，与现代民主价值下的社会团体的本质相背离。

四、形式上的党政分离

国民党在大陆期间通过强化党权、加强党的领导来推进革命进程，为此制定了一系列相关政策。在党政军权力关系上倡导"以党治军""以党治政""党权高于一切"。孙中山一直崇尚西方政党政治的模式，并不认可一党制，但受苏俄模式影响，对苏俄模式强大单一政党带来革命胜利十分向往。他认为苏俄胜利的经验就是一党掌权，不允许其他政党分享政治指导权，进而禁止其他政党存在，实行"党外无党"。孙中山的思想因此发生了改变，但要注意孙中山的政治理念中，一党专政不是最终的目标，而是手段，是向宪政过渡的一个阶段。

1924 年国民党效仿俄共组织结构，在中央党部之下依次设立省党部、县党部、区党部和区分部，建立了与行政层级相对应的党务系统。在中央层面，国民党早期实行直接党治，在地方层级则保持行政权的统一和独立，不允许地方党部直接干涉行政事务。北伐期间，国民党军队攻克某一区域后，一般先设立省党部，然后才成立省政府。县级党政关系参差不一，更多的情形表现为党部凌驾于政府之上。之后地方党部有权指导、监督地方政府。即便如此，作为国民党的顾问的鲍罗廷以俄国经验来观察这个时期的国民党政关系，他认为"党的权力还不够大，党的领导作用没有很好发挥。他强调党应该决定乡政府、县政府、省政府、中央政府如何进行，不仅要决定总的方针政策，而且要具体指导各级政府的实际工作，……但鲍这一强化党权的建议未被国民党完全采纳。"[1] 1928 年"训政"开始后，国民党在中央一级

---

① 《鲍罗廷在中国的有关资料》，北京：中国社会科学出版社，1983 年，第 174—175 页，转引自王奇生，《党员、党权与党争——1924—1949 年中国国民党的组织形态》，北京：华文出版社，2010 年，第 230 页。

明确规定以党治政，在地方一级，则改变了之前党部指导监督政府的原则，明确要求党政分离。国民党的施政纲领和政策举措必须通过"中政会"传达给国民政府，再由中央政府指导各地方政府实施。党对政府有监督作用，但不能直接指挥和领导政府，也不容许省、市、县等中央以下的各级党部对同级政府直接发生指导监督关系。

国民党中央高层大多党政职务互相兼任，但地方各级党政任职一般没有相互重叠，实行党政分离削弱了国民党的政党基层组织实力。国民党地方党政关系一直处于冲突状态，当地方党政发生矛盾时，地方党部往往会受到中央的批评，特别强调地方党部不得干涉地方行政事务。因缺少中央支持，地方党部权力日益萎缩，党部被置于次要和无足轻重的地位。地方政权的重心在政不在党，党部没有人事组织权，无法通过管理党员去制约和监督政府，党组织对党员缺乏有效的约束机制，在地方层级党权日趋弱化。

国民党自我标榜从1947年实施"宪政"开始，中央直接领导政府的"训政"方式已不再适用，国民党已由革命党转变为普通政党，由党直接领导政府的方式转变为借由党籍民意代表立法，党籍行政人员实施这样的所谓的"政党政治"的运作模式。在《本党改造纲要》中曾明确规定："党的政策应透过民意机关及在政府服务之党员，依法定程序构成法令及政令。……党对于政府民意机关中服务之党员，应从政策上领导，而不得对其法定职权予以干涉。"中央改造委员会制定《党政关系大纲》《中国国民党从政党员管理办法》等文件，使党政关系制度化，确立"以党领政"模式，确立国民党在新时期党政运作的模式。《党政关系大纲》中规定：1. 在县市以上各级"民意机关"，设立由党籍"议员"组成的"议会党团"，凡是党员者均须在"议会"中发挥党团作用。2. 在县市以上各级行政机关，设立"从政党员政治小组"，以贯彻执行上级政策。3. 党、政、"民意"机关在工作上协调统一。

国民党在大陆时期实行"训政"，励行"以党治国"，退台后施行"以党领政"。在民意机构和各级"政府"中，建立党部、党团或政治小组，相关决定和执行都要透过有关政治小组向上级党部报告请示。民意机构与"政府"间需要达成共识、谅解或协助时，也需要由同级党部透过有关党团党部或政治小组来沟通意见、解决问题。也就是说，国民党只能透过党组织来指挥民意代表和从政党员，不能直接干预指挥，只能通过行政机构或立法机构中的党员，依照法定程序步骤，使党的决议上升为政策或法令，并由从政党员加以贯彻执行，这至少做到了程序上的党政分离。

国民党经过20世纪50年代的政党改造，涣散的党组织系统得到了改善和巩固，对社会的渗透力也到了加强。蒋介石对权力的掌控使派系间的倾轧有所缓，政党表现出一定的整体性和凝聚力。行政部门不再单设党的领导系统，由各级行政主管兼任同级党部系统的主管，给予行政领导一定的决策自由，行政事务方面"以党干政"的现象很少出现，整个经济政策的制定与执行都掌握在行政部门，党的决策功能在不断下降。到70年代，党组织对行政部门的影响力已经十分有限。

美国学者马若孟认为，"中国国民党经改造后，展现出一全以来从未有的团结气象和庄严使命，……十分有自信地面对失败后的重生"①。陈三井在研究中指出，20世纪50年代的国民党改造，虽然在执行技术与绩效方面与理想仍然有若干距离，但至少达成了两项重点：（一）增加了党组织的纪律性、严密性，使国民党成为一个战斗体。（二）政党作风得到改善，能够厉行政党政策纲领，服从组织领导，密切联系民众。②虽然改造没有完全彻底的消除党内派系，但解决了派系间相互公开恶斗的现象，派系的私人恩怨在改造的背景下，表面上比较收敛，自然所呈现的党性相对地也提高了，也是由于当时内忧外患的生存危机对其有所刺激，国民党的整个纪律作风和精神面貌都大有改观。

第三节　意识形态现代性与威权统治间张力的政治结果

国民党企图建构严密的组织形式，借以控制党员，进行社会渗透，希望对社会进行强有力的统治。然而三民主义意识形态所宣扬的基于对民主的信仰和承诺，使其政党统治与政党目标总是相互掣肘，未能真正实现强势统治。"社会多元主义受到意识形态的、具有强烈强制性和凝聚力的一党制的

---

① Linda Chao and Ramon H. Myers, *A New Kind of Party*: *The Kuomintang of* 1949–1952, Proceedings of Centennial on Sun Yat-sen's Founding of the Kuomintang for Revolution, Vol. Ⅳ, Taipei: Chinese Modern History Press, 1995, pp35–39.

② 陈三井，《中国国民党三十九年之改造与台湾新政》，"国父"建党革命一百周年学术研讨集编辑委员会编辑，《"国父"建党革命一百周年学术讨论集》（第四册），台北：近代中国出版社，1995年，第399—400页。

影响，要远远超过其对一党制的影响。强制性越小，次集团的自主性就越强。这等于说，随着强制性的减弱，自发的社会多元主义的影响就会增加。……因此，次集团自主性、甚至是次体系的独立性可能并不会在立法席或政府职位中得到反映（他们仍然由一党垄断），但却在很大程度上影响垄断党的本质和政策。"① 名义上的"行宪"与实际威权统治间的张力对其统治及制度安排产生了重要影响，包括以下三方面：一是允许地方自治但封闭中央层级选举；二是对舆论控制中的开放；三是接受美国援助又深受美国影响。

一、地方自治与封闭"中央"

自治，简而言之，就是"自己治理自己"。"自治意味着不像他治那样有外人制定团体的章程，而是团体的成员按其本质制定章程。"② 地方自治，是指根据国家（地区）的相关法律法规，本地居民自己选举产生该地区行政及民意代表机关，自主管理地方事务。地方自治是孙中山建设国家的重要政治理念，也是实现民权主义的重要内容之一，在《地方自治开始实行法》《建国大纲》《民权主义》等纲领性文件中，孙中山详细论述了地方自治的重要意义、原则要求、实施程序及具体任务。其主要内容是：省、县议员和省、县长实行民选，省、县议会在不违背宪法及上级立法的同时，可就本辖区内之财政、金融、农林、实业、文教卫生等社会各方面，进行立法并执行之，从而给人民以直接参政议政的机会，并发挥地方政府的积极性和灵活性。国民党在大陆曾先后发布政纲、宣言、决议、规章、法律等数十种文件，都声称要实行地方自治，并把它写入了 1947 年通过的"宪法"之中。在意识形态上，国民党多年来一直宣传和承诺要实现"地方自治"，"没有地方自治就没有民权主义"，地方自治在党内已经形成共识，但在大陆时期并未真正实行。

国民党退台后，依据 1947 年在大陆颁布的"宪法"开始"行宪"，但由于实行"临时条框"和"戒严法"③ 使国民党的"行宪"框架大打折扣。

---

① ［意］G·萨托利，王明进译，《政党与政党体制》，北京：商务印书馆，2006 年，第 332 页。

② ［德］马克斯·韦伯，林荣远译，《经济与社会》，北京：商务印书馆，2004 年，第 79 页。

③ 在大陆时期的内战环境，通过了《动员戡乱时期临时条款》（简称"临时条款"）。该文件解除《宪法》第 39、43 条关于"总统"权力的限制，使"总统"有权在他认为必要时宣布戒严或发布紧急命令，而不受立法程序方面的制约。国民党退台后，由于两岸敌对状态，宣布全台湾地区进行"戒严"，实施"台湾省戒严令"（正式名称为"台湾省警备总司令部布告戒字第壹号"，以下简称"戒严令"）。

"总统"任期不受"宪法"规定的约束，蒋介石一直干到第五届"总统"未终而逝。蒋经国1978年3月当选第六任台湾地区领导人，1988年于任内去世。为了延续"中华民国"的"法统"，从1954年到1990年间，"中央民意代表"一直没有改选，只是从1969年开始，进行了一定程度的"中央民代"增补选。

除了对"国会"及其他几个关键职位（包括台湾省长和改制后两个"院辖市"市长）不开放选举外，开始实施地方自治选举。地方自治是实行现代民主政治的国家（地区）依据分权制衡的理念而推行的地方治理制度，是民主国家（地区）政治制度的一部分，也是实现民主制度的具体地方制度。托克维尔认为，"地方分权制度对于所有国家都是有益的，但没有一个国家会比民主制国家的人民更需要它。"① 地方政治是普通民众身边的事务，使人们更容易了解和参与政治，更多了解民主政治的运作机制，培养民众的民主意识，形成一定的选举文化。

1949年7月，"台湾省政府"就成立了"台湾省地方自治研究会"，拟定地方自治的相关方案法规②。根据台湾省地方自治纲要规定，通过选民直接投票选举产生县市长、县市议员、乡镇市长、乡镇市民代表、村里长。③具备选举资格的公民需年满20周岁，且未被剥夺公民政治权，在选区内需连续居住六个月以上。地方自治选举实行无记名的秘密投票原则。在1946年，台湾地方自治就实现了"村官"（村里长）的村民直选。1950年，台湾实现乡镇、县市两级民意代表和行政官员的公民直选，1954年又实现"省议员"的公民直选。

自举办台湾地方选举以来，一直保持了相当高的投票率。据统计，第一届至第七届台湾省"议员"选举（1954—1985年）的平均投票率为73.71%；第一届县市长选举（1950—1985年）的平均投票为74.33%，同

---

① ［法］托克维尔，张晓明编译，《论美国民主》，北京：北京出版社，2007年，205页。

② 具体法规包括，"台湾省各县市地方自治纲要""台湾省各县市村里长选举罢免规程""台湾省选举法规"等。

③ 在日据时期，全台划分为5州3厅11州辖市。光复以后，将5州3厅改为8县（台北、新竹、台中、台南、高雄、台东、花莲、澎湖），11州辖市改设9省辖市（台北、基隆、新竹、台中、彰化、嘉义、台南、高雄、屏东）及2县辖市（宜兰属台北县，花莲属花莲县）。1949年，根据"台湾省县市行政区域调整方案"，将光复后的设置的八县九市改划为16县（台北、宜兰、花莲、台东、南投、桃园、新竹、苗栗、台中、台南、高雄、屏东、澎湖等）和5个省辖市（台北、基隆、台中、台南、高雄）。

期县市"议员"选举的平均投票率为 77.54%。[1]（见图 2.2）自 1954 年起台湾省议会"议员"改为直接选举，到 1983 年为止，共办理"省议员"[2]选举 8 次，"县市议员"选举 10 次，"村里长"选举 10 次。民众不断参与

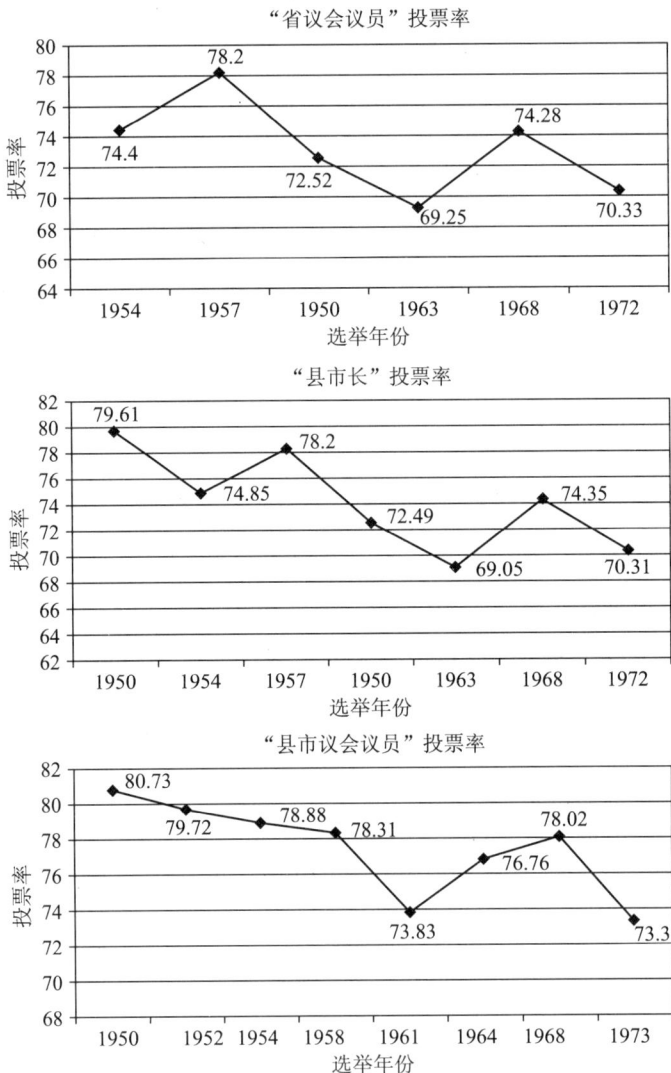

"省议会议员"投票率

"县市长"投票率

"县市议会议员"投票率

图 2.2　"省议会议员""县议会议员""县市长"投票率（%）

（1950 年—1973 年）

资料来源：史卫民，《解读台湾选举》，北京：九州出版社，2007 年，第 5—14 页，作者制图。

---

[1]　彭怀恩，《中华民国政治体系的分析》，台北：时报文化出版公司，1983 年，152—154 页。

[2]　第一届"临时省议会议员"是间接选举，未记入。

民主实践，民主意识的增长无疑对国民党的一党统治带来严峻的挑战。

以国民党在当时台湾政坛上的压倒性优势地位和对台湾社会的严密控制，国民党籍县市"议员"和县市长候选人的当选并不成问题，但国民党仍尽力控制地方自治的过程与规模，它制定的各种法规措施均对自己的候选人有利，非国民党候选人的竞选机会大大受限制，事实上，国民党一手包办了与选举相关的所有事务。如规定候选人的竞选活动限于公办选举制度下，只能参加选举事务所举办的在学校、社团或广播电台及其他公共场所举行的"政见会"。国民党还牢牢控制着选举监察部门，以"选举监察委员会"为例，按规定该委员会由参选的党派、团体各推选一代表组成，实际上除民社党和青年党各出一委员外，其他委员虽出自不同团体，但皆出自国民党。此后，该委员会人数虽在不断增加，但所增者仍是国民党的人。正是由于这个原因，一向对国民党顺从的民、青两党，于1957年宣布从此不再提名候选人参加选举①。

地方自治是国民党吸收精英进入体制内的重要渠道。美国学者冷曼（A. Lerman）认为，退台后国民党推行地方自治，其初衷并非为了发展多元民主政体，而是通过地方选举，平衡和整合中央与地方政治精英间的权力、利益，稳固国民党的统治。前者为后者提供政治职位，后者给前者提供群众支持（选票）。选举提供了合法的参与管道，自然就舒缓参与的压力，也避免了非法参与的破坏力。② 举办地方选举的也有利于扩大和稳固国民党的群众基础，树立实践民主的良好形象。同时，"选举能使大多数台湾人以候选人或投票人的身份去介入地方事务的管理。在中央级机关完全由外省人控制的情况下，投身于地方政治、介入地方事务，确能使台湾人的不满感获得相当程度的缓和。"③ 地方精英被纳入体制内，国民党对本地社会的统治表现出一定的弹性。

定期举行各种地方公职人员的选举，一些非国民党人士得以进入各级民意机构，以合法的身份向民众宣布其政见，向国民党挑战，国民党对选举的控制力也日渐式微。当选者并非全是国民党员，无党籍人士也有很多通过选举渠道进入地方政界。比如21个县市长选举，第一届（1950—1951年）无

---

　① 黄嘉树，《国民党在台湾》，海口：南海出版公司，1991年，第87页。

　② 彭怀恩，《认识台湾——台湾政治变迁五十年》，台北：风云论坛出版社有限公司，1997年，第52页。

　③ 高立夫，艾思明译，《海岛中国》，台北：洞察出版社，1987年，第62页。

党籍人士占了 3 席，第二届（1954 年）占 2 席，第三届（1957 年）占 1 席，第四届（1960 年）占 2 席，第五届（1964 年）占 4 席。县市议员中无党籍人士的比例还要高得多，大体可以达到"议员"总数三分之一左右的水平。① 随着台湾经济的进步和社会发展的多元化，这股力量不断壮大，最终构成了冲破国民党一党专政，促进台湾民主化进程的生力军。

国民党开放地方选举，无疑有策略方面的考量，但这毕竟都是实实在在的民主建设，长远来看有利于整个社会的民主化进程。"政治精英一旦允许并推行有限层级的地方选举时，短期来看，这一举措有利于巩固政权的统治基础，增强统治的合法性。但他们很难预计和估量这一决定的长远意义，威权统治可能正逐步被有限的基层选举所蚕食。"② 事实上，后来对国民党一党专制构成巨大"组织"威胁的，恰恰就是通过地方选举形成的"党外"组织化力量。

二、有限控制下的舆论开放

在对舆论的管控上，国民党政权"行宪"与"戒严"并行造成的矛盾性更是表现得淋漓尽致。一方面，由于戒严令的存在，极大限制和阻碍了公民言论自由的空间。国民党管控主要媒体的程度并不一样，广播电台和电视台均由官方控制。20 世纪 50 年代，国民党对报纸的发行控制非常严格，包括报刊用纸限制；报纸版面限制；新报纸登记限制等。1960 年到 1987 年解除"戒严"前，台湾基本施行"报禁"，纸媒一直维持在 31 家，没有一家新报纸产生。

但另一方面，国民党也不得不保持一定的"民主表象"，在新闻舆论方面实行一定程度的自由开放。台湾自由知识分子利用这一机会，阐释、宣扬民主理念，批评执政当局，甚至批评党国体制。同时也可以看出，国民党对反对声音、异议人士的管控能力比较有限，而这恰恰由于其体制性的矛盾和紧张。《自由中国》杂志刊发的内容就是一个证明。

《自由中国》创刊于 1949 年 11 月，名义上胡适为刊物的发行人，实际主持者是国民党元老人物雷震。刊物开始以"反共抗俄"为主题，但不久

① 张玉法，《中华民国史稿》，台北：联经事业出版有限公司，1998 年，第596—599 页。
② Juan J. Linz, *Non-competitive in Europe*, Guy Hermet, Richard Rose and Alain Rouquie, eds., Elections without Choice. New York：John Wiley & Sons. 1978, pp60 – 65.

就把锋芒指向台湾岛内政治。1951年底《自由中国》创刊两周年时刊发社论，强调"我们虽然拥护政府，我们并不忘记规箴政府……有许多时候，规箴的话是人们所最不喜欢听的，但我们绝不敢怕人家的不喜欢忘却了自己的责任，忘却了国家危亡"。"一个刊物最重要的任务，是养成健全的舆论。一个国家没有健全的舆论，比完全没有舆论还要危险；那非特是人民的耻羞，也是这个国家危亡的征兆。"[①] 其后数年间，台湾自由知识分子对当局"规箴"、批评的尺度越来越大，涉及的领域越来越广，包括倡导自由民主、主张司法独立、要求军队国家化，甚至发展到公开反对蒋介石的"连任"、要求回归"宪政"体制，乃至最终提出建立反对党的明确主张。这一时期，台湾自由知识分子拥有的言论空间是比较罕见的。

不同政见的公开化不仅有益于开启民智、释放社会压力，而且使国民党拥有较为通畅真实的社会利益表达与反馈渠道，能够因外界变化及时做出反应和调整。同时也对国民党形成无形的鞭策，迫使其习惯与适应拥有异议的政治环境，国民党标榜"民主"与实施威权统治之间的冲突也更为紧张，时常需要作以妥协来回应党外质疑。继《自由中国》之后，1957年又出现《文星》杂志，开始不断发出批评政府的声音。1965年，《文星》遭到查禁后，1968年又诞生了《大学》杂志。在国民党威权统治下的台湾，党外批评反对声音从未停止，甚至许多言论尺度非常大胆。总体而言，"在台湾人民除了不能随便发表政治意见和组织政党外，在日常生活上尚享有相当大的自由。"[②] 未曾间断的反对声音最终汇集和成长为20世纪80年代党外反对势力的大本营，成为国民党启动自由化改革的关键原因。国民党自身的矛盾性也为自己提供了一定空间去学习和适应存在异议的政治生态，使整个社会具有一定的弹性。

三、接受美援与受美影响

1950年随着朝鲜战争的爆发，中美两国不仅在朝鲜战场和国际社会的摩擦不断增多，而且在双边关系的多领域中也展开较量。美国为了遏制孤立中国，对华政策进行了一系列调整，开始大规模向台湾提供军事和经济援

---

① 汪幸福，《胡适与〈自由中国〉》，武汉：湖北人民出版社，2004年，第46页。
② 江丙坤、吴文程，《国民党政治角色的演变》，载于张京育主编，《中华民国民主化——过程、制度与影响》，台北：英杰企业有限公司，1992年，第128页。

助，以加强国民党的军事和经济实力。1951 年 5 月，美国政府通过相关文件决定，向台湾提供军事和经济援助，以增加台湾军队的势力，用于台湾的防卫和其他目的。至此，美国开始大规模援台政策。除军事援助外，到 1951 年，美国对台经济援助总额达到 9770 万美元。①

面对国民党退台伊始台湾民生凋敝的现实情况，美国对台援助主要以赠予为主，多为军事援助，辅之以经济援助。到 20 世纪 50 年代末，随着国际局势、两岸关系和台湾岛内情况的稳定，美援逐渐转向经济援助为主，军事援助为辅，援助形式也开始以开发贷款为主，到 60 年代后，美国援助政策强调经援助的长期作用，应该培养"受援国"自主开放的能力，使其可持续发展。美援帮助了台湾经济恢复和发展，对台湾现代化具有十分重要的意义。

与美国形成紧密的盟友关系，接受美援，意味着国民党的生存和发展依附美国的支持，同时必然会受到美国的影响。事实上，早在 1947 年，国民党政权就与美国有过"先美援还是先改革"的争论，美国企图以美援为杠杆，争取国民党进行符合美国价值标准的政府改组和政治改革。② 但由于局势骤变，之后就不了了之。1949 年，蒋介石也明确表示，为了争取美援需要适当改革，包括土地改革和筹备地方自治③。

美援涉及台湾公共行政的改革的各领域，包括经济政策、行政机构、预算审计、财税改革、法令修编以及行政职务分类等等，深入到当局组织结构和经济政策各个方面，对国民党组织和运行都产生了十分重要的影响。"美援的运用，因需征得美方同意，故对国内部分财经政策之形成，往往有决定性的影响。"④ 大批美国驻台官员和专家顾问来台援助，负责台湾经济的技术官僚们与他们形成了密切的合作关系，国民党党务官僚被排除在经济决策之外。

国民党威权统治的制度安排体现了其意识形态与统治间的张力，制度上的有限多元主义为台湾民主转型提供了诸多着力点。意识形态的为统治预留了回归"民主"的可能性。

---

① 杜继东，《美国对台湾地区援助研究（1950—1965）》，南京：凤凰出版社，2011 年，第 36 页。

② 资中筠，《追根溯源——战后美国对华政策的缘起和发展（1945—1950）》，上海：上海人民出版社，2000 年，第 126—131 页。

③ 萧铮，《土地改革五十年——萧铮回忆录》，台北：中国地政研究所，1980 年，第 336 页。

④ 尹仲容，《我对台湾经济的看法（续编）》，台北："行政院经设会"，1963 年，第 88 页。

第三章 适应与变革：台湾现代化 进程中的中国国民党

台湾经济发展的成就，一直以来为学界所关注。有的是从政策层面来探讨，认为台湾过去三十年的经济决策正确是经济发展成功的重要因素。也有从文化层面来探讨，认为中国文化的儒家传统是推动台湾经济发展的主要动力之一。还有从社会心理角度的分析，认为台湾的生存安全始终是社会的重要议题，整个社会具有团结的向心力，因此能最终获得成功。但是，对经济发展中的政治因素讨论并不充分。本章将讨论，面对外界环境变化所带来的挑战，国民党通过双重变革渠道予以适应与回应，一方面对政党意识形态、组织结构等方面进行调整更新，另一方面在政治制度上，以"中央民代增补选"为先导，后又启动政治自由化民主化改革。一系列的政治改革都是在国民党的控制和主导下完成，为威权国家的政党提供了一条在对社会有效控制下进行经济开放和完成政治改革的途径。

第一节　中国国民党主导下的台湾现代化发展

一、中国国民党执政的合法性危机

政党的政治功能就是解决政治发展过程中面临的危机，这既是世界范围政党发展的普遍经验，也是政党现代化的实践产物。按照约瑟夫·拉帕罗姆巴拉（Joseph LaPalombara）和韦纳（Myron Weiner）的观点，政党在政治现代化过程中可能面临的三大危机，即合法性危机、整合危机和参与危机。[①]合法性危机是指统治者在很大程度上失去民众的普遍支持，亦即政治上出现了信任危机和认同危机；整合危机是指政治上的统一性发生了严重的问题，

---

① Joseph La Palombara, Myron Weiner, *The Origin and Development of Political Parties*, Joseph La Palombara and Myron Weiner, eds. , In Political Parties and Political Development, Princeton, N. J: Princeton University Press, 1966, pp3 –43.

地区间和群体间的冲突难以调和，民族团结遭遇挫折，国家的一体化受到挑战；参与危机是指民众和社会群体的利益要求无法得到正常的表达，现有政治体制既无法吸纳和消化新生的社会力量，也不能提供有效的政治参与渠道，从而引起广泛的不满、抗议和骚乱。对第三世界政治发展研究有突出贡献的美国学者白鲁恂同样强调，后发现代化国家（或社会）面对政治发展所带来的压力时会出现六种危机：即认同危机、合法性危机、参与危机、贯彻危机、整合危机、分配危机。

国民党在退台初期面临以上各种危机，但最为紧迫和关键的便是其统治的合法性危机。在政治学中，合法性的基本内涵指社会成员对政治统治或政治权力基于内心自愿的认同、支持与服从。李普塞特（Lipset）认为："合法性是指政治系统使人们产生和坚持现存政治制度是社会的最适宜制度之信仰的能力。"[①] 哈贝马斯认为："合法性就是承认一个政治制度的尊严性。……合法性是用来实现这种要求，也就是说，合法性是用来表明，怎样和为什么现有的（或推荐的）制度是适宜于行使政权，从而使对社会的同一性起决定性作用的价值得以实现。"[②] 也就是说，合法性意味着被统治者对统治者进行统治的认同与接受，或者说，被统治者自愿接受统治者的统治与治理。合法性对于政治权力具有非常重要的作用和意义：它有利于政治权力关系的持续和政治秩序的稳定，有利于实现政治权力效能最大化和政治执行成本的最小化。因此，在现代政治实践中，任何一个执政党都千方百计地去获得更多的合法性资源。在威权国家（地区），政党无疑是社会上最重要的组织，其权力的行使足以影响社会发展方向及政府的形态，执政的合法性决定着国家现代化的命运。

马克斯·韦伯在理想层次上把合法性的来源分为四个方面[③]，即意识形态、领袖魅力、统治绩效和民主选举。就"三民主义"意识形态而言，在台湾，民族主义被国民党当局塑造为"反共抗俄""反攻大陆"。民权主义所标榜的"宪政民主"，国民党又以现阶段特殊的生存环境需进行威权统治

---

① ［美］西摩·马丁·李普塞特，张绍宗译，《政治人——政治的社会基础》，上海：上海人民出版社，1997 年，第 55 页。

② ［德］尤尔根·哈贝马斯，郭官义译，《重建历史唯物主义》，北京：社会科学文献出版社，2000 年，第 268 页。

③ ［德］马克斯·韦伯，林英远译：《经济与社会》（上卷），北京：商务印书馆，1997 年，第 359 页。

为托词，不予兑现。只剩民生主义中的提高民众物质生活水平的目标可能实现。就领袖魅力而言，仅依靠蒋介石的个人威望和统治能力难以获得民众的认同和支持。蒋介石的"'声望'和群众对他的服从并非来自后者具有真诚感召前者的魅力。对大多数第一代外省人来说，他们追随和拥戴蒋介石主要是因为视其为'民族救星'，有朝一日能带领他们重返大陆；至于对绝大多数本省人而言，与其说对蒋'敬爱'，不如说'敬畏'更恰当，因为后者掌握了组织性资源及生杀予夺的大权。"① 民主选举的合法性来源也被威权统治所堵塞。因此"民生主义"导向的统治绩效合法性是国民党当时最为合理可行的选择，后来的事实也证明，良好的执政绩效是其转型及之后发展的重要筹码和宝贵财富。

　　国民党退台时，只是把台湾作为"反共抗俄"的基地，是一种临时性应对选择。但随着内外部环境的不断变化，为了生存国民党开始逐渐改变其政策。1950 年，国民党"中央改造委员会"发布《本党现阶段政治主张》中强调"反共抗俄"的同时，也开始将重点转向"建设台湾"，"一切要从台湾做起。我们不只保卫台湾，还要建设台湾"。《本党现阶段政治主张》用较多篇幅阐述了"建设台湾"的措施，包括"国营事业应加强整顿，民营事业应加快扶植以求生产的加速增进，对外贸易的尽量发展"，"对于农耕地，应普遍实行减租及限田政策，并切实扶植自耕农，以达到耕者有其田的目的"，"发扬中国文化的特点，更吸收西洋科学文明的特长"等等。② 1952 年，在国民党"七全"代表大会上，蒋介石依旧强调"反共抗俄"，但用大量篇幅讨论了台湾的建设政策。他谈到经济自由与经济统治的关系时认为，"国家计划"必须"平衡发展"，"经济自由，固须受国家计划的限制，但是少数人自由的限制，把计划解释为统制，亦就糟蹋了计划。"③ 在工业发展上，蒋介石提出："民生主义对于工业问题，要从两方面来解决。一方面要完成工业化，一方面要在工业化过程之中，施行社会化的政策，杜绝独占资本，使生产增加的利益，为全民所共享。"④ 在农业方面，蒋介石

① 孙代尧，《台湾威权体制及其转型研究》，北京：中国社会科学出版社，2003 年，第 108 页。
② 李云汉主编，《中国国民党党章政纲汇编》，台北：中国国民党中央委员会党史委员会，1994 年，第 504—511 页。
③ 秦孝仪主编，《"总统"蒋公思想言论总集》（第 8 卷），台北：中国国民党中央委员会党史委员会，1984 年，第 64 页。
④ 秦孝仪主编，《"总统"蒋公思想言论总集》（第 8 卷），台北：中国国民党中央委员会党史委员会，1984 年，第 66 页。

认为，"今日在台湾省的设施，就已是实行了三七五减租以保障佃农的利益，并即将进一步实行限田政策，以扶植自耕农达到耕者有其田的目的。"① 1957 年，国民党"八全"大会通过的政纲中，删去了"抗俄"的内容，强调"建设台湾"的重要地位，"健全地方自治，促进政治、经济、文化、社会建设，实现台湾为三民主义模范省，以奠定建国基础。"② 1963 年的"九全"大会又增加了"抗俄"字样，首次明确把台湾作为"复兴基地"，对台湾建设做出了许多明确的要求与规划。

1969 年"十全"大会通过的政纲又删除了"抗俄"字样，此后历次代表大会的党纲中再也没有出现过类似"抗俄"这样的提法。在这个政纲中第一次明确提出"全面展开政治、经济、思想、文化、群众、军事各种作战"③。"反攻大陆"由单纯的军事作战变成"政治、经济、思想、文化、群众、军事的全面作战"，以建设和发展台湾作为其"反共复国"的重要手段。国民党开始从建设和发展台湾出发，以经济和社会现代化为执政绩效，来获得岛内民众的支持，同时稳固政党统治。

二、当局主导的市场经济

1945 年抗战胜利，台湾的日资企业被国民党政府接收。到 1950 年为止，接收的日资企业达 860 个单位。国民党退台后，一部分公营企业也随之迁到台湾，还包括一些民间无力经营或牵涉"国家"安全、社会福利等事业也由当局公营。这些公营企业成为台湾经济的主体，国民党当局也直接参与投资活动。据统计光复初期，公营企业的产值占工业总产值的八成以上。④ 由于受当时客观条件所限，国民党选择投资少、见效快、对经济全局有重大影响的工业部门优先加以发展。着力优先发展日据时代遗留下来的工业，主要包括：电力、肥料工业、纺织工业。1951 年底的发电机装机容量达到 305045 千瓦，1952 年底则进一步增加到 331545 千瓦，⑤ 恢复到战前水

① 秦孝仪主编，《"总统"蒋公思想言论总集》（第 8 卷），台北：中国国民党中央委员会党史委员会，1984 年，第 68 页。

② 李云汉主编，《中国国民党党章政纲汇编》，台北：中国国民党中央委员会党史委员会，1994 年，第 520—521 页。

③ 李云汉主编，《中国国民党党章政纲汇编》，台北：中国国民党中央委员会党史委员会，1994 年，第 532 页。

④ 茅家琦等，《中国国民党党史》（下），厦门：鹭江出版社，2009 年，第 603 页。

⑤ 秦孝仪主编，《中华民国经济发展史》，台北：近代中国出版社，1983 年，第 1057 页。

平并略有超过。1949 年，化肥消费量为 166137 吨，到 1952 年增为 458369 吨。① 台湾光复时，纺织工业十分弱小，产量有限，远不能满足岛内市场的需要，到了 1954 年，全台多地建有大型的棉毛纺织厂，纺织品已开始外销创汇。国民党当局总计接收的十项日本遗留在台事业，成为后来公营产业的生力军。这十项事业及接收公司企业分别为：糖业（台湾糖业公司）、电力（台湾电力公司）、石油（"中国石油公司"台湾石油事业筹备处）、铝业（台湾铝业公司）、矿业（台湾金铜矿业筹备处）、造船（台湾机械造船公司）、碱业（台湾碱业公司）、肥料（台湾肥料公司）、水泥（台湾水泥公司）和纸业（台湾纸业公司）。

（一）鼓励引导私营经济与约束规范公营经济相结合

公营事业的建立一方面是由于当时战后台湾社会经济凋敝，需要整编并接收日本人在台遗留事业；另一方面也是由于公营事业是全面掌控资源、引导发展的最有效手段，国民党通过公营事业控制了台湾大多数的资源和生产。20 世纪 50 年代初，就有关在台企业是应该实行公营还是私营这一问题，台湾政商学界有过激烈争论：一种观点认为，公营企业有利于集中优势资源发展经济，其生产力水平也远远超过私营企业，应该继续大力发展公营企业。另一种观点认为，台湾要自身发展，首先要能够自给自足，然后大量出口，这需要充分发展民营经济，发挥民众力量，同时也需要公营经济予以辅助。最终，后一种意见付诸实施，即当局主导的市场经济。尹仲容认为，这并不代表台湾经济不是自由经济，自由经济"并非不容许政府对个人经济活动有所干涉，亦非不容许政府经营若干企业。最典型的自由经济制度的国家，在战时与经济危机时，都曾实施过严格的经济管制，但并不妨碍其为自由经济制度的国家。在落后区域的国家，为加速其经济开发，有效使用其经济资源，对个人的经济活动，加以适度节制，并不违背自由经济的原则"。② 为了实现"力求有盈无亏，增加国库收入"的目的，国民党当局给予了公营事业在某一生产经营领域的独占特许权，营造有利于其发展的经济环境。同时，国民党当局也制定了一系列的规章制度来约束公营事业，属于"示范或经政府特别指定之事业"的公营事业，不仅承担着实现经济效益的目标，而且承担着特定的政治、社会使命，需要达成当局制定的政治、社会

---

① 张果为，《台湾经济发展》，台北：正中书局，1970 年，第 322 页。
② 尹仲容，《我对台湾经济的看法》，台北："行政院经设会"，1963 年，第 60—61 页。

目标。例如当局通过台湾电力股份有限公司调控电力价格，工业生产用电的价格较低，生活消费用途的电力价格较高，以此使电力资源有效投入到工业生产中。

对民营企业实行扶植政策是国民党推动经济发展的基本政策，扶植政策分为积极扶植和消极扶植。消极扶植[1]，凡是适合民营的工业，都用民间投资，国民党当局资金决不参与其中，限制公营事业在这些领域的发展，民营企业便少了一个有力竞争者。在设立新厂时，无论环境如何有利、利润多么丰厚，如塑胶原料、人造纤维、平板玻璃、水泥等领域，当局资金决不参其中。如果已由公营企业来经营的领域，则限制公营企业在该领域的发展，给民营企业的发展留有空间，并扩充民营企业在该领域的发展，例如纺织工业，国民党当局经营的几家纺织工厂，一直都是维持原有设备不变，任由民营企业在该领域扩充发展。积极扶植主要表现在减税免税、银行贷款、外汇改革等方面。对个别企业也实行特别扶植计划。从20世纪50年代开始，国民党当局对民营企业的扶植力度逐渐增大，到20世纪60年代末，银行贷款及全台金融机构对民营企业的贷款、资产负债比率都远远高于对公营企业的扶植（见表3.1）。

表 3.1　1953—1966 年间银行对公营和民营企业贷款分配比率

年　份	银行对公营企业贷款分配比率（%）	银行对私营企业贷款分配比率（%）
1953	72.3	27.7
1954	64.7	35.3
1955	57.5	42.5
1956	60.2	39.8
1957	55.1	44.9
1958	50.0	50.0
1959	43.2	56.8
1960	43.2	56.8
1961	45.4	54.6
1962	47.6	52.4
1963	39.0	61.0
1964	34.4	65.6

---

[1]　李国鼎，《台湾经济高速发展的经验》，南京：东南大学出版社，1993 年，第 252 页。

续表

年 份	银行对公营企业贷款分配比率（%）	银行对私营企业贷款分配比率（%）
1965	28.3	71.7
1966	26.5	73.5

资料来源：根据茅家琦等，《中国国民党党史》（下），厦门：鹭江出版社，2009 年，第 603 页。作者制表。

在国民党当局主导的市场经济政策下，执政当局为民营企业的发展提供了良好的政策、环境和资金支持。随着市场经济的发展，民营企业不断挤压公营企业的生存空间，国民党发展公营企业时采取了一些典型的计划经济方式，但并没有遏制私人资本的发展，而是把发展"国家"资本与私人资本相结合。"政府一方面改变了台湾的经济结构，另一方面也受到对外开放和经济发展的影响，而使自身起了变化。"① 私人资本为台湾经济腾飞作出了重要贡献，同时也悄然改变着台湾社会的面貌，更有效规制国民党当局的经济政策始终保持务实的现代化发展方向。

（二）土地改革与农业产业多元化

1952 年台湾农业已经恢复到战前最高水平，1953 年开始实施四年经济建设计划，农业方面以土地改革为重点，带动农业产业多元化，以农业培养工业，台湾从第二次世界大战后绝望的恶性通货膨胀成长为现代化发展的模范地区，被经济学者称为"台湾奇迹"。国民党在台推行的土地改革是台湾经济起飞和发展的重要因素，也是建设台湾最为重要的举措。这是一项以温和、渐进的土改方法，兼顾地主与佃农的双方利益，不仅发展了台湾的农业，促进了经济发展，更是台湾安定与进步的重要原因之一。

台湾土地改革大致可分为三个阶段：第一阶段施行土地减租。1949 年第一季农作物收割时开始推行三七五减租，即农民租用地主私有耕地以实物计算，不得超过正产物年收获量的 37.5%，不足者不得增加，且不能收取押金；租期不能少于 6 年；收获量不及三成者，应予以免租；农民也不能将耕地转租他人等。这个政策的实施，佃农收入较之减租前，平均增加了百分之三十以上，同时地主也纷纷出售土地。三年中地价贬低了三分之一以上，

---

① A. 阿姆斯登，《政府与台湾的经济发展》，载于丁庭宇、马康庄主编，《台湾社会变迁的经验：一个新兴的工业社会》，台北：巨流图书公司，1986 年，第 115 页。

购买耕地的佃农达两万四千二百七十多户①；实施三七五减租后，1951 年起土改第二阶段为"公地放领"阶段，即先后将"国有"、省有及公营事业机关出租的耕地分期办理放领。1951、1952 年所办理的公有土地放领公约五万甲（一甲约等于 0.97 公顷），受益农户达九万九千多户；第三阶段实施耕者有其田。在实施三七五减租及公地放领后，仍有二十五万六千甲耕地在地主手中，三十万二千户佃农一年的劳动成果仍为地主所分享。因此国民党政府决定将私有出租耕地 83% 由地主手中转让给自耕农。政策规定，农民承领耕地应缴地价，分十年内平均偿还，仅担负年息的 4%。政府同时补偿地主合理地价，地价的七成以土地债券的形式分十年兑付，并给予年息的4%，地价的三成以工矿、农林、水泥、纸业四大公司的股票形式发给地主。

实施耕者有其田是孙中山三民主义建国蓝图的重要组成部分。在大陆时期这项政策一直没有兑现。退台后国民党与台湾地方精英之间没有太多渊源和瓜葛，"执政团体中，大部分是刚来台湾的人，他们在这儿没有什么利益根源，和台湾人既有利益集团也没有什么连结。……因此，他们能够担任超然独立的仲裁者，维持长期的共识，并牺牲某些团体来造福全体民众。"②土地改革完成后，农民的经营积极性大增，农业生产持续发展（见图 3.1）。

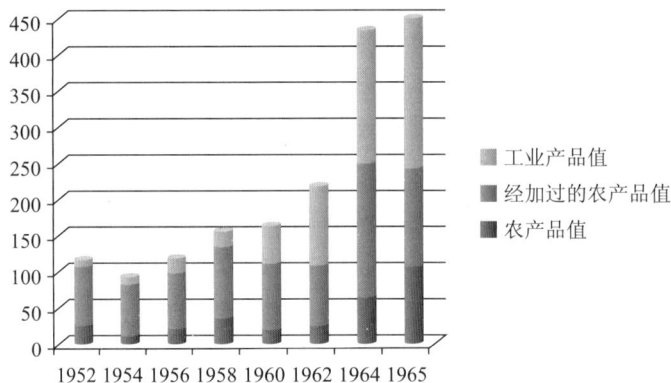

图 3.1　1952—1965 年台湾出口物品结构统计（单位：百万美元）

资料来源：根据茅家琦等，《中国国民党党史》（下），厦门：鹭江出版社，2009 年，第593 页，作者制图。

① 许福明，《中国国民党的改造（1950—1952）》，台北：正中书局，1986 年，第 141 页。
② Edwin A. Winckler, *National*, *Regional*, *and Local Politics*, Emiliy A Ahern and Hill Gates eds. , The Anthropology of Taiwanese Society, Stanford, Calif. : Stanford University Press, 1981, pp13 – 37.

自耕农比例从 1948 年的 33% 上升到 1956 年的 57%，而佃农和雇农的比例则从 1948 年的 43% 下降到 1956 年的 21%。① 通过土地改革，台湾传统农村社会结构发生了重大改变。地主收到土地债券和公营事业股票，有些地主从这些股票里获利，转为为工业家，还有一些则破产，因此整个地主阶级基本消失。通过土改国民党讨好和收买了广大农民阶级，赢得农民的广泛支持，成为其地方统治的重要政治力量。

（三）以农业培养工业及工业发展计划

从 20 世纪 50 年代开始，国民党就实行"以农业培养工业"的方针，从政策上将土改创造的大量剩余资金转移到工业领域，作为工业部门的资本形成，这是台湾工业 1950 年代能够发展的重要原因之一，主要手段包括：肥料换谷、低农产品价格、田赋征实、随赋收购等。仅肥料换谷一项政策，"自 1952 年至 1960 年，台湾当局每年平均由肥料换谷所赚到的钱多达 1.17 亿新台币。"② 通过土地改革，农民手中的农业剩余不断积累成为潜在的购买力，但由于当时当局对进口商品严格管制，这种潜在购买力就形成了进口替代工业品市场。劳动生产率的不断提升，农村形成大量剩余劳动力，这些剩余劳动力为工业发展提供了重要的劳动力资源。

从 1953 年到 1975 年，国民党主导实施了六期四年经济建设计划（其中第六期四年计划实际只实行了三年）。之后相继又实施了六年经建计划（1976—1981）和"十大建设"，当局在这些计划的制定和执行中都发挥了十分关键的作用。主要负责第一、二期四年经建计划制定的尹仲容曾说，制定经建计划的目的，"在求以最迅速有效的方式，动员一切经济资源，从事有计划的经济建设"③。

1964 年起台湾经济结束了初步发展的时期，进入了"起飞"阶段，在第四、五两期经济建设完成之后，台湾经济出现了一些新的变化和发展：第一、经济结构从以农业为主转为以工业为主。从农、工产业比重来看，1963 年农业生产占全台生产净额的 26.4%，工业生产占 27.6%，1967 年，农工比重首次发生颠倒，农业生产占全台生产净额的 23.2%，工业生产占 30.3%，1972 年，农业比重已大幅下降，占全台生产净额的 14.9%，而工

① 孙代尧，《台湾威权体制及其转型研究》，北京：中国社会科学出版社，2003 年，第 73 页。
② 茅家琦等，《中国国民党史》（下），厦门：鹭江出版社，2009 年，第 593 页。
③ 尹仲容，《我对台湾经济的看法（续篇）》，台北："行政院经设会"，1963 年，第 109 页。

业生产占 38.9%。① 第二，以进口替代为主转向以出口工业为主。工业生产由内向型转为外向型，为台湾经济找到了新的立足点。第六期经济建设计划开始执行时，就遇到石油危机给台湾经济带来一系列问题，此计划被迫终止，重新制定了 1976—1981 年六年经济计划，并实施了著名的"十大建设"②，其目的主要是为了建立重工业和基础设施建设。由于当时当局面临财政负担沉重、物价上涨、国际油价激增等困境，在经济不景气期间，着手十大建设的进行可以达到刺激各种相关产业的目的，还可以增加就业机会，冲淡经济呆滞的严重性。事实证明国民党的这一决策是正确而富有远见的。十大建设完成之后，又启动了十二大建设和第八期经建计划。随着经建计划的陆续完成，台湾的工业基础及生产环境获得提升，经济平均年增长率领先各新兴工业国家（地区），民众生活水平获得改善，社会更加安定，产品市场扩大，外销激增，外汇存底增加。

　　1964 年到 1973 年是台湾经济的黄金年代，在非常高的出口增长速度和投资的联合推动下，GDP 及制造业产值迅速增长。保守的财政和货币政策有利于将通货膨胀维持在低水平，只有在两次石油危机期间价格才急剧上涨。到 20 世纪 70 年代末，高储蓄率和强劲的出口增长使当局出现大量盈余，这一时期 GNP 年均增长率均为两位数，最高年份高达 13%，收支平衡的难题几乎从未发生过。"1987 年，外汇存底突破 780 亿美元，国民个人年所得于 1984 年仅 3200 美元，1972 年至 1988 年之间，国民平均所得增长了12 倍，平均年增长率达到 16.6%，三年后更突破 1 万美元。股票于 1989 年高涨至 1.2 万点，高低贫富差距缩短为 4.17 倍，平均国民所得从 414 美元升至 5829 美元。"③ 在经济增长的同时，真实工资水平也稳定上升，且收入分配高度均等化。

　　台湾在现代化过程中，贫富差距一直保持在很低的水平，同时又建立起比较健全有效的社会福利和保障系统。台湾经济的快速发展不仅稳定了物价，创造了就业机会，也同时改变了台湾地区产业结构，引导资金走向技术密集型工业。岛内人民物质生活富裕，教育水平提高，社会多元化等等，台湾整体呈现出现代社会的特征，国民党的一党统治在台湾经济发展中扮演了

---

　　① 魏萼，《揭开台湾经济发展之谜》，台北：远景出版事业公司，1980 年，第 136—137 页。
　　② 这十大建设包括南北高速公路、台中港、苏澳港、石油化学工业、北回铁路、炼钢厂、造船厂、铁路电气化、桃园中正国际机场、核能发电场十项工程。
　　③ 郭传玺主编，《中国国民党台湾四十年史纲》，北京：中国文史出版社，1993 年，第 204 页。

重要角色。

三、中国国民党统治对经济发展的积极作用

从台湾经验来看，国民党一党统治下权力的稳固与集中对经济发展具有以下优势：第一，一党统治创造出相对稳定的政治环境和有利的经济环境。亨廷顿认为后发现代化国家（地区）政党制度与政治稳定密切相关，"在处于现代化之中的国家里，多党制是与高水平的政治制度化和政治稳定不相容的。在处于现代化之中的国家，多党制是脆弱的政党体制。"① 在一党制下，国民党以发展为取向，以执政绩效增强自身合法性。国民党当局主导的市场经济，通过政策扶植和倾向创造出有利于私营经济发展的环境，对台湾经济发展具有十分重要的作用。第二，一党统治保障了政策的连贯性与一致性。由于一党长期执政，国民党当局的经济政策，不因政权更迭而有所改变。换言之，政策的成效必须经过长时间才能显现出来，如果经济政策因执政党选举失败而中断，这些政策的成效必然难以显现。美国学界工商界对美国经济政策最大的批评就是缺乏一整套长期而完整的经济政策。国民党一党执政时期，不存在政策中断的可能。经济政策的一致性和连贯性保证了台湾经济发展的稳定和持久。第三，一党统治能够利用其垄断优势地位，便于政策的制定和执行。1950 年政党改造之后，国民党使其自身力量不断延伸到社会各个阶层，国民党的基层组织在经济决策过程中也肩负了重要责任。基层组织能够挖掘民意，收集民情，聚合利益，而后通过政党的组织管道适当地表达与向上输送，使经济政策的制定不至于与民意相脱节。如果在政策执行上遇到问题，政党组织就会出面予以协调沟通。同时，国民党在行政、立法机构都占绝对优势。这使得行政和立法机构间的意见常能透过政党协调，而取得对政策的一致看法，不致因为看法、立场的分歧而使政策无法顺利制定。"政党对理解经济改革的巩固具有特别的重要意义。在威权体制中，政党是控制和收买的工具。在民主体制中，政党负责立法并将维持改革事业所必需的稳定支持力量组织起来。"② 分散化的、不具统合能力的政党不能承担、维系政策变革与执行所必需的协调工作。相反，单一政党的统合能力及一致

---

① 亨廷顿，王冠华译，《变革社会中的政治秩序》，北京：三联书店，1989 年，第 85 页。

② ［美］斯迪芬·海哥德、罗伯特·R·考夫曼，张大军译，《民主化转型的政治经济分析》，北京：社会科学文献出版社，2008 年，第 9 页。

化倾向更有可能在政策制定和执行方面获得稳定的支持，这种支持是巩固经济改革的前提条件。

一党统治下的地区，并非都和台湾一样拥有良好的经济表现，虽然"中央集中的行政权威对打破政策僵局有重要作用。……拥有压倒反对政策变革的官僚和政治势力的政治权威。"① 但是，"这种具有自主性的权威是一把双刃剑；如果长期不受约束，它会带来不确定性，并因此可能削弱有效的经济管理。"② 那么，国民党为什么在引导和推动台湾经济发展中发挥积极作用而不至走向僵化或利益集团化呢？"高度中央集权化的主导政党与有活力的私人部门和平共处。这要么是因为该主导政党的政治偏好或者战略，要么是因为私人部门实际上有能力抵制国家的侵犯。"③ 国民党的经济政策培养出了强大的私营经济部门，这是国民党偏好，以及当时其所处的政治社会环境所决定的。

在公营与民营经济的问题上，国民党认可私人资本的意义，从未有过消灭和打击私人私奔的意图和做法。就当时岛内政治社会环境而言，国民党需要借助民间资本的力量解决退台后的经济危机，推动土改，扭转当时岛内民生凋敝的面貌，用经济发展的绩效来获得统治的合法性。美国对台援助期间，也多次明确强调要发展私营经济以及设立专门部门来促进民营经济的发展。国民党领导人蒋经国认为，经济发展的收益要用于人民，还给人民，要让人民真正富起来，以盼达到社会均富。他常常约束规谏党内要员必须与商界划清界限，并以身作则要求家人不得经商，因此国民党一党统治并没有形成庞大的利益集团，相反"通过让私人部门占全部经济活动的份额不断增加。国民党创设了一种对其自身政策的制衡手段，而它的那些政策总体上有利于私人部门的。"④ 私人部门的不断成长，又对国民党形成有效约束，使其发展策略是现代趋向的发展型策略。

私人部门的经济力量通过很多重要途径影响政策制定和执行的政治过

---

① ［美］斯迪芬·海哥德、罗伯特·R·考夫曼，张大军译，《民主化转型的政治经济分析》，北京：社会科学文献出版社，2008 年，第 8 页。
② ［美］斯迪芬·海哥德、罗伯特·R·考夫曼，张大军译，《民主化转型的政治经济分析》，北京：社会科学文献出版社，2008 年，第 8 页。
③ ［美］斯迪芬·海哥德、罗伯特·R·考夫曼，张大军译，《民主化转型的政治经济分析》，北京：社会科学文献出版社，2008 年，第 303 页。
④ ［美］斯迪芬·海哥德、罗伯特·R·考夫曼，张大军译，《民主化转型的政治经济分析》，北京：社会科学文献出版社，2008 年，第 310 页。

程。一方面，一个强势的独立私人部门可以制约国家机构的掠夺性倾向。强制手段在控制政府面临的社会性压力时可能是有效的，但它却没法诱使拥有资源的私人业主进行投资。尽管保护私有产权是私人部门发展繁荣的必要条件。但反过来讲，强有力的私人部门能够诱使领导精英们为财产权提供稳定的保障，并刺激经济活动，同时也为政治领导人提供除政党组织和国有企业部门之外的另一种获得收益的渠道。在台湾，私人部门结盟对抗部分党务和公权力机构的政治策略对关键的改革决策起到一定作用。另一方面，私人部门力量的大小将影响经济改革所带来的激励机制的变化。相对于私人部门发育较差或者不存在私人部门的经济体，在私人部门发育良好的经济体中，市场取向的改革在供给方面的反应可能更加迅速和有力。例如，成长于 20 世纪 50 年代的台湾纺织企业和其他劳动密集型企业对 1958 年后引入的低汇率和促进出口的激励措施的反应就相对较快。供应方面反映的敏捷度不仅影响改革的经济层面，而且还影响到它的政治层面，因为后者将决定他们能够在多大范围内建立起支持改革的新兴私人部门的选民集团。

一党制下经济表现的预期具有不确定性，一些单一政党执政的地区在相当长的时间内都实现了经济的高速增长；还有些一党制政权在经济上的表现就相对差一些，比如非洲许多一党制政府。国民党一党统治无疑是台湾现代化发展成功的重要原因之一，在现代化过程中，有效经济政策的制定与实施需要中央集权，但国民党的中央集权并没有形成保守的既得利益集团来阻碍经济社会的发展，以维持自身利益的获得。这是因为国民党鼓励私人经济的发展，独立的私人部门与政党集中的权力相互制衡，"强有力且独立的私人部门正是这样一种制约力量。"[①] 对国民党及领导精英决策施政形成有效约束，使其政党不太可能肆意作为，国民党一党统治与台湾私人经济的发展间建立了默契的协动机制。

第二节　现代化的挑战

随着台湾经济的成长，台湾政治社会面貌悄然变化。异质化中产阶级的崛起，社会团体逐渐摆脱对国民党的依赖，从未间断的反对势力也不断聚合

---

① ［美］斯迪芬·海哥德、罗伯特·R·考夫曼，张大军译，《民主化转型的政治经济分析》，北京：社会科学文献出版社，2008 年，第 303 页。

且更为组织化，这一切都对国民党一党统治构成挑战与威胁。

一、异质化中产阶级崛起是国民党变革的压力与引力

经济的高速发展与财富的不断积累会产生大批中产阶级，这些中产阶级在掌握财富之后会对个人权利和政治参与有更多的要求，进而成为民主化的重要动力，并对民主稳定起到积极作用。亨廷顿也强调，城市中产阶级是第三波民主化浪潮中最积极的民主拥护者。当然，也有学者对这种理论提出质疑，李普塞特和拉里·戴蒙德就认为经济发展能够为政权提供正当性，正当性越强，政权就愈具有稳定性。基于这样的分析，中产阶级因为自身利益的考量，在政治上会更为保守，更倾向于选择安定的政治环境和秩序，那么中产阶级就不可能是民主化的推动力量，相反，会成为现有体制的维护者。台湾因为省籍差异，情况更为复杂。

台湾战后初期，社会上层大部分都是地主，少数企业家、律师、医生和公务员可以算是中产阶级，但数量不多，其余人口大多是农民，台湾岛内的社会结构相当单纯。随着六七十年代经济快速发展，出现大量劳工阶级，到七十年代末全台劳动人口中从事农业活动不到 20%，其中 90% 是兼业农民。[①] 台湾工业化及城市化使岛内社会结构复杂而分化，明显体现在就业模式的转变上，土地改革使农业人口大幅度锐减，城市工商业发展又创造了大量的新的工作岗位，使都市新兴中产阶级人口大量增加，逐渐形成一个中产阶级阶层。"从 1950 年到 1980 年的三十年中，产业工人在全部劳动人口的比例中，由约略百分之二十成长到百分之四十。而在此同时仅有百分之十八的劳力继续从事农业活动，并且他们之中有百分之九十是兼业农民。至于中产阶级人口比例在全部成人人口中约已上升至三分之一，他们包括中小企业的老板、公私银行企业的经理、党政官员、民意代表、教师及自由职业者。"[②] 依据"行政院主计处" 1987 年"中华民国台湾地区家庭收支暨个人所得分配调查"资料显示，以个人作为分析单位，台湾中产阶级约占台湾就业总人口的 20%。以家庭作为分析单位，中产阶级的家庭约占台湾家庭

① 文崇一，《台湾的工业化与社会变迁》，载于《台湾地区社会变迁与文化发展》，台北：中国论坛社，1985 年，第 17 页。转引自孙代尧，《台湾威权体制及其转型研究》，北京：社会科学出版社，2003 年，第 202 页。

② 田弘茂，《威权政党国家的转型——台湾的发展经验》，载于张京育主编，《中华民国民主化——过程、制度与影响》，台北：台湾政治大学国际关系研究中心，1992 年，第 54 页

总数的27.4%。以主观认定的方法来测量，20世纪80年代末有37.3%的台湾人认为自己是中产阶级。① 如经典现代化理论所阐发的那样，中产阶级是民主改革的主要动力，在台湾的经验资料显示也确实如此，"中产阶级确实比工农阶层表现出更强的民主要求。"② 但值得注意的是，台湾中产阶级是一个异质化的阶层，异质化的最突出表现就是以省籍为区分。例如在中产认同的问题上，外省籍民众最倾向认同中产阶级，比例有54.5%，本省的闽南人与客家人自认是中产阶级的比例就相对较低，分别是34.6%与31.4%。同样，外省人比本省人具有更高的民主信念，分别是64.6%和48.3%。③ 在如何实现民主的问题上，以省籍为界限，中产阶级的异质性就更加突出。本省籍的中产阶级支持反对力量，对国民党主动推动政改并没有信心，如果国民党启动政改是社会压力的结果，那么本省中产阶级的民主信念，以及对反对势力的支持就是压力的主要来源。

本省籍中产阶级对国民党威权统治构成巨大压力的同时，也构成了其变革的动力。但中产阶级对国民党变革的贡献不止于此，外省籍中产对国民党的支持是其推动改革的引力。外省籍中产同样具有较高的民主信仰，但他们要求实现民主的愿望并没有转换成对反对势力的支持，相反他们更倾向于支持由国民党来进行政改，这恰好成为国民党敢于变革的定心丸。外省籍中产人数不多，却是国民党重要的群众基础。劳工和农民虽是国民党选票的主要来源，可他们大多是被动的选民，没有太多政见。中产阶级则不同，他们一般都具有良好的受教育水平，有较多的政治意见，也有较多的政治资源和动员能力。他们不仅是被动的选民，也是积极参与的公民。他们是社会的中坚力量，并且多数是领导管理阶层，他们的政治认识和倾向很容易扩散及影响其他人，也就是说，他们具有较大的社会影响力。这一阶层对国民党的支持与否直接影响国民党的选票。外省籍的民众对国民党的支持基于两个原因：第一，在20世纪70至20世纪80年代，党外反对势力的政治主张都比较激进，尤其"台独"倾向严重，外省人自然不会认同和支持这些不安定因素。

① 许嘉猷，《台湾中产阶级的估计及其社会经济特性》，载于萧新煌编，《变迁中台湾社会的中产阶级》，台北：巨流图书公司，1989年，第66页。

② 吴乃德、林佳龙，《中产阶级与民主改革：现实或神话？——重构中产阶级和民主化的关系》，载于萧新煌编，《变迁中台湾社会的中产阶级》，台北：巨流图书公司，1989年，第221页。

③ 蔡淑铃，《中产阶级的分化与认同》，载于萧新煌编，《变迁中台湾社会的中产阶级》，台北：巨流图书公司，1989年，第85页。

第二，由于历史原因，外省人仍然对国民党有着特殊的政治认同，这种政治认同在第二、三代外省人中仍有着遗传作用。

外省中产阶级作为一支有着民主信念又支持国民党的重要力量，对国民党推动政治变革有着重要的意义。国民党内领导精英启动政改至少会有两面的计算与考量：第一，政治改革意味着给予反对派更大的自由，比如媒体舆论的开放和组党的自由，反对势力必将给国民党带来更大的挑战。只有在党内精英认为改革后他们的权力仍能够得到有效控制和有力支持时，他们才会去启动改革，至少缓慢的部分放开。否则，威权政党会动用一切可能的手段实施镇压和控制，异议分子很难生存，反对势力更无从形成。从某种意义上而言，外省中产正是给了国民党这样的信心和动力。第二，国民党原本的支持者在改革后是否还会继续支持国民党。政治改革不可避免地会使一些人获利，一些人利益受损。因此可能会产生对改革的支持与抵抗两种截然不同的态度。抵抗的态度会使国民党精英担忧，一旦改革开始会让政党失去原有支持者。幸运的是，国民党重要的阶级基础——外省中产阶级，具有民主信仰，拥护和支持改革，这是国民党能够开启政改的动力所在。

中产阶级对台湾自由化的作用是不容忽视的，但这其中的状况十分复杂，异质性十分突出，省籍矛盾是台湾中产阶级异质性最突出的特点，除此之外，中产内部可以分为专业人员、高级经理人、普通白领、政治公务人员、高级知识分子等，不同职业背景的中产阶级在意识形态和政治效忠上都有很大差异。例如，萧新煌将台湾中产阶级分为两类[1]，即旧中产阶级和新中产阶级。旧中产阶级是指自营店主和自雇作业者。新中产阶级主要以技能、学历、文凭为取向，包括行政及主管人员、技术性等相关人员。80年代台湾新旧中产阶级在整个阶级结构的比例分别是20%：10%[2]。新中产阶级是一群受过良好教育的阶层，"对于一般人认为较公平的分配现象，譬如教育机会与就业机会，新阶级的公平感更为强烈。然而对于争议性较高的政治分配问题，他们却把持着比一般人更为批判的态度。"[3] 这个新中产阶级

---

[1] 萧新煌，《台湾中产阶级何去何从？》，载于萧新煌编，《变迁中台湾社会的中产阶级》，台北：巨流图书公司，1989年，第6页。

[2] Hsiao, Hsin – Huang Michael, *The Middle Classes in Taiwan: Origins, Formation, and significance*. Hsin – Huang Michael Hsiao ed., Department of Sociology, Taipei：NTU. p20.

[3] 蔡淑铃，《中产阶级的分化与认同》，载于萧新煌编，《变迁中台湾社会的中产阶级》，台北：巨流图书公司，1989年，第91页。

对社会不公相当敏感，尤其对政治权力的不公平现象比其他同属中产阶级的个人都要敏感。

二、社会团体自主性增强动摇了国民党的社会控制

经济快速发展促使大量民间团体的繁衍，依据统计，"1952 年，约有 2560 个登记的社团，会员约有 130 余万，到了 1987 年，民间团体的数目已成长至 11306 个，会员有 830 万人，社团会员占全台人口的比例从 1952 年的 16% 增加到 1987 年到 42%"①。经济的发展和社会结构的改变导致社团的增加，也反映出有限政治自由化和社会分化的影响力。20 世纪 80 年代以前，国民党和许多团体间维持着有机的连结，并积极介入社团领导的选举。某些团体的人力物力资源受到国民党的支持和控制，甚至国民党有时会全盘介入其内部运作，比如指定重要人事，是一种"党—国—社会"关系的统合模式（corporatist model）。国民党尤其牢牢掌握着农会、工会、水利会、工商业工会及教师协会等团体，这些团体的资源可以为国民党在选举动员中所用。

经济高速发展使得民间社会和私人拥有大量资本，国民党对社会团体的控制能力已经逐渐式微。许多团体及领导可以从私人企业中获得收入与资源，因此国民党"政治恩惠"对社会团体的影响力被削弱。私人企业的成长和整体经济的繁荣都有助于减少社会团体对国民党的依赖。社会团体逐渐摆脱国民党的控制，获得更多自主性，进而降低了国民党的政治干预。这种变化对于公益团体尤为显著。20 世纪 80 年代以后，各种不同的社会运动开始涌现，大众关切的诸如环境恶化、消费者权益、妇女平等、人权及学术自由等问题，逐渐以社会抗议的方式来表达其需求，国民党一党制下表达诉求的旧有模式已经不能回应和满足这些抗议。这些运动的出现基本与反对势力的成长同步，二者间也相互呼应补充。反对势力不但提供了社会运动的积极分子，而且创造了社会行动的自由环境，甚至传统上被国民党控制的工会和农会也陷入内部的分裂，使得政治异议分子能够组织"对抗团体"，达到抗议的目的，社会团体不再是单一性、强迫性和非竞争性的团体，更不是国民党的"传送带"。

从 20 世纪 70 年代末开始，以"弱势群体求偿"为诉求的社会运动在

---

① "经建会"，《台湾统计要览》，台北："行政院"，1988 年，第 303 页。

台湾社会兴起，从消费者保护运动到反污染自力救济运动，从妇女运动到残障及福利弱势团体抗议运动，据统计各种诉求的社会运动共有 17 种。台湾中产阶级不但是国民党推动政治改革的压力和引力，也在各种社会团体和社会运动中承担了重要角色。中产阶级或明或暗、直接或间接、参与行动或出谋划策，在这些社会运动中都发挥了重要作用。可以说只有中产阶级的参与，社会运动才可以兴起与发展，并对国民党统治构成威胁。不牵涉政治议题的社会运动培养启蒙着普通大众的权利意识，不断冲击着国民党的威权统治，挑战权威也有助于减少民众对强权的恐惧。社会运动的议题多是要求权益补偿和救济，从表面看并不会动摇国民党一党统治的地位，因此国民党也都对这些诉求予以积极回应，这种无形中的互动开始改变台湾的政治生态，国民党一党统治地位也开始被动摇。

个人收入、受教育程度、所从事的职业等指标是衡量中产阶级的量化标准，在一些威权国家（地区），可能存在符合这些标准的中产阶级，但这个阶层的发展壮大并没有带来政治上的革新，甚至与统治阶级结成联盟，维护和巩固威权统治。究其原因，至少有两个方面：第一，这些地区的政治文化没有对中产阶层起到启蒙作用，中产阶级没有对自由民主等权利有所渴望和要求，甚至不认同民主、自由等价值理念，社会范围内没有形成共识，甚至存在较大分歧。第二，这些地区的中产阶层没有受到类似台湾社会运动的熏陶和培育，对强权存在巨大的恐惧，中产阶层只是单纯的有产者而已，不能期望他们对政治发展产生积极影响。台湾中产阶级是一个具有强烈民主意识的阶层，积极投入到各类社会运动中，带动了其他阶层，也影响了整个台湾政治社会。

三、国民党造就党外反对势力的发展壮大

研究台湾民主转型的很多学者都会关注和强调党外反对力量的成长壮大对推动民主化所起的关键作用。这种作用固然不可否定，但也要看到，如果独裁统治的镇压与强制能力十分强大，那么任何反对力量都是不具有生存和发展的土壤。对强权的畏惧和恐惧是人性使然，严密控制和强势镇压之下，即使存在个别以一己之力与强权对抗者，也绝不可能形成一种对独裁政党具有压力和威胁的力量。

研究威权政治的许多学者对反对势力的作用并不太在意。学者们普遍认为反对势力缺乏主动弱化威权统治、开启政权转型的能力。Levitsky 和 Way

就认为反对阵营不具备单独挑战统治者的能力，[①] 并非政权转型的关键因素。那些表面上看似反对阵营主导的转型，也只不过因为政权早已经摇摇欲坠。相反当政权十分稳固时，即使那些强势的反对阵营也无法推翻政权。[②] Brownlee 认为虽然反对阵营的策略考量会影响政权演变的结果，但前提是执政党（或执政联盟）要出现分裂。当执政联盟有较强凝聚力时，反对力量的影响无法得到发挥。[③] 同样 Greene 也认为只有在主导政党丧失政治优势以后，反对势力才可能击败执政联盟。[④] 换句话说，反对阵营的角色是被动的，很难挑战强势的执政党（执政联盟）。

分析台湾反对力量时，尤其应该认识到反对势力的成长与抗争得益于国民党政权给予活动空间，这可能是无意识的也可能是有意为之，这可能是因为国民党本身自诩的"民主宪政"与实际的威权统治相矛盾而造成弱势统治的结果，也可能是在恰当的时机国民党精英顺应历史潮流的结果。在台期间国民党开展了从未间断的地方选举，这种选举为政治反对势力提供了一定的发展机会，得以通过组成"党外势力"来参与政治事务。事实上，在开放党禁前两年成立的民进党，就是基于党外势力发展而来，可谓"没有国民党就没有民进党"[⑤]。

蒋经国时代的国民党，面对多次党外冲击时都以怀柔政策处置。蒋经国掌权后就多次强调，"党与政府都不必怕批评，有批评才有进步，所以，被批评者要有容忍的风度，而提出批评的，尤应诉诸理性与冷静。"[⑥] 这可能存在"作秀"成分，但"在 1971 年 10 月，《大学杂志》就刊出蒋经国早年的一封信，其中提到政治改革之困难。由于当时蒋经国与老一辈的斗争激烈，这项举动的政治解读很多，有人认为这是在暗示蒋经国改革的重要性，

---

① Steven Levitsky and Lucan Way, *Competitive Authoritarianism: Hybrid Regimes After the Cold War*, New York: Cambridge University Press, 2010. p69.

② Steven Levitsky and Lucan Way, *Competitive Authoritarianism: Hybrid Regimes After the Cold War*, New York: Cambridge University Press, 2010. pp54–56.

③ Brownlee, Jason. *Authoritarianism in an Age of Democratization*. New York: Cambridge University Press. 2007. p33.

④ Greene, Kenneth. 2007. Why Dominant Parties Lose: Mexico's Democratization in Comparative Perspective. New York: Cambridge University Press. 2007. p6.

⑤ Lee, Y. *Diverging Patterns of Democratic Representation in Korea and Taiwan: Political Parties and Social Movements*. Asian Survey. Vol. 54, No. 3., Dec. 2014, pp419–444.

⑥ 经国先生编辑委员会，《蒋经国先生全集》（第十四册），台北："行政院新闻局"，1992年，第 319 页。

也有人认为这是蒋经国与《大学杂志》合作，要打击党内保守派，这种说法可能存在杜撰的成份。但事实上，在这段时期，蒋经国时常约见《大学杂志》的孙震、王晓波、杨国枢等人"。① 1973 年 12 月，《大学杂志》刊登了一篇有关"要求开放党禁，准许成立反对党"的文章，之后其总编辑迫于压力而辞职。但"在蒋经国的主动延揽下，与《大学杂志》有关联的几位年轻学者，大部分都是外省人，受邀进入政府及党部工作，保证他们可在体制内促进改革"。② 可以看出，蒋经国在接班初期就开始与党外人士接触，对党外人士和反对声音并无打压之意，把反对者纳入体制内对消解异见和巩固统治都是极富政治智慧的策略。威权统治精英对异见者的开明态度就好比信号灯，对社会氛围的引导有显著作用。从 20 世纪 70 年代开始，党外反对势力的积极活动与国民党的打压行动间形成有节奏的张弛互动。

在《大学杂志》被停刊后不久，1975 年又一个民营杂志《台湾政论》诞生，《台湾政论》更多倾向温和的体制内改革，倡导朝野合作，远不如《自由中国》的激进程度，但它毕竟填补了《大学杂志》之后的言论空白，同样受到台湾知识界和民众的普遍欢迎。更值得注意的是，尽管这个杂志只存在了五个月，却标志着"党外"力量的一次重要整合。担任《台湾政论》杂志社社长的康宁祥和发行人的黄信介，都多次通过选举担任"议员"或"民代"，成为党外力量进入政界的重要代表，他们都拥有较高公职身份，后来又在党外运动中发挥重要影响。《台湾政论》由于"它的组成分子中包括发迹于民间的政治运动家和知识分子"，这种"在野的'力'与'理'的 结合"，预示着"台湾的自由民主运动即将面临一个新的转变"。③

1977 年 11 月举行的"台湾省市议员"选举中，执政党国民党的得票率，从 1972 年的 69.1%降低到 64.2%，而反对势力候选人的选票得票率却从 30.9%上升到 35.8%。④ 这个结果大大鼓舞了反对势力，但这时不允许反对势力组党，因此他们通常以无党籍或党外的名义参加竞选。选举前夕，因抗议可疑开票程序而发生"中坜事件"，警界请示蒋经国如何处置难以控制

① 何明修、萧新煌，《台湾全志 社会志·社会运动篇》（卷九），台北："国史馆"台湾文献馆，2006 年，第 51 页。

② ［美］陶涵（Jay Taylor），林天贵译，《台湾现代化的推手——蒋经国传》，台北：时报文化出版企业有限股份公司，2000 年，第 342 页。

③ 杨毅周，《民进党组织派系研究》，北京：九州出版社，2004 年，第 20 页。

④ John F Copper，张景旭译，《台湾最近的选举：向民主体系迈进》，载于丁庭宇、马康庄主编，《台湾社会变迁的经验：一个新兴的工业社会》，台北：巨流图书公司，1986 年，第 182 页。

的抗议示威。时任"行政院长"的蒋经国召集官员开会，"有人建议派国军部队恢复秩序；镇压警察已在现场，警备总部有个单位也在附近。蒋院长宣示，'我们不用军队。'"① 国民党精英的容忍和克制给予反对势力成长空间，反对势力逐渐聚集成长，在当年的地方选举中，反对派候选人赢得了 1/4 的县市长以及 30% 的"省议员"席次，开始形成涵盖全台的反对运动。

之后的十年间，反对运动开始朝着组织化方向发展。1978 年 12 月举行的增额"中央民代"选举，选出 53 位"国大代表"和 52 位"立法委员"。在这次增额选举的竞选活动中，反对势力不仅像以前一样有个别参选的候选人，还开始建立跨越选区的组织联系。1978 年 8、9 月间，反对势力的候选人和"中央""地方议会"的党外人士，举行了一连串的竞选参会，并成立了一个"党外巡回助选团"，党外助选团设有常设机构，委员主要由 1977年当选的党外"省市议员"担任。助选团采取集体领导的组织原则，委员不分职位高低，均享有平等地位。1978 年 12 月 5 日，非国民党籍候选人获准出版一份选举共同宣言，并被允许举行"党外候选人座谈会暨记者招待会"向本地和外国新闻界发布政见。此时，党外势力已经拥有了共同纲领、常设组织机构，并公开举行大型集会，党外活动更为成熟，也更具规模，已经具有现代政党的某些轮廓。党外势力的成长与发展中都可以看到国民党的让步、克制与容忍，党外势力正是在国民党给予的空间下壮大起来的，国民党与反对力量形成了良好的互动模式。到 70 年代末，台湾似乎开始有点默许之下的多党政治的意味。

1979 年春天，反对势力成立了"台湾党外民意代表联合办事处"，为党外中央、地方民意代表提供有组织的帮助，之后还成立了"中央民意代表选举候选人联谊会"。反对势力还共同创办了《美丽岛》杂志，被认为是台湾民主运动的杂志。反对势力逐渐被激进派掌权，包括施明德、姚嘉文、吕秀莲等，他们主张发动一连串的群众集会和示威行动，迫使国民党完成民主化。1979 年 12 月 10 日世界人权日，反对势力在高雄举行大规模抗议示威运动，并爆发严重冲突。由于警察奉命不准以武力相对，示威者受害的并不多，反倒有上百名警察受伤。事后《美丽岛》杂志被查禁，激进分子的领导人也被逮捕判刑。但对这些党外人士进行了公开审判，"并让新闻记者自

---

① ［美］陶涵（Jay Taylor）著，林天贵译，《台湾现代化的推手——蒋经国传》，台北：时报文化出版企业有限公司，2000 年，第 362 页。

由采访……在审判期间，数名被告指出台湾何以迫切需要政治改革，同时也批评政府不切实际（例如反攻大陆）、不够民主，甚至可能是居心叵测的（某种意味上，乃是指控政府，可能正在和共产党谈判）。部分被告也指出，政府违反宪法，并且背离孙逸仙先生'三民主义'的精神"。① 对台湾民众来说，审判带来的影响巨大，被告席上的党外反对人士将自己的理想、对党禁、报禁的不满，台湾"独立"主张等等，不仅向法庭内的人诉说，也让台湾人民了解不同于官方的说法，这是"戒严法"实施后首次将审理过程呈现在社会大众面前。

"美丽岛事件"之后，蒋经国常以怀柔策略对待日益高涨的群众滋扰、街头政治等事件。在台湾民众和学界看来，当时蒋经国完全是有可能进行更为残酷的镇压，但是他没有这么做。国民党对反对势力的管制会随着外部环境的变化时而放宽时而收紧，因为对国民党而言，台湾的安全稳定是它政策考量的首要因素，这直接关系到它的统治根基。漆高儒对此剖析得很深刻，他认为蒋经国受美式民主的影响很大，"中华民国在台湾，生存列为首要任务，存在即是胜利。一切筹谋作为，都是使台湾的安全列为急切之举。在不安全时，当然要戒严，戒严便会使民主自由受到干扰。"② 没有国民党的容忍和退让，党外势力很难发展壮大，没有国民党这个正式的组织化的政党存在，反对势力可能也会存在力量分散化的问题难以整合，更不可能对国民党构成威胁和挑战。"这些背景因素之多是促使国民党主动进行民主改革的必要条件，而非充分条件，因为历史上有很多威权体制的领导者在内外形势交相逼迫的情况下，常常选择拖延手段，或甚至采取高压手段来响应改革舆论与反对运动，而不一定选择主动进行体制改革。"③ 从这点讲，可以说国民党的确造就了党外反对势力的发展壮大。

国民党对反对势力采取了"怀柔政策"，但倘若要和民主政权相比，国民党统治当然还是专制独裁。威权政党的改变本就不应该是一朝一夕的巨变，国民党对台湾社会、对反对势力的控制都是循序渐进的开放，这种渐进改革不但利于社会平稳过渡和发展，也有利于执政党控制和掌握改革进程，

---

① John F Copper，张景旭译，《台湾最近的选举：向民主体系迈进》，载于丁庭宇、马康庄主编，《台湾社会变迁的经验：一个新兴的工业社会》，台北：巨流图书公司，1986年，第182页。

② 漆高儒，《蒋经国评传——我是台湾人》，台北：正中书局，1998年，第294页。

③ 朱云汉，《国民党与台湾民主转型》，载于瞿宛文、王振寰等著，《台湾民主转型的经验与启示》，北京：社会科学文献出版社，2012年，第196页。

为政党在民主制中的存续和发展奠定了基础，提供了一条"搬起石头不至于砸自己脚"的变革路径。

第三节　国民党的适应与变革

国民党的意识形态并不否定多党竞争，也并不挑战"民主宪政"的基本原则，但一直都以台湾处于特殊时期为理由来进行威权统治。在国民党的统治逻辑中，"临时条款"及"戒严法"是为了"保障"台湾民众的"生存安全"，法理上来说它们终究是一种暂时性的制度安排。一旦外在威胁解除，国民党的借口就丧失了正当性与合理性，回归"宪政体制"就是必然面对的选择。意识形态宣称的"宪政民主"与威权统治间的张力给威权统治带来有限多元化的制度安排，这是民主化的重要生长点。化解和消除体制性矛盾的过程就是国民党意识形态现代性与其统治方式相统一的过程，这为民主转型提供了一个较低成本的途径，即国民党控制与主导下开启民主化改革，同时保持优势地位继而成为民主制中具有竞争实力的政党。

随着党外反对势力的壮大，及岛内各种政治社会力量的变化，国民党也在通过自身的调适和更新回应、化解这些挑战。国民党退台后推行地方自治，"中央政府"的直接任命仅限于台湾省主席与两个"院辖市"市长。在"中央"层级国民党拥有独享地位，但在地方层次国民党就需要经营政治组织，笼络地方层级的本土社会菁英，在与党外人士的竞争中保持优势。六七十年代开始，国民党对自身变革更为明显，主要体现在三个方面：第一，意识形态的调整；第二，政党组织结构多元；第三，回应外部变化的制度调整。

一、意识形态的调整

与在大陆时期的理论和实践乏力相比，国民党在台湾不仅重建了对三民主义思想的解释体系，而且在实践三民主义上也取得了明显成效。主要表现在以下三方面：

（一）强调经济发展与社会均富

国民党意识形态以经济发展为取向。早在 1963 年国民党"九全"大会上，蒋介石就曾讲到"三民主义建设，就是现代化的建设"。① "三民主义"被化约为民生主义的经济建设，这是一种意识形态的务实转向。在强调经济发展的同时，国民党特别强调"均富"原则。台湾经济飞速发展的同时并没有出现许多后发现代化国家（地区）的"通病"，比如贫富不均、社会不公等社会问题。蒋经国的经济政策一直被外界认为存在计划经济的色彩。他曾说："三民主义的民生主义，是以'均富'为目标，过去我们在缩短贫富差距，创造教育机会的均等方面，已有明显的绩效，而财富平均与待遇平等，则是促使经济进步的两股支柱力量，今后我们还要在这方面积极注意，力求更大的进步。"② "对于经济发展方面，不仅要把握均富的原则，消除贫富不均的现象，实践民生主义的理想，同时要贯彻藏富于民的政策，使国民一年比一年富足，国家一年比一年富强。"③ 蒋经国能够拥有这样的"均富"理念与其说是受苏联计划经济的影响，不如说是他个人浓厚的平民意识的驱使。事实上，蒋经国主政后，计划经济的强烈印记也在不断消减，公营企业民营化的浪潮不断引导台湾经济走向更为广泛的私有化。

（二）"宪政民主"的认知日趋完善

20 世纪 70 年代蒋经国开始主政，在强调民生主义的同时，也认同"民主宪政"的价值，"民主自由的政治制度与安居乐业的生活方式毕竟是人类的共同愿望"④，"实践三民主义，力行民主宪政，乃是国家建设的唯一康庄大道"。⑤ 蒋经国不但充分肯定自由民主价值理念的积极意义，还对其制度的框架予以认同。他认为，"民主政治之所以可贵，就在于有一个宪政的体制、议会的构架和法治规范，让大家就大家的事，用合法、合理，并为民众所接受的方式和途径，开诚布公、协调沟通。在多数尊重少数、少数服从多

---

① 秦孝仪主编，《"总统"蒋公思想言论总集》（第 28 卷），台北：中国国民党中央委员会党史委员会，1984 年，第 262 页。

② 经国先生编辑委员会，《蒋经国先生全集》（第二十册），台北："行政院新闻局"，1991年，第 31—32 页。

③ 经国先生编辑委员会，《蒋经国先生全集》（第二十册），台北："行政院新闻局"，1991年，第 73 页。

④ 经国先生编辑委员会，《蒋经国先生全集》（第十一册），台北："行政院新闻局"，1991年，第 426 页。

⑤ 经国先生编辑委员会，《蒋经国先生全集》（第十二册），台北："行政院新闻局"，1991年，第 201 页。

数的规则下，综合不同的意见，相互容忍，解决问题"。[1] "因为我们的政府是民主政府，除了军事、外交的机密案件外，其余无不可公开的。"[2] "民主宪政的积极贯彻，更是从实施地方自治来入手。"[3] 他对民主制度要素的认识与西方并无太大区别，如三权分立、公民选举投票、法律体系、言论出版与结社自由、地方自治等。[4] 然而国民党威权统治时代，意识形态的垄断性和独断性使其不允许民众有自由思想的表达空间，仍旧以"国家安全"为借口，对"民主宪政"作以限制。

（三）从"反攻大陆"到"革新保台"

退台后，"反攻大陆"成为国民党的最高政治和军事纲领。1969 年国民党"十全"大会通过的政纲第一次用"全面展开政治、经济、思想、文化、群众、军事各种作战"[5] 代替"反攻大陆"的提法。"反攻大陆"已由纯军事的行动变成"建设台湾"。20 世纪 80 年代大陆开始改革开放，放弃了"解放台湾"的提法，代之以"和平统一、一国两制"的方式解决台湾问题。显然"反攻大陆"的宣示已经没有意义，国民党更加务实地转向"革新保台"，扎根台湾本土。

二、国民党组织结构多元化

（一）技术的官僚崛起

国民党退台后到 1954 年初，其财经大全操纵在陈诚手中。陈诚虽是军人出身，但他启用了一批杰出的财经专家处理当时混乱的经济局面。而后历任"美援会""经合会""经建会""主委"，历任"经济部长""财政部长"等，几乎都属于技术官僚。日后制定台湾经济发展政策的核心力量和推动台湾经济发展的关键人物就是这批技术官僚。技术官僚的崛起，打破了

---

① 经国先生编辑委员会，《蒋经国先生全集》（第十五册），台北："行政院新闻局"，1991年，第 218 页。

② 经国先生文化经济协进会编印，《蒋经国先生言论精选集》，台北：经国先生文化经济协进会，2008 年，第 15 页。

③ 经国先生编辑委员会，《蒋经国先生全集》（第十二册），台北："行政院新闻局"，1991年，第 169 页。

④ 李京，《台湾政治转型中蒋经国的民主思想与改革抉择》，《宁波大学学报》（社会科学版），2013 年第 1 期，第 88—89 页。

⑤ 李云汉主编：《中国国民党党章政纲汇编》，台北：中国国民党中央委员会党史委员会，1994 年，第 532 页。

国民党统治集团内军人官僚、党务官僚二分天下的局面。

台湾的技术官僚存在一些共性①：第一，拥有西方高等教育背景，大都拥有美国大学的硕士、博士学位。在早期"美援会""农复会"和"经安会"等机构任职的财经技术官僚，例如"农复会"的历任"主任委员"蒋梦麟、沈宗翰、李崇道分别拥有美国哥伦比亚大学、麻省理工学院、康奈尔大学博士学位。先后在农复会担任秘书长的蒋彦士、张训舜、李崇道、王友钊，以及曾任农复会经济组组长、农复会经济组组长、农村复兴部主任的李登辉等，都拥有美国各大学的硕士或博士学位。第二，多出身于理工专业，而非经济学等人文社会科学。如曾在农复会、美援会、经安会任职的技术官僚中，理、工、农学科背景出身的人占三分之二以上。即使是"经济部长"，也鲜有经济学历。与人文社会科学出身的人相比，具有理工科背景的人更具有实用主义和工具理性。为实现经济目标精于计算、计划，具有实干精神，较少理想主义色彩，利于经济政策的执行和贯彻。

表 3.2 20 世纪 50—80 年代部分台湾技术官僚及其任职履历

姓名	籍贯	学历	任职履历
尹仲容 （1903—1963）	湖南邵阳	南洋大学电机系毕业	1949—1953 年任"生管会副主委"，1950—1955 年任"中央信托局局长"，1953—1955 年任"经安会工业委员会"召集人，1954—1955 年任"经济部长"，1957—1958 年任"经安会委员"兼"秘书长"，1958—1963 年任"美援会副主委""外汇贸易审议委员会主委"，1959—1963 年任台湾银行董事长。
严家淦 （1905—1993）	江苏吴县	上海圣约翰大学理论化学系毕业	1946 年任台湾省财政厅长、台湾银行董事长，1948 年任"美援会委员"，1949 年任"中国石油公司"董事长，1950 年任"经济部长""美援会副主委""财政部长"，1954 年任台湾省主席，1957 年任"行政院政务委员"兼"美援会副主席"，1958 年任"财政部长"，1963 年任"美援会副主委""经合会副主委""行政院长"兼"经合会主委"、国民党中常委，1966 年任"副总统"，1975 年任"总统"。
李国鼎 （1910—2001）	江苏南京	中央大学物理系毕业、英国剑桥大学核子物理研究所硕士	1951 年任台湾造船公司总经理，1953 年任"经安会工委会专任委员"，1958 年任"美援会秘书长"，1963 年任"经合会秘书长""副主委"，1965 年任"经济部长"，1969 年任"财政部长"、国民党中常委，1976 年任"行政院政务委员"。

---

① 孙代尧，《台湾威权体制及其转型研究》，北京：社会科学出版社，2003 年，第 187 页。

续表

姓名	籍贯	学历	任职履历
孙运璇 (1913—2006)	山东蓬莱	哈尔滨工业大学电机工程系	1945 年任台湾电力公司机电处长，1950—1962 年先后任台电总工程师、副总经理、总经理，1967 年任"交通部长"，1969 年任"经济部长"，1978—1984 年任"行政院长"。
俞国华 (1914—2000)	浙江奉化	清华大学毕业，曾赴哈佛大学和伦敦政经学院研究经济	1947 年任国际复兴开发银行副执行董事，1951 年任国际货币基金会副执行董事，1955 年任"中央信托局局长"，1961 年任"中国银行"董事长兼"中国产物保险公司"董事长，1967—1969 年任"财政部长"，1969 年选为国民党中央委员，1969—1984 年任"中央银行"总裁，1977—1984 年任"经建会主委"，1979 年后任国民党中常委，1984—1989 年任"行政院长"。
赵耀东 (1915—2008)	江苏淮阴	武汉大学机械系、麻省理工学院硕士	1949 年任中本纺织公司总工程师、代总经理，1959 年赴越援建纺织工业，1964 年转援新加坡，1966 年任台纺织纤维公司董事长兼"经济部大钢铁厂筹备处主任"，1971 年起任"中国钢铁公司"总经理、董事长，1981 年任"经济部长"，1984 年任"经建会主任委员"，1992 年作为台湾中华经济研究院的顾问访问大陆。
张继正 (1918 至今)	四川华阳	同济大学土木工程专业、美国康奈尔大学哲学博士	1958 年任"美援会处长"，1963 年任"经合会秘书长"，1965 年任"经济部常务次长"，1969 年任"经济部国营事业委员会副主委兼经合会秘书长""交通部长"，1972 年任"经合会秘书长"，1973 年任"经合会副主委兼秘书长""经设会主委"，1976 年任"行政院秘书长"，1978 年任"财政部长"，1981 年任"总统府国策顾问"，1982 年任"中央信托局理事主席"，1984 年任"中央银行"总裁。
费骅 (1919—1984)	江苏松江	上海交通大学土木工厂系、美国康奈尔大学土木工程硕士	1945 年任台湾省工程管理局副局长，1948 年任台湾铁路局副局长，1953 年任"经安会工委会专任委员"，1958 年任"美援会交通公共管理局长"，1960 年任"交通部常务次长"，1969 年任"经合会副主委兼秘书长"，1972 年任"行政院秘书长"，1976 年任"财政部长"、国民党中常委，1978 年任"行政院政务委员"。

资料来源：孙代尧，《台湾威权体制及其转型研究》，北京：中国社会科学出版社，2003 年，第 184—188 页、维基百科，作者制表。

国民党在推动台湾现代化进程中启用了一批技术官僚，影响和改变着国民党的组织结构。第一，当局决策特别是经济决策的非政治化，无形中促成了党政分离。第二，美援涉及台湾公共行政各层面各领域，深入到当局组织结构和经济政策各方面，技术官僚与美国政府共同发声给国民党带来巨大的压力与威胁，直接影响政策走向。第三，技术官僚成为国民党内革新派的重要力量。技术官僚因其受过高等教育，视野开阔，信仰资本主义，认同民主制度，对异议人士和民主诉求能够采取比较理性和开明的态度。这一群体形成了国民党的开明派，改变了国民党内的组织构成。

（二）吸纳新兴社会力量

退台初期国民党党员人数占岛内人口比例很低，党员多为当局、军队、公营事业单位的干部以及知识分子，是一个典型的精英政党。从 1950 年的政党改造开始，国民党就特别注意向群众中渗透，将政党组织延伸到社会各个角落。20 世纪 60 年代以后，开始调整党员招募政策，放宽入党资格以扩大群众基础。在党员招募策略上，十分重视快速成长的社会部门，特别是新兴社会阶层，例如企业经营者、自营商、专业人士、劳工等，以及关键性社会部门，例如新闻媒体、文化事业、学校、宗教团体等也是组织发展的重点。

地区性党组织发展是由国民党的"组织工作委员会"负责，党中央还设有"文化工作委员会"，针对新闻媒体、文化事业成立专业党部；有"青年工作委员会"针对知识分子与大学生成立"知青党部"；有"妇女工作委员会"针对妇女团体成立专业党部。最值得重视的是"社会工作委员会"。"社工会"为国民党吸纳新兴社会阶层而建立的策略性的组织机构，其就依据就是"国家统合主义"（state corporatism）的模式，配合当局的公权力建立垂直性的社会团体管理框架，每一个社会部门只允许单一的代表性组织成立，而且为了强化这些代表性组织的功能，当局赋予一些部门内部事务管理上的权力，甚至以强制入会的规定作为配套。最典型的就是代表产业劳工的各级工会组织，以及代表工商企业的各级产业工会。这些部门性团体，都接受当局的经费补助，而其内部选举都接受国民党"社工会"的指导，其专职工作人员也多半由提早退休的国民党干部担任。

随着经济的发展，"社工会"所主管的产业党部的重要性日益上升，从70 年代开始，就有工商企业界领袖陆续被选入中央委员会，甚至进入中常委。到80 年代，在中常委 31 席中至少要保留 3 个席位给工商企业界代表，新兴社会力量在国民党的权力结构中的持重上升，开始拥有较大发言权。

（三）党内权力结构本土化

国民党败退台湾后的 10 年中，国民党的党务系统和各级"政府"官员多由国民党的大陆籍人士担任，在"中央"层级台湾本省籍人士所占比例较少。在 1972 年以前，台籍人事在"行政院"各"部、局、会"中的比例只有 4.5%。① 在省层级，从 1945 年 10 月陈仪就任"台湾省行政长官"起，此后历任的台湾省政府主席都是大陆籍人士②，直到 1972 年才有第一位台籍人士谢东闵出任主席。

20 世纪 70 年代开始，国民党大力推行"以台治台""扎根台湾"的本土化改革，启用了一批具有台籍背景的青年才俊，台湾的新生代政治精英由此被纳入国民党领导阶层，这批政治精英大都是 50 岁以下、有研究生以上学历、有专业知识技术的学者专家。在蒋经国 23 人的"内阁"名单中有 8 位台籍人士③，同时，国民党也大量吸收台籍人士入党。到 1975 年台籍党员开始超过全部党员的半数（见图 3.2）。同时，台籍人士也逐步开始担任党内领导职务。例如，1972 年邱创焕被破格提拔为国民党中央党部社工会主任，施启扬出任中央党部青工会主任。中常会的省籍结构中，台籍人士比例呈现逐渐上升趋势。1976 年 11 月国民党十一届"全会"时，22 名中央常委中，5 人是台湾籍人士；到 1984 年 2 月国民党的十二届二中"全会"，29 名中央常委中，台籍人士的人数是 12 人。而这时有军事背景的中央常委比例下降，特别是"总政治作战部前主任"王昇的去职，反映出国民党内的保守势力受到节制，政治制度化的程度相对提高。到 1986 年 3 月国民党十二届三中"全会"，中央常委中台籍人士是 14 人，几乎占了中央常委 31 人中的一半。国民党中央权力机关中台籍人士比例的增长，地位的提高，使党内权力核心呈现多元化的趋势。

台籍菁英进入体制内，成为国民党长期统治的受益者，有利于形成他们对政权命运休戚与共的情感。对那些可以在既有体制下逐渐向上晋升的台籍国民党精英而言，他们更偏好选择进行体制内的渐进式改革，更希望国民党能够维持相对优势地位。同时，国民党推行本土化政策，无形中削弱了反对

---

① 廖俊忠，《台湾地方派系得形成发展与质变》，台北：允晨文化公司，1998 年，第 246 页。

② 分别是魏道明、陈诚、吴国桢、俞鸿钧、严家淦、周至柔、黄杰、陈大庆等。

③ 分别是"行政院副院长"徐庆钟，"内政部长"林金生，"交通部长"高玉树，"政务委员"连震东、李连春、李登辉，省主席谢东闵，台北市长张丰绪。

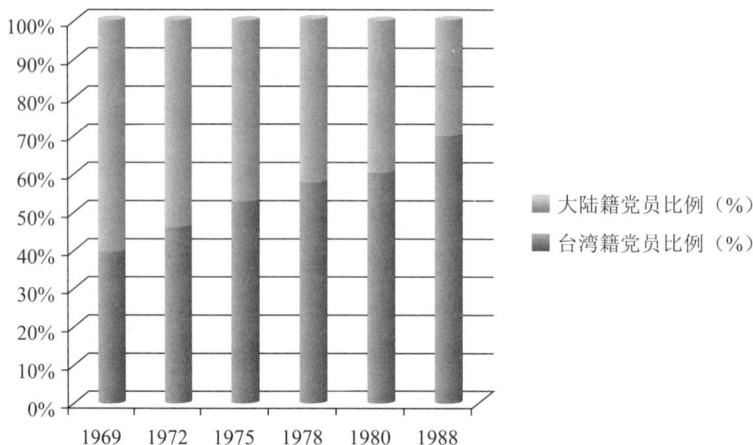

图 3.2　1969—1988 年间国民党中常委台籍人士比例

资料来源：田弘茂，《威权政党国家的转型——台湾的发展经验》，载于张京育主编，《中华民国民主化——过程、制度与影响》，台北：台湾政治大学国际关系研究中心，1992 年，第 61 页。作者制图。

阵营利用省籍或"国家认同"的议题进行政治诉求的渠道，也意味着国民党逐渐更为依赖台湾本土。

三、回应外部变迁的制度变革

现代西方政党的变革只能通过调整和转变政党本身来适应外部环境的变化，但掌握政权的威权政党则不同，威权政党具有政党自身变革与政治体制变革的双重渠道来应对外部环境的变迁，以保证政党的存续。随台湾现代化发展，国民党自身变革的同时，也对政体制度进行了调整与改革。

（一）"中央民意代表"增额选举

1970 年前后，台湾的"中央民意机构"——"国民大会""立法院""监察院"都存在其代表年事已高，又多为大陆籍，代表性不足的问题。1972 年在台"国大代表"仅存 1301 名。这 1301 名"代表"，绝大多也都到了晚年。其中，台籍代表占 32 席。国民党实际统治区域只有台澎金马，其代表却只有 32 席。"立法院"和"监察院"的情况也和"国民大会"相似。这一问题饱受党外人士和党内台籍精英的抨击和不满。在这种形势下，为回应民间诉求，国民党采取增补选"中央民意代表"，以增加人数，特别是台籍人数。

1972 年，台湾举行首次"中央民代"增额选举，选出 53 名"国大代表"，51 名"立法委员"，15 名"监察委员"。因此台湾"国会"形成了三种类型的"议员"，一是大陆选出的，二是 1969 年补选选出的不改选"议员"，三是定期改选的"增额议员"。到 1991 年"万年国会"废除前，台湾共举办了增额"国大代表"和"监察委员"选举三次、"立法委员"选举六次。

"中央民代增额选举"形式上是对选民整体诉求的一种回应，有助于"缓和维持国民党政权'法统'地位所产生的代表性矛盾"①，也是台湾政治参与扩大、民主政治向前迈进的标志。国民党能够对时局变化、人民诉求做出积极回应，为其累积了民意和口碑，同时在与党外反对势力的较力中历练培育政党的竞争能力，为其在民主制中的存续奠定了基础。

（二）启动政治自由化改革

台湾的政治改革是从 1986 年 3 月国民党十二届三中"全会"正式启动的。三中"全会"的主旨是"承先启后，开拓国家光明前途"，议题包括当时国民党对内外情势的认识，改革的目标与内容，改革的基本要领等问题。整个会议气氛显示出改革、开放的势头，很多原属党内绝对禁忌的敏感话题，如怎么疏导政治反对势力，加强与大陆联系等也成了某些代表发言议论的热点。会议还通过了补入李焕、吴伯雄、施启扬、陈履安四人进入中常委的决定，使国民党的最高决策机构年轻化，台籍中常会比例达 46%。

到五月，中常会十二人小组将三中"全会"上未提及的开放党禁、解除戒严等敏感问题列入议事日程，并正式提出了研究讨论的六大议题：充实中央民意代表、地方自治法治化、国家安全法令、民间社团组织制度、社会风气与治安、党的中心任务。"以后，对开放民众赴大陆探亲也纳入了规划内容。

国民党启动政治转型的同时，党外人士也加强了活动，1983 年以后，党外反对人士相继组成了党外编辑作家联谊会和党外公职人员公共政策研究会。"编联会"和"公政会"这两个组织成为反对势力组党活动的主要设计者，尤其是公政会，组党化程度较高。组党成为党外的热门话题，组党浪潮互相激荡，组党进程快速发展。

1986 年 5 月 1 日，许信良、谢聪敏、林水泉在纽约成立"台湾民主党

---

① 孙代尧，《台湾威权体制及其转型研究》，北京：中国社会科学出版社，2003 年，第 215 页。

建党委员会"，希望借由组党的方式，逼迫国民党接受反对党已经建立的事实，而在台党外反对人士也加紧组党脚步。1986 年 9 月 28 日，党外人士宣布成立民主进步党。这无疑对国民党的一党专制造成巨大冲击。在戒严和党禁的封锁之下，台湾第一个反对党成立。标志着台湾政治多元化和多党政治的格局开始形成。

蒋经国在得知这个消息后，"他点点头，没有回应，过了半小时才交代副官通知数位核心高级官员到官邸开会。党政军要员迅速赶到七海新村接待室。蒋经国坐在轮椅上出现，开口就说；'时代在变，环境在变，潮流也在变。'接下来又讲了几分钟这类有哲学意味的话。他说；国民党过去'太骄傲、太自负'，现在起，不能再跟从前一样。"①　"虽然警备总部已准备一份抓人名单，蒋经国却说；'抓人解决不了问题，……政府应该避免冲突，保持镇定。'"②　他指示"行政院新闻局"起草一份公开声明说，组织新政党的问题已经在研究中，尚待做出决定，目前政策不变；亦即没有所谓合法的反对党。他又要求国民党中常会应加快研究政治革新，公布一个时间表，让民众了解党的改革方向。

国民党官方对民进党的成立持有一种默许态度，既不公开承认民进党的合法性，也不使用强制手段将其取缔，使其享有相对宽松的生存环境，所以党外人士在 1986 年底的"增额中央民意代表"竞选活动中，开始正式使用民进党的名称，并且统一喊出"民主新希望、新党救台湾"的口号。12 月6 日投票结果揭晓，有 11 名民进党候选人当选"国大代表"；12 名民进党候选人当选"立法委员"。这是台湾选举史上，第一次有正式的反对党人士以"政党"形式进入"中央民意机构"。

1986 年 10 月，中国国民党中常会开会听取有关取消"戒严令"、开放党禁问题的研究结论。1986 年 11 月 10 日，民进党"第一次全国代表大会"如期举行。

1987 年 7 月宣布"解严"以后，"人民团体组织法"尚在"立法院"审议争论中，直至蒋经国逝世以前，除民进党外，相继有 20 多个新政党宣告成立或准备筹备。

---

① ［美］陶涵（Jay Taylor），林天贵译，《台湾现代化的推手——蒋经国传》，台北：时报文化出版企业有限股份公司，2000 年，第 468 页。

② ［美］陶涵（Jay Taylor），林天贵译，《台湾现代化的推手——蒋经国传》，台北：时报文化出版企业有限股份公司，2000 年，第 468 页。

1987 年 12 月到 1989 年 1 月间，国民党执政当局相继宣布开放报禁、党禁。取消对民众办报的限制，言论自由真正得以实现。依据台立法机构通过"动员戡乱时期人民团体法"，各政治团体可依法自由成立并从事选举活动等。

国民党台湾岛内有几十万退伍军人，他们虽然在生活上得到一定的安排，但是随着年龄的增长，思念家乡的情绪日益浓厚和焦虑，老兵们返乡探亲的诉求得到台湾社会的广泛同情。1987 年 11 月，台湾红十字会开始受理台湾民众赴大陆探亲登记。

国民党推动台湾现代化进程，现代化发展又给岛内政治社会面貌带来巨大变化，挑战与动摇着国民党的一党统治。意识形态的现代性预设了国民党顺应历史潮流，务实可控的进行自身与政体变革的可能。20 世纪 80 年代末在保持绝对优势地位与资源的恰当时机，国民党启动了政治自由化改革，为民主制中政党的存续与发展奠定了坚实基础。

第四章　困境与蜕变：走向现代民主政党

国民党能够启动政治自由化改革，使国民党拥有变革的主动权与主导权。政改启动后的 14 年中，国民党始终居于支配地位，利用执政绩效、优势资源与地位，控制台湾政治民主化进程，主导制定规则制度，这是国民党存续的关键所在。

2000 年国民党在选举中失败，台湾实现政权和平交接与政党轮替，这是台湾民主发展的重大进步。国民党加快了转向现代民主的步伐，启动了彻底的政党革新计划，开始落实党内民主，党内民主在制度民主的规制下成为现实，这个过程清晰地反映出党内民主与政治民主间的二维互动关系。

第一节　政党民主转型的奠基

在世界第三波民主化浪潮中，台湾是从"党国体制"顺利过渡到"一党主导制"的个案。① 政治转型正式启动之后，尽管国民党长期独霸的执政地位不再享有台湾政治体制的相关规定庇护，必须定期接受民意检测和反对党的公开挑战，但在政改开始后的 14 年中，国民党始终能够通过赢得选举来掌握政权，维持执政地位，在四次"立法院"选举中成功维持多数党地位（见表 4.1）。

表 4.1　1991—1996 年台湾各主要政党"国会"选举得票与席次分配

	国民党	民进党	新党	无党籍
1991 年"国大"代表选举				
得票率	71.17%	23.94%		4.89%
席次	254	66		5
席次比率	78.2%	20.3%		1.5%

① 朱云汉，《国民党与台湾民主转型》，载于瞿宛文、王振环等著，《台湾民主转型的经验与启示》，北京：社会科学文献出版社，2012 年，第 193 页。

续表

	国民党	民进党	新党	无党籍
1992 年"立委"选举				
得票率	52.51%	30.97%		16.70%
席次	101	51		9
席次比率	62.7%	31.7%		5.6%
1995 年"立委"选举				
得票率	46.06%	33.17%	12.95%	7.82%
席次	85	54	21	4
席次比率	51.8%	32.9%	12.8%	2.4%
1996 年"国大"代表选举				
得票率	49.68%	29.85%	13.67%	6.80%
席次	183	99	46	6
席次比率	54.8%	29.6%	13.8%	1.8%

　　注：无党籍，即含许多未获国民党提名而自行参选的候选人以及小党（如社会民主党）候选人所获的选票。

　　资料来源：朱云汉，《从党国体制到支配性一体制——国民党与台湾的民主转型》，载于陈明通、郑永年主编，《两岸基层选举与政治社会变迁——哈佛大学东西方学者的对话》，台北：月旦出版股份有限公司，1998 年，第 268 页。

　　1991 年 12 月第二届"国大"代表选举与 1992 年 12 月第二届"立委"选举，是迈向民主转型的奠基性选举，这两次选举结果塑造了转型后的台湾政治生态。新任的"国大"代表将完成"修宪"的任务，"修宪"内容包括"五院"结构的调整，新的"总统"选举方式，重新设定"总统""行政院长"与"立法院"之间的关系，以及赋予地方一级更多的自主权等议题。在这些重要选举和关键议题的制定中，国民党都能居于支配地位，掌握话语权，为其存续奠定了十分重要的基础。

一、国民党威权统治下良好的执政绩效

（一）良好的经济绩效

　　在民主转型开始之前，台湾已经实行了 20 多年的外向型工业化策略。这一策略有效地解决了经济发展与财富分配之间的问题，吸收了大量农村剩余劳动力，创造了数量庞大的小资产阶级与中产阶级，"从 1972 年经国先生担任'行政院长'，到 1988 年过世，台湾人均所得从 482 美元成长到 5829

美元。但同时间，最高所得五分之一家庭与地区，能同时让人均所得成长12倍，但贫富差距却能限缩于8%。这代表着经济成长的果实是由全民共享的，财富不是集中于少数人手中的，这更是'均富'理念的彻底实践。"①与同时期拉美国家所推动的第二次进口替代策略相比，台湾社会"富而均"，国民党执政的经济绩效惠及普通民众，为其建立了基本的社会支持与政治凝聚力。"经济状况在精英们的算计中可能占有重要地位。成功的经济业绩为争取选民的普遍支持以及控制制度变革的速度和方式创造了机会。相反业绩不好会增加政治开放的风险。"②台湾经济发展的良好绩效使国民党统治具有正当性。墨西哥和台湾地区的政治发展差异也证明经济发展有利于推进政治改革的速度。国民党的威权色彩远比墨西哥革命制度党突出，但台湾持续的经济增长为快速推进政治自由化创造了条件，墨西哥则不具备的这样的优势。"威权体制所创造出来的秩序均衡是建立在繁荣与富裕的基础上，而不是纯然建立在谎言或恐惧上"。③凭借经济绩效，国民党精英在面临逐渐强烈与高涨的民主化诉求时，并不会进退两难，一方面他们可以宣称威权统治为经济高速发展作出了贡献，此种制度拥有工具性的正当性；另一方面他们可以选择启动民主化。受惠于经济绩效的支持性社会力量倾向国民党进行渐进式的改革，这样可以确保既有经济发展模式不受干扰。

台湾经济发展的"富而均"使得社会内部没有出现社会经济分配的冲突，也没有严重的社会裂痕，因此反对势力无法利用社会经济等相关议题来强化或实现政治改革的诉求。在重要的社会经济议题上，反对势力也难与国民党对抗，使其动员策略受到限制。尽管反对阵营的政改诉求具有吸引力，但国民党的支持性社会力量为了维持自身利益并不愿意轻易背弃国民党。同时，"由于社会上并未累积大量的经济利益受损者，也缺乏严重的分配冲突或阶级矛盾，反对势力无法组织大规模的罢工或抗议运动，这样一来，反对势力向执政精英提出激进的民主改革要求时，缺乏有效的着力点"④，反对势力无法发动全面持久的抗争运动来迫使国民党接受其改革要求，为国民党

---

① 宋楚瑜，《贴身随侍14年 亲历蒋经国改革之路》，《文史参考》，2010年21期，第21页。

② 斯迪芬·海哥德、罗伯特·R·考夫曼，张大军译，《民主化转型的政治经济分析》，北京：社会科学文献出版社，2008年，第325页。

③ Adam Przeworski, *Democracy and the Market: Political and Economic Reforms in Eastern Europe and Latin America*. Cambridge: Cambridge University Press, 1991, pp57 –58.

④ 朱云汉，《国民党与台湾民主转型》，载于瞿宛文、王振寰等著，《台湾民主转型的经验与启示》，北京：社会科学文献出版社，2012年，第205页。

主导和推进政体改革预留了空间，国民党领导精英可以大致按照自己的"时间表"来控制改革的幅度和速度。反对派继而转向两岸政策为突破口，为了凸显与国民党的差异性和"进步"性，民进党刻意夸大"族群分歧"，在"统独问题"上大做文章，表现出激进主义倾向，使得大批民众反感和担忧。面对反对党在政经议题上毫无作为又可能威胁现有社会安定的情形，民众更愿意选择已经具有良好执政绩效并能保证社会稳定的国民党。

良好的经济绩效对改革中各种政治势力的整合也有重要作用。民主转型过程中，国民党的利益在许多时间点上与私人部门的利益是一致的。"为继续作为一支有生命的选举力量存在下去，国民党既需要直接的金钱资助，也需要有经济势力的台湾本省人作为候选人。为实现这些目标，在全岛范围以及次一级范围内，国民党对私人部门的认同以及与其的联系变得更加公开。"① 与私人部门的紧密联系使得国民党在选举中保持相当优势。民主化改革的前十年中，这是国民党的红利与优势，但到了李登辉的第二个任期，选举中与私人资本结盟就成了国民党保守诟病的"黑金政治"。

（二）良好的治理能力

国民党退台后发展出比较健全的官僚体系，拥有相当完整的现代"国家"治理能力。国民党从20世纪50年代开始就贯彻了"五权宪法"所规定的"考试用人""常任文官""功勋晋升"等制度，同样的制度也适用于军队的人事晋升。虽然国民党仍扮演政策指导角色，但它建立起了与政府机构平行的组织作为指导与协调政府部门决策的中枢，其决策的法律效力仍必须依据"宪法"体制来完成。国民党也积极进行人才培育，其重点是在军队、文官与学校的年轻党员中找寻可造之才，然后栽培他们逐步晋升为高级文官、高阶军官或决策官员。党组织的运作与官僚体制的人事制度、当局的法定决策机制相配合，展现出了较为高效的运作能力。

退台后50—60年代党政关系的原则是"以党领政"，名义上政党退居幕后的决策角色，但实际仍是居于支配地位。1969年国民党"十全"大会后，将党政关系调整为"党政分离"，此后国民党有意识的从政策制定者开始转向决策协调者。1969、1972、1975年举行的"中央级"选举法规（非法律）是由国民党党部提议由"国家"安全会议来草拟，之前各级选举法

---

① 斯迪芬·海哥德、罗伯特·R·考夫曼，张大军译，《民主化转型的政治经济分析》，北京：社会科学文献出版社，2008年，第331页。

规都是由"台湾省"政府草拟并经"省议会"通过。同时,"为了避免再度出现类似'中坜事件'这种因选务纠纷而引发的群众骚动事件,国民党建立了超党派的'选举委员会',强化选务机关的行政中立,提高选举过程的透明与公信力。"① 特别是"在 1970 年代中期,反对运动日益高涨的情况下,国民党就开始留意'党'与'国'之间的分际问题,并在制度上进行必要调整来迎接多党制的来临。其中最重要的是建立党的独立财务制度与人事系统,让'党库通国库'、'党国'人才流用,以及政党职务与政府职务可以转叙与相互累计年资的现象成为历史遗迹。"②

国民党在意识形态上从来没有挑战或否定民主政治的价值与原则,它自知"党国一体""党政不分"是自身执政的缺陷和软肋。威权时期,国民党至少力图在形式上做到"党政分离"。如果政党预先有意识地主动地进行党政分离,就可能在民主化中保有(或部分保有)一党制时期的优势资源。如果政党一直难以进行某些形式上的党政分离,那么民主化中被动强制性执行党政分离,长期执政的资源优势可能被清算,不再被政党所用。

没有外部环境和制度规则的制约,出于"自身觉悟"的政党改革都具有一定的惰性,民主化前国民党的自我规范、更新相对比较困难缓慢。但由于台湾政治生态的逐渐开放,对国民党能够起到刺激和约束作用,使其能够应外部的批评质疑作以调整。例如,1980 年颁布的"动员戡乱时期公职人员选举罢免法"是由"内政部"草拟,经"立法院"通过。1984 年颁布的"劳动基准法"在漫长的草拟、修订及其他立法程序中,代表资方的国民党籍"立委"和代表劳方的同党"立委"在"立法院"中展开了激烈辩论。国民党在此过程中一直扮演协调中介的角色,最后的法案是相互妥协的成果。国民党逐渐赋予立法机构在决策过程中更多空间和自主权,自身也在回归政党原有角色。

国民党所建立的官僚机构,具备治理现代社会和扶植市场经济所需要各种职能,不仅能有效执行财政汲取、法律执行、社会秩序、基础建设等基本治理功能,也能发挥确保市场经济稳定运行与持续发展所必需的公权力作用,包括宏观调控、制定相应政策、法律、市场监管等等。更重要的是,这

---

① 明尼,《自由化、民主化及国民党的角色》,载于张京育主编,《中华民国民主化——过程、制度与影响》,台北:政治大学国际关系研究中心,1992 年,第 150 页。

② 朱云汉,《国民党与台湾民主转型》,载于瞿宛文、王振环等著,《台湾民主转型的经验与启示》,北京:社会科学文献出版社,2012 年,第 204 页。

些官僚机构也能够引导和促进社会发展，"使得政府有能力引导资源在不同经济部门的流动，以追求整体经济体系的'动态性配置效率'，并引导社会设定发展愿景、理顺发展目标与优先级。"① 国民党建立起来的有效官僚机构保证了民主化时期台湾地区的政府及相关机构的正常运作，不会因政党竞争、反外对势力进入体制内而受到干扰。国民党当局也具有执法能力来应付选举过程或反对势力的抗议示威等突发状况。

二、国民党长期执政的资源优势

国民党退台后长期一党执政，在党产、文宣等方面累积了大量资源，民主化之初就有学者表示"以其过去四十年来所累积的社会、经济、政治资源，可以断言，即使国民党已减退下革命色彩，且台湾社会亦日趋多元化，但国民党仍有能力维持主导地位至少数十年之久。"② 肯尼思·格林（Kenneth Greene）在以墨西哥革命制度党为例的研究中深入探讨了主导性政党长期执政的原因。他认为主导性政党能够长期存续主要因为他具有执政优势（incumbency advantage）。在选举时，执政优势为该党提供换取选票所需的资源，同时也挤压反对派的生存空间，从而形成不公平的竞争。事实也是如此，国民党主动开启并主导台湾的政治改革，整个自由化民主化时期国民党仍旧独享党产、文宣等方面的资源，主导关键政策和法律的制定，尽管因此备受批评指责，但面对竞选获胜的压力，国民党只有充分利用和挖掘可资利用的执政资源优势。

（一）主动开启改革与主导政策法规的制定

台湾地区高速增长的经济发展以及广泛的社会变革使台湾逐渐发育成一个有活力的公民社会，同时也越来越多地要求政治上的自由化。国民党面对这些压力，最初反应是使国民党和公权力机构逐渐本土化，并部分开放中央层级的选举。到了 80 年代中期，随着政治反对派的组建，国民党开始采取一系列的"宪政"改革措施。国民党与反对势力互动妥协，主动开启台湾政治转型是转型能够顺利完成的基本保证。

---

① 朱云汉，《国民党与台湾民主转型》，载于瞿宛文、王振寰等著，《台湾民主转型的经验与启示》，北京：社会科学文献出版社，2012 年，第 205 页。
② 江丙坤、吴文程，《国民党政治角色的演变》，载于张京育主编，《中华民国民主化——过程、制度与影响》，台北：台湾政治大学国际关系研究中心，1992 年，第 144 页。

中国国民党主动开启自由化改革有利于其赢得民心，塑造良好的政党形象，为其政党选举奠定基础。更重要的是，主动开启政治改革能使其自身处于主导改革的有利位置，始终控制改革进程，民主化进程中的相关措施政策基本都是以不损害自身绝对优势为前提，因此在国民党主导下进行的自由化民主化改革，很多政策措施都有所保留。20世纪80年代末政治自由化开始后，虽然国民党废除了"戒严法"但仍保留了"临时条款"，使台湾地区领导权力不受限制，"临时条款"直到1991年才被废除。"虽废除了'戒严法'，但仍保有某些有关煽动叛乱的法令"①。其他有关自由化的限制包括国民党对传媒的控制。"当时台湾的三家电视台中，一家与国民党文工会有联系，另外两家则分别与军方和台湾'省政府'有关联。国民党控制了几家主要的报纸，而另外两家大型私人报纸的负责人也与国民党关系密切。"②这一时期反对人士虽已发行周刊，但没有主要报纸作其舆论工具。1989年民进党候领导人康宁祥计划发行一份报纸，却因广告客户害怕被国民党迫害而搁置。类似事件还包括，比如具有重要专职的人可能会因为加入民进党而遭受到"个人麻烦"，并举出有军官被发现为民进党党员后，被调往金门③。广告商恐惧被迫害，或是加入民进党可能招致"麻烦"，侧方面说明国民党在用其多年执政优势努力削弱自由化带来的威胁，也反映了长期统治带给民众的心理恐惧。

由于国民党在负责"宪政"改革的"国代大会"中占大多数，它得以支配政治改革的进程。国民党能够根据它得利益得失来计算和制定选举规则，能够进一步扩大"国代大会"的"修宪"权力，还能够增强行政机关相对于其他公权力部门的人事任命权。"国民党的精英们在处理这一有控制的政治开放进程时既依靠主导政党制度化的特殊地位，也依赖其动员支持力量的能量。一旦国民党承诺某种形式的政治改革，其绝对主导地位以及没有大规模群众抗议的现实使其能够做出小幅让步，并将转型与已经规划好的事

---

① Meaney Constance Squires, *Liberalization, Democratization, and the Role of the KMT*, Tun Jen Cheng and Stephan Haggard eds. Political Change in Taiwan, Boulder and London: Lynne Rieuner, 1992, pp101 – 102.

② 明尼，《自由化、民主化及国民党的角色》，载于张京育主编，《中华民国民主化——过程、制度与影响》，台北：台湾政治大学国际关系研究中心，1992年，第160页。

③ Lu Ya – Li, *Political Opposition in Taiwan: A case study of Democratic Progress Party*, p8. 转引自明尼，《自由化、民主化及国民党的角色》，载于张京育主编，《中华民国民主化——过程、制度与影响》，台北：台湾政治大学国际关系研究中心，1992年，第160页。

件（比如定期选）联系在一起。政府的强制力及其对渐进改革的承诺也使它能够设定可以容忍的辩论范围。"① 与此同时，反对势力刚刚由非法组织被认可为合法的反对党——民进党，其政党组织与实力都十分薄弱，不足以与国民党竞争，这是国民党能够在民主化中居于支配地位的关键因素所在。

在整个政治改革时期国民党利用自身资源优势对自由空间进行了诸多限制。"由于自由化和民主化，并非一直都是持续不断地发展，其中也有部分各自独立的过程，因此并非是经常都能顺利地确定这两者皆有进展，并且也能充分的契合，而造成重大的体制转变。这一点，在独裁主义政治组织，转变成民主的政党的例子中，尤其正确。"② 国民党会以某种延缓政治民主化的手段来确保执政地位，这些限制便于国民党适应新的政治生态，但这也阻碍了台湾政治发展，一旦开始政治自由化改革，延缓民主的手段和策略只能是暂时性的，政党最终还要面对完善的民主制度，拖延民主化只能造成自身变革的困境。

（二）国民党的地方派系资源

以地缘、血缘、宗族或社会关系为基础的地方政治精英，他们之间为取得地方政治权力而相互联合，形成了地方派系。地方派系的领导方式依赖个人政治、社会、经济关系，并无固定的正式组织与制度，一般采取半公开的活动方式。主要活动场域以选举、"议会"为中心，包括决定地方选票、推荐人才、影响选举与决策的功能③。同时地方派系是以"庇护—侍从"关系（patron-client relationship）作为结盟基础的群体，"其成员之间的关系不仅是以彼此的共有认同来维系，同时其上下之间的关系也依靠庇护者与侍从者之间的利益交换作为结合的基础。"④ 对国民党而言，有两个层面的侍从主义：一是国民党与地方派系之间的侍从主义，二是地方派系与选民之间的侍从主义。国民党通过地方派系与台湾地方民众建立联系，在选举中动员群众，确保高度的群众支持并赢得选举。为了获得选后利益分配，地方派系参

---

① 斯迪芬·海哥德、罗伯特·R·考夫曼，张大军译，《民主化转型的政治经济分析》，北京：社会科学文献出版社，2008年，第329页。

② 明尼，《自由化、民主化及国民党的角色》，载于张京育主编，《中华民国民主化——过程、制度与影响》，台北：台湾政治大学国际关系研究中心，1992年，第155页。

③ 赵永茂，《派系参与与民主价值取向之相关分析：台湾省镇（市）长、民意代表之分析》，《政治学报》第十四期，1986年，第68页。

④ 田弘茂，李晴晖、丁连财译，《大转型：中华民国的政治和社会变迁》，台北：时报文化出版公司，1989年，第63页。

与选举动员活动，成员之间以"关系"与"利益"为核心建立联系，并以此为基础进行运作。地方派系与国民党的结盟，不仅可以通过选举获取地方政治权力，参与各地方农会、渔会、水利会等半官方组织的职位分配，还可以获得国民党中央给予各项经费和特权，进而长期垄断地方经济，包括合作金库、信用合作社、生产事业合作社、农会信用部门等，透过这些经济特权，地方派系又取得了选举竞争所需的资金支持。

地方派系对国民党的重要性主要在于地方派系拥有比非地方派系以及反对势力更强的当选实力，"据统计，在 1951 到 1985 年的 1364 位省议员候选人中，拥有地方派系背景的候选人的当选比例是 83.2%，而未拥有地方派系背景的候选人的当选比率则只有 31.8%。……在 1953 年到 1994 年之间，国民党所占的省议员席次中，有 50.9% 属于地方派系。……1954 到 1993 年之间，地方派系占有 74.1% 的县市长席次；而在国民党的县市长中，也有 74.4% 属于地方派系。"① 地方派系间的激烈竞争对参选的反对派形成强大的阻碍，进而保障国民党在选举中的胜利。派系间的激烈竞争使国民党一直在其中扮演平衡与协调的角色。"为了有效收编地方菁英以及他们在农村地区所经营的庇护侍从社会网络（patron-client networks），在选举民意代表时，国民党长期采用'多席次单记不可让渡投票制'（SNTV）②。国民党的领导层充分理解'单记不可让渡投票制'与多席次选区的结合必然导致激烈的党内竞争，但这正是采取这个制度的初衷。"③ 在"省级"以下每个行政区域内，国民党通常至少维持两个以上的地方派系，并让这些地方派系彼此为地方公职、准公权力机关（农会、渔会、水利会）的席位以及地方垄断性经济利益而竞争，而国民党则扮演居中协调的角色，如此一来国民党可以对地方精英分而治之。在每个地区，国民党都拥有一定程度可供运用的铁票（如忠诚的外省人、军公教人员），这种选票的数量众多，足以使国民党可以成功地平衡地方派系间的竞争。因此，政党精英通过政党机器运作不但可以控制选举过程，更可以将选举竞争转化成有效政治控制的工具。

---

① 林佳龙，《地方选举与国民党政权的市场化——从威权巩固到民主转型（1946—1994）》，载于载于陈明通、郑永年主编，《两岸基层选举与政治社会变迁——哈佛大学东西方学者的对话》，台北：月旦出版股份有限公司，1998 年，第 194 页。

② 单一选票多为候选人选区制度，又称为复数选区单记不可让渡制（single-nontransferable vote, 简称 SNTV）。即每个选区都可产生 1 名以上的"立委"，每个选区的名额视人口多寡而定，每位选民只能投一票且选票不能在候选人之间转移，由得票数最高的几个人当选。

③ Chu, Yun-han, *Taiwan's Unique Challenge*, Journal of Democracy, 3. July. 1996，pp69 – 82.

地方派系的许多贿选行为，如买票、不正当竞选方式、贪污等受到执法机构的刻意保护，这些执法机构背后实际是由国民党控制。虽然国民党与地方派系形成了这种稳固的互惠互利的关系，"但国民党为了避免本土的地方派系势力变大，以致动摇其统治基础，曾运用各种分化和牵制策略，压抑或操控地方派系，使其无法具有强大而稳固的群众基础，以巩固威权政府的统治。"① 随着民主制度的健全完善，以及反对党力量的不断壮大，这种维持国民党选举优势的模式开始受到动摇，但并未完全破坏，"国民党与地方派系依然保持庞大的选举资源，此外透过财政资源与大众传媒的控制，国民党依然有效地控制市民社会。……因而反对势力在选举实力上的逐渐成长对国民党领导阶层而言并不会构成立即而严重的政治生存威胁。"② 国民党紧密依赖地方派系的选举模式在实践中创设了民主化所必需的行动者，也塑造了各行动者的组织特性、政治偏好、以及策略选择，民主化开始后这种模式的惯性仍然作用，使得国民党仍能够保持在选举中的优势地位。

三、领导精英集权与温和的大陆政策

李登辉在蒋经国去世后继承了党政领导权，但他却无法继承蒋氏父子往昔所拥有的权威。半个世纪以来，由蒋氏家族执掌的国民党领导权虽宣告结束，但由于蒋经国临终前没有立下遗嘱，生前也没有指定接班人，李登辉的权力继承没有得到权威的授予和认可。另一方面，李登辉的从政经历仅限于技术官僚和行政首长，与党务、军事部门都无渊源，他在国民党内资历浅辈分低，又缺乏自己的班底。整个权力格局中，除李登辉外，还存在着执掌党务的国民党秘书长李焕、执掌政务的"行政院长"俞国华、掌握军权的"参谋总长"郝柏村、以及执掌情治系统的"国安会秘书长"蒋纬国。也就是说这时的党政军权都没有在李登辉手上，全部都掌握在国民党实力派人物手中，他没有实权，所以，从他接班伊始起就面对党内各种势力的挑战。

但从 1988 年到 1993 年的五年中，李登辉开始通过制度性规则改变顶层

---

① Wu, Yu-shan, *Marketization of Politics: The Taiwan Experience*, Asian Survey, 1. April. 1989, Vol. 29 (4), pp. 382 – 400.

② 朱云汉，《从党国体制到支配性一体制——国民党与台湾的民主转型》，载于陈明通、郑永年主编，《两岸基层选举与政治社会变迁——哈佛大学东西方学者的对话》，台北：月旦出版股份有限公司，1998 年，第 265 页。

权力结构，以掌握权力和建立自己的班底为主要目的。他善于社会动员，惯用借力打力的策略，拉拢联合本省籍的党内精英，适时与反对派结盟，进而分化本省籍精英。经过几次权力更迭，党政军权基本都聚拢在李登辉或其亲信手中，国民党元老级人物陆续退出行政党务要害位置，"非主流派的地位完全地排挤到权力核心外，主流派则成功地获得了宪政改革与大陆政策的主导权。"① 在一系列党内斗争中，李登辉在制度框架内通过人事调整和权力分配进而达到自身权力的集中，已经展现出强人领导的权威。

在改革过程中，权力的集中和权威的树立十分必要且重要，它有助于政策的制定和实施，利于控制和主导改革进程，便于与利益集团切割。如果领导精英在没有充分掌权的情况下就触及改革的要害部位，其复杂性和艰巨性往往会使政党及其领导人失去对改革的控制。失去改革中的主导地位更意味着他们可能以颠覆性的方式被推翻，丧失领导权，不再具有执政的可能性。

"集权"并不等于"极权"，权力集中并不可怕，关键是集中的权力会用在哪里，走向民主还是固化威权。这往往取决于是否存在对权力基本的约束监督机制，以及相应的社会和舆论环境。没有制度约束的"集权"可能会滑向专制，当时台湾尽管正在迈向民主体制，但已经存在基本的监督制约框架，例如，媒体舆论的开放，反对党和社会力量的存在等。同时，台湾整个社会的政治环境与氛围已经形成走向民主的共识，民主化被认为是一种势不可挡的潮流，这种政治氛围潜移默化的影响执政者的利益考量和策略选择，并对其行为起到约束指引的作用。

李登辉是蒋经国"本土化"政策的产物，而他又把"本土化"发展到"极致"。伴随台湾民主化进程，保证政党生存是国民党的头等要务，其生存基础以台湾为依托，在竞争选举中必需取得选民支持，国民党内权力结构全面"本土化"，这是现实的需要也是历史的发展，从当时的历史背景和现实环境出发，国民党的"本土化"政策都有其内在逻辑。但"本土化"也成为李登辉打击对手，清除异己的工具，"他熟练运用'台湾化'的策略巩固了自己的权力，挑起了族群矛盾。把对手描绘成不仅保守而且是反台湾本

① Tien, Huang-mao and Yun-han Chu, *Taiwan's Domestic Political Reform*, *Institutional Change and Power Realignment*, Gary Klintworth ed. , Taiwan in the Asia – Pacific in the 1990s, Sidney: Allen & Unwin, 1994, p56.

土意识。"① 他公开使用"外来政权"这样的表述，把自己塑造成本省人的代表，以此来赢得党内外本省人的支持，营造出台湾民众受"外来政权"长期统治压迫的舆论环境，进而赢得民众支持。李登辉在任期间，台湾族群矛盾达到前所未有的程度，形成以"本土"和"外来"二元对立的社会冲突。不同族群拥有对台湾历史有不同的评价标准和感情反应。例如在对国民党威权体制的评价上，外省籍的民众对国民党有深厚的历史感情；而本省籍的民众因为"二二八事件"和白色恐怖，对国民党十分反感。这种记忆和情感的分裂源于族群分裂的公开化扩大化，而这正是李登辉任内的显著特征，这也是他统治的策略运用。族群矛盾常常带来严重的政治波动，也为两岸交流发展带来巨大障碍。

两岸关系的议题取代其他所有议题成为台湾政党竞争中的关键议题。这一时期两岸关系的恶化也使国民党，特别是国民党主流派刻意在两岸关系的议题上采取中间立场，逐渐和党内非主流派拉开距离，后者关注与中国大陆统一的目标。国民党采取一种中立姿态，与温和反对派的立场相当接近，即接受两个分立主权实体的现实，并认可各自在其统治区域内享有管辖权。国民党在此关键议题上的策略是：第一，提出模糊而具有弹性的口号，即"中华民国在台湾"；第二，批评民进党的"台独"理念危险且不负责任，同时攻击新党的统一立场"出卖台湾人民"。对多数选民而言，与其非统即"独"，还不如主张维持现状，采取中间立场。两岸政策议题上的中间路线极大改变了民众对国民党统"独"政策的重新定位，也受到选民的青睐。而民进党方面，在1991年代表大会上呼吁就以前曾被禁止的"台湾独立"问题举行公投。民进党在当年12月举行的"国代大会"选举中惨败，有关"台独"的立场至少是此次失败的一个原因。根据台大选举行为小组对全岛进行的问卷调查显示（见图4.1），1993年初，68.7%的受访者认为国民党是坚决支持统一的，只有12.6%的受访者认为国民党在两岸关系上没有任何明确立场，几乎没有人认为国民党是支持"台独"的。然而到了1996年，受访者认为国民党坚决支持统一的比例下降到27.1%，而认为李登辉支持统一的受访者只有20%。同时有36.1%的受访者认为国民党在两岸关

① Bruce J. Dickson and Chien-min Chao, *Assessing the Lee Teng-hui Legacy*, Bruce J. Dickson and Chien-min Chao eds., Assessing the Lee Teng-hui legacy in Taiwan's Politics, Armonk, N. Y.: M. E. Sharpe, 2002, p4.

系上没有采取任何明确立场。由于国民党的"台独"立场过于模糊，以至于有8%的受访者认为国民党支持"台独"，而认为李登辉支持"台独"的受访者比例就更高大16.6%。

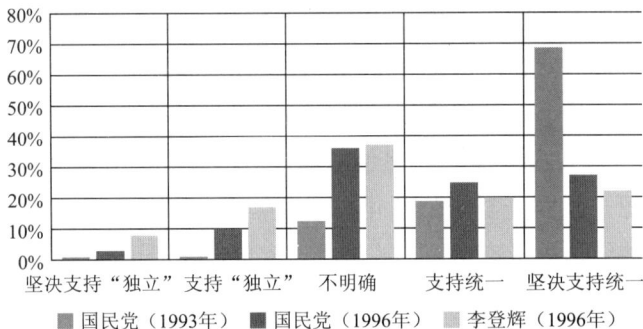

图4.1　台湾民众对国民党"统独"立场的看法（1993—1996）

资料来源：朱云汉，《从党国体制到支配性一体制——国民党与台湾的民主转型》，载于陈明通、郑永年主编，《两岸基层选举与政治社会变迁——哈佛大学东西方学者的对话》，台北：月旦出版股份有限公司，1998年，第265页。

　　一般民众在两岸关系议题上将两大反对党定位为非统即"独"的极端政党，这样的认知不仅使国民党获得决定性的选举优势，同时限制了民进党与新党组成反国民党联盟的可能性。在此之后，民进党领导人虽意识到公开激进的承认和宣扬"台独"意识并不能赢得多数民众的支持，尤其是商业精英与中产阶级十分看重两岸的和平发展，"然而据估计仍有将近15%的选民是台独运动的狂热支持者，这些为数众多的选民使得民进党不能明显地转变台独立场。"[①] 因此在政治坐标上似乎是国民党之外唯一选择的民进党，也因为牢固的"台独"立场而作茧自缚。民进党曾尝试将竞选的关键议题从两岸政策转到社会经济问题上，但收效甚微。在很长一段时间国民党控制两岸政治互动的过程，凸显了与民进党在"国家认同"上的分歧，使得民进党处于不利地位。

第二节　中国国民党民主转型的考验

　　伴随台湾政治民主化改革，国民党自身也经历了阵痛、分裂、再生。李

---

　　① Yun-han Chu, *A Born - Again Dominant Party? The Transformation of the Kuomintang and Taiwan's Regime* Transition, Hermann Giliomee and Charles Simkins, eds., The Awkward Embrace: One Party Domination and Democracy. London: Harwood Academic Publishers, 1999. p95.

登辉时期国民党内派系斗争十分激烈，公开透明的政治环境，与竞争选举的制度规则决定了此时派系斗争不再是政党内部的矛盾和分歧，更可能导致政党分裂。地方派系不再单独听命于国民党，侍从关系的选举模式开始崩溃，为了维持选举优势，"黑金政治"泛滥。最终在 2000 年台湾地区领导人选举中，国民党败选，首次成为在野党。政党轮替是民主政治的应有之意，失去政权是威权政党在民主制下必须面对的考验。就民主政治的特质而言，派系色彩浓厚的政党在民主制下都面临政党分裂的危险。就国民党的角度而言，需要寻找失败的原因。就台湾政治发展的角度而言，需要认清国民党失败的必然性与意义。

一、派系斗争与政党分裂

（一）激烈的党内派系斗争

从 1988 年李登辉正式当选党主席以来，国民党内的派系斗争一直不断，也呈现愈加公开化与组织化的特点。根据国民党十三届二中"全会"达成的共识，1990 年 2 月举行的"国民大会"将正式选举台湾地区第八任正副领导。当时各界对于李登辉接任"总统"基本存在共识，没有太多异议。进而各方势力争夺的焦点便集中在"副总统"人选的问题上：蒋家元老想推举时任"国家安全会议秘书长"蒋纬国；时任"行政院长"李焕在党务系统的旧部也在积极推动其竞选；有台籍背景的时任"司法院长"林洋港当时也被认为是有力候选人。出人意料的是，李登辉没有选择积极争取"副总统"提名的任何一方，却提名李元簇为"副总统"人选，这引起党内部分大佬的极度不满，李焕、林洋港、蒋纬国、郝柏村、陈履安等商议决定从推举办法上着手，提议采用票选的办法，借此改变正副"总统"候选人[①]。李登辉、宋楚瑜方面得知这一消息后，也采取各种办法与党内可靠的中央委员联络沟通，希望得到他们的支持，以起立方式推举候选人。[②] 会议当天关于国民党候选人选举提名办法的争论十分激烈，最终会议经过举手表决，以 99 票反对，70 票赞成的结果否决了票选的主张，李登辉、李元簇终于全票当选国民党正副"总统"候选人。自此国民党内形成了以李登辉、宋楚瑜等为首掌握实权的"主流派"和以国民党内元老为主、逐渐疏离政

①　茅家琦、徐梁伯等，《中国国民党史》（下），厦门：鹭江出版社，2009 年，第 1208 页。

②　周玉寇，《李登辉的一千天（1988—1992）》，北京：新华出版社，1993 年，第 135 页。

坛的"非主流派",党内对立就此表面化,形成拥李与反李两大阵营。

此后"主流派"与"非主流派"在主要政策议题和策略安排上都会发生冲突。李登辉对外政策明显有悖一个中国原则,引起坚持一个中国原则的党内"非主流派"的不满。就大陆政策而言,非主流派主张应和大陆进行更广泛的文化与经济交流,但李登辉却始终不愿废除有关两岸直航与贸易的限制。就"修宪"来说,"非主流派"主张对既有"宪法"做最小幅度修改,相反李登辉则倾向做大规模的修改。这些争执也反映到台湾地区领导人选举方式上,"非主流派"主张透过类似选举人团的方式进行间接选举,以李登辉为首的"主流派"主张直接民选。

随着李登辉独揽大权,作风强势,这种分歧愈加严重、明显,更常以公开的方式置于社会民众的视野当中。20 世纪 90 年代国民党的核心问题不是"是否能够在开放的政治体系中有效地争取到选票,而是国民党能否解决内部分歧的不断扩大"。党内分歧主要集中于"非主流派"日渐增长的不满。这些派系纷争反映在 1988 年和 1993 年召开的"国代大会"上出现的激烈内部冲突,以及 1991 年当局内威权混合体制下"总统"和"行政院长"的各自权力范围所进行的争论。

党国时代,政党统领一切经济、政治和社会资源,政党是一个封闭的系统,各派系都在政党内部斗争,攫取利益。这种斗争是非公开、非正式的暗地角逐,以争取党内最高权力为唯一目标。然而,民主政治的公开透明以及选票导向使党内斗争常常直接置于民众视野中,社会力量被卷入其中并发挥重要作用。"在民主体制中,政党内部的冲突可能变得更为激烈,政党内领导力的凝聚更为困难,特别是政党更加透明的时候(例如媒体报道)。政党内部的分裂和精英间的冲突被越来越多的揭露出来,作为大众的消遣。"① 政党内部变成一个开放、透明的系统,其成员可自由选择进入或退出。政党内部逐渐形成制度化的进退机制,政党组织形态也从传统威权政党的封闭走向现代政党的开放。同时"在民主规则下,党内的反对派可能与该党分裂,进而形成新的政党。在民主体制下,分裂的领袖有可能进入体制内部。不但可以发出不同声音,更可以选择离开。"② 伴随民主化进程,国民党经历了

---

① Joseph Wong, *Maintaining KMT dominance*, *Political Transitions in Dominant Party Systems*: *Learning to lose*, Edward Friedman and Joseph Wong eds., Routledge, 2008, p63.

② Joseph Wong, *Maintaining KMT dominance*, *Political Transitions in Dominant Party Systems*: *Learning to lose*, Edward Friedman and Joseph Wong eds., Routledge, 2008, p63.

三次政党分裂，第一次是 1993 年国民党部分少壮派"立法委员"出走另立"新党"，第二次是 1996 年郝柏村和林洋港脱党参与台湾地区领导选举，第三次是随后一次是 2000 年亲民党成立。

（二）国民党的三次政党分裂

1. 新党成立

"新党"的前身"新国民党连线"（以下简称"新连线"），最初源于 1989 年 8 月增额"立委"候选人赵少康、李胜峰，郁慕明等人鉴于当时选举竞争的激烈而采取联合作战，进入"立法院"以后联合问政。"新连线"是国民党中的革新势力，以赵少康为代表，力主"加快国民党党内民主化与制度化"，其成员年纪都比较年轻，大都在 40 岁左右，多为外省人，文化程度较高。1988 年，蒋经国去世后，在李登辉接任国民党主席的问题上，赵少康曾经联合"立委"发表声明支持李登辉出任党主席。但后来因主张尽快实现党内民主化与李登辉为首的"主流派"摩擦逐渐增多，"新连线"在"立法院"提起的多次质询，都直接或间接将矛头指向以李登辉为首的"主流派"，让"主流派"十分恼火。1992 年第二届"立委"选举前夕，国民党党内初选采取了多种途径封杀"新连线"的提名，赵少康宣布辞职投入"立委"选举，"新连线"以"拥抱选民"方式自我运作助选，"赵少康更在台北县掀起'赵少康旋风'，一举拿下 235887 票的全台第一高票。'新连线'的其余 26 名参选人除一人外其余全部当选"①。之后，"新连线"更加积极地投入到后来各项选举中，同时不断发展自己的成员。这些行为不断受到国民党的批评警告，但在当时的政治环境中类似的批评警告已经没有约束力。1993 年 8 月，以赵少康、郁慕明、李庆华等为代表的七名"新连线"成员宣布脱离国民党，另组政党，名叫"新党"。从选情上来说，新党的成立使国民党丧失一些选票和"议席"，对国民党构成直接挑战和威胁。党内派系在拥有民意基础的情况下，会要求政党更为民主、公平地来分配政党资源，也不再畏惧党内权威，常常对权威发起挑战，威权政党旧有的专治传统已经被打破，新的政党机制正在发展成熟。"党国"威权体制已经转向民主体制，政治体制作为政党生存发展的制度框架约束规范政党的行为方式，政党若不能应此变革将最终被制度所淘汰。

---

① 茅家琦、徐梁伯等，《中国国民党史》（下），厦门：鹭江出版社，2009 年，第 1267 页。

2. "非主流派"脱党自行参选

最为引人关注的 1996 年首次台湾地区最高领导人直选，根据台湾地区"总统副总统选举罢免法"，每个政党只能推选一组候选人参加选举，并且这个政党必须在前一次"省市以上公职人员"选举中得票率到 5% 以上。如果以无党派人士身份参选，则须自登记日起 45 天内，有选民总数的 1.5%的人，即 20 万人以上联署，才能成为正式候选人。国民党"非主流派"因与"主流派"的种种分歧积怨，便脱党自行参选，这是民主化开始后国民党的第二次分裂，因此这次"直选"就有四组候选人，分别是：国民党的李登辉与连战、民进党的彭明敏与谢长廷、自行参选的林洋港与郝柏村、陈履安与王清峰。对国民党而言，尽管面对三组实力不容小觑的竞争对手，但因为"相对多数当选"的规则，竞争者分散反而更有利于国民党。选举结果显示，"李连配"得票 54%；"彭谢配"得票 21.13%；"林郝配"得票14.9%；"陈王配"为 9.98%。① 1996 年的台湾地区最高领导人直选是台湾民主改革的重要里程碑，标志着民主体制基本形成。"主流派"与"非主流派"的斗争已经完全公开化，国民党的政党形象因此也大大受损，党内派系斗争正在逐步消耗政党实力。

3. 宋楚瑜"出走"，亲民党成立

1996 年底，台湾地区进行第四次"修宪"，其中一项重要结果便是"冻省"。国民党退台以后，保持了"中央""省""县"三级架构，保留"台湾省"，"台湾省"管辖范围与"中央"基本重合。"省"这一级是个庞大的机构，截至 1996 年 6 月，台湾省政府"增加到 29 个一级单位（厅、处、局），所辖员工近 14 万，其中公务员约 12.5 万，占台湾公务员总数的20.07%，相当于'中央政府'公务员（约 21 万）的 60%，每年财政支出4500 多亿新台币，占台湾各级政府总支出的 21.85%，相当于'中央政府'年财政支出的 44%。所辖土地占全台的 98%，人口占全台的 80%，拥有省属资产新台币 10 万亿元以上。总之，从人员、机构、支出、资产等多种指标衡量，'省政府'的规模约等于'中央政府'的一半。"② 因此，在虚化"台湾省"的问题上基本没有太多分歧，但对宋楚瑜而言则不同，当时他是以 56.22% 的得票率，472 万张选票高票当选第一届民选"台湾省省长"，

---

① "行政院中央选举委员会"网站，http://db.cec.gov.tw/。
② 茅家琦、徐梁伯等，《中国国民党史》（下），厦门：鹭江出版社，2009 年，第 1389 页。

虚化"省级"结构直接意味着对他权力的削弱架空。

宋楚瑜一直以来被认为是李登辉权力道路上的幕后推手和忠诚护卫，两人关系十分紧密。在劝退第一届"国代""立委"等工作上，宋楚瑜都为李登辉立下大功。但对于"冻省"一事，李登辉始终都未事先与宋楚瑜沟通，对宋楚瑜的漠视让两人之间关系彻底破裂。宋楚瑜个人威望"基本是他个人的胜利，他被任命为省长的两年中，其工作的杰出表现以及对普通民众关心，使得他十分受欢迎。当作为一个民选的省长，宋楚瑜被认为是台湾政坛的第二号强人。他的权力和受欢迎程度引来了嫉妒和担心。当时，台湾舆论媒体突然对所谓'叶利钦效应'很感兴趣。很多人开始怀疑宋楚瑜可能是台湾的叶利钦，可能威胁台湾的戈尔巴乔夫（李登辉）。这是国民党决定消除省级政权的背景。"[1] 弱化"省级"结构是客观现实的需要，但在处理这一问题时李登辉确实欠缺领导艺术，以至于给国民党造成第三次分裂。

1996 年 12 月末，宋楚瑜请辞国民党中央委员和"台湾省长"的职务，因连战强留，后以"请辞待命"的方式完成其余下两年任期。1999 年 3 月，在大量民意支持下宋楚瑜以独立候选人身份参选。宋楚瑜两任"新闻局长"、文工会主任，国民党秘书长，以及"省主席""省长"等职，在党政军系统都拥有自己的人马。在"台湾省长"的选战中，也拥有一批忠实的民意支持。连战远不能与之匹敌，宋楚瑜的独立候选必然分割消减了国民党的选票，国民党的支持者被分隔为两股力量，最后坐收渔翁之利的只能是民进党。2000 年"总统大选"结果也证实了这一点：民进党候选人陈水扁及搭档吕秀莲获得 497 万票，以 39.3% 的得票率当选；宋楚瑜及搭档张昭雄获得 466 万张选票，得票率为 36.8%；国民党候选人连战及搭档萧万长仅获得 292 万票，得票率为 23.1%。[2] 几天后，李登辉宣布辞去国民党主席，连战接任代理党主席。随后，宋楚瑜以其竞选团队为主体，成立亲民党，在 2001 年底的"立法委员"选举中获得 46 席，成为"立法院"第三大党。如果新党的成立是对国民党的"敲打"，那么亲民党的成立就是对国民党的致命一击，严重分化了国民党的固有社会基础，动摇政党组织。

（三）民主制中政党分裂的必然性

台湾威权体制下，政党分裂、另立新党是几乎不可能发生的事情，但民

---

① 　Ya-li Y, *Lee Teng-hui's Role in Taiwan's Democratization*, Bruce J. Dickson and Chien-min Chao eds., Assessing the Lee Teng-hui legacy in Taiwan's Politics, Armonk, N. Y.: M. E. Sharpe, 2002, p60.

② 　"行政院中央选举委员会"网站，http://db.cec.gov.tw/

主体制为党内派系的生存提供了可能，无论派系是否在党内具有实际权力，只要能够得到选民的支持，即使是少数选民，那么派系就有生存的可能，便可另立新党，凭借民意参与竞选。台湾民主化进程中原有派系色彩浓厚的政党既存的分歧矛盾势必带来政党的分裂。党内分歧的加剧可能带来派系的"出走"，另立新党，如民主化后国民党的两次政党分裂，产生了新的政党——"新党""亲民党"；也可能带来制度化的"党内有党，党内有派"的党内竞争，以代替党际竞争，如日本"1955 年体制"下自民党的长期一党主导体制。

　　国民党的政党分裂有其"国族认同"的特殊原因。"主流派"与"非主流派"的冲突表面上是权力分配之争与改革路线分歧，但本质上是"国家认同"的分歧，权力分配与改革路线冲突都比较容易妥协，"中国人"与"台湾人"的"国族认同"对立却很难妥协。"'台湾人认同'的强大凝聚力不仅让李登辉可以获得多数的本省籍党内菁英的支持，并且可以得到民进党的适时配合与支援，然而，一旦引进党外力量介入党内冲突，国民党内部分裂就无法避免。"[1] 乔伊·兰斯顿（Joy Langston）认为，精英分裂（elite rupture）会破坏执政党的凝聚力，开启政权崩溃的过程。[2] 选举制度大大降低了党内（执政联盟内）精英分裂的成本，因此，当政党（政治联盟）出现分裂，少数派精英在经过利益计算后，如果认为出走的政治收益高于留下来的收益，他们会选择在选举中脱党，执政联盟就被削弱。

　　伴随着台湾选举制度和运作机制的逐渐完善，国民党的生存直接依赖于是否拥有选民的支持，这要求政党内部要推选出有民意基础和竞争实力的候选人参与选举，候选人的产生又要求政党内部也要形成规范的、制度化的竞选机制。虽然国民党内部可能也存在某种形式的竞争，但这是两种完全不同意义的竞争，前者是公平透明制度化的竞争，后者则是党内非制度化的斗争。"除非允许反对党合法的参与选举竞争，否则都够不上所谓民主转型。换句话说，一个非民主政权无论如何进行党内的民主化、允许卫星政党存在或在；选举规则上保障在野者的席次，只要继续限制反对党在选举中的合法

---

　　① 朱云汉，《国民党与台湾的民主转型》，《二十一世纪评论》2001 年第六期，第 11 页。

　　② Langston，Joy. *Elite Ruptures*：*When Do Ruling Parties Split？* Andreas Schedler. eds. ，In Electoral Authoritarianism：The Dynamics of Unfree Competition，Boulder，CO：Lynne Rienner，2006. pp57 – 75.

挑战，那么这些行动都还是属于威权架构内的范畴，不是民主转型。"① 此外，民主的价值共识已经深入人心，反对权威，要求民主在国民党内也成为潮流。如果党内在政策制定、推举候选人等问题上缺少制度化的程序和规范，内部的冲突就会公开化，不仅会使政党分裂，更会损害政党的形象，从而影响选情。

二、侍从关系解体与黑金政治泛滥

1991 年到 1994 年间，台湾地区共进行了三次"修宪"，三次"修宪"使台湾政治走上"宪政民主"的轨道，确立了民主政治的基本框架和制度规范。国民党与地方派系的侍从关系开始解体。"过去地方派系稳固的金字塔型组织结构也几乎瓦解，2000 年总统大选是国民党最需要侍从主义组织来动员选民的时候，它却没发挥与其的功能。"② 在单个政治人物层次上，或许仍然可见侍从主义运作的模式，但就作为国民党统治策略和选举动员模式，侍从主义可以说已经崩溃。

民主制下独立的司法运作，使得国民党无法再用司法作为处罚地方派系的工具，因而无法防止地方政治精英的抵抗和背叛。买票是地方派系在选举动员中的重要工具，选举机器的有效运作依赖于买票行为，威权体制中国民党恰恰用司法给买票等行为提供保护。民主制中司法独立，地方派系的贪污和买票再也得不到司法庇荫。伴随着反对党的壮大，国民党不再是地方派系的唯一结盟对象，地方派系可以在若干不同政党间流动，"伴随着民主化与经济社会的发展，利益集团及群众政党的兴起可能会使派系政治逐渐式微（如意大利），市场与城市的扩张，以及大众政治的出现，将会给传统庇护——侍从网络带来冲击，寡头政治会因此产生巨大改变。"③ 地方派系的权力运作方式已由封闭寡头威权领导的方式走向开放的多元领导方式，派系成员间也逐渐由传统依附关系转变为结盟关系，自主性已经大打提高。

随着原有社会结构的变化，地方派系成员间以经济利益为纽带的结盟关

① 林茨，《对民主转型的一些思考》，载于林佳龙、邱泽奇主编，《两岸党国体制与民主发展——哈佛大学东西学者的对话》，台北：月旦出版社，1999 年，第 20 页。
② 王金涛，《重返风芒县：国民党选举机器的成功与失败》，《台湾政治学刊》第八卷第一期，第 126 页，2004。
③ Frank P. Belloni and Dennis C. Beller, *Faction Politics：Political Parties and Factionalism in Comparative Perspective.* Santa Barbara, California：Clio Press. 1978, p333.

系取代了旧有的以血亲、社会关系为主的结合形态，派系成员以利益交换来进行彼此合作。伴随着选举竞争的日益激烈，地方派系为了筹集更多的选举资金，就要涉足证券业、房地产业或新银行等新兴经济领域，与地方企业结盟，参与买票、贿选等行为来进行选举动员，逐渐演变发展成为有影响力的地方财团。地方派系的这些行为又使地方政治人物遭到起诉或判刑，造成国民党地方精英的断层。与此同时，也让社会大众了解认识到黑金政治的严重腐败，使得国民党的形象大打折扣。

台湾民主化后，国民党党内派系分歧斗争不断，同时在各层级选举又要与反对派竞争，面对内外压力，为了政党生存就需要在选举中有良好表现，国民党开始启用有影响的黑社会势力为其辅选、助选，表现突出者就被吸纳到国民党内或支持其参与地方选举，因此黑社会势力逐渐进入权力体系中。1996 年，时任"法务部部长"廖正豪表示，"全台 858 名县市议员中，有286 名具有黑道背景。25% 的省议员、5% 的'立法委员'及'国大代表'具有可疑背景。"① 各路黑道分子在选举成功中尝到好处。黑道分子的"洗白"途径是通过选举获得成功，用选举获得的合法政治身份掩盖其黑道本质。掌握政治权力的黑道分子，不仅可以干预司法和警察系统，还可以使其个人安全和所经营事业有所保障。更为重要的是，"洗白"的黑道分子借用自身的政治资源介入公共工程、参与土地买卖，干预建设规划，进行"工程绑标"，这些都是黑道政客获取经济利益的主要途径。

20 世纪 90 年代，台湾媒体先后揭发出多个黑金工程，其中最为轰动的是 1996 年台湾中正机场二期航站装修工程中的弊案。整个工程造价二三十亿新台币，中投标过程极其腐败，先有"白道绑标"，由所谓"民意代表"在工程策划之初就积极介入，游说有关预算案的通过，后是"黑道劝退"，即黑道用暴力威胁的办法"劝退"其他投标者，最终"黑白两道"一起分享利润。据估计，在 1996 年台湾岛内三分之一的大企业被贪污政客及黑道渗透，如果以公司资本额加总计算，遭到黑势力影响的金额，高达六千一百多亿，占上市公司总股本比重的 38%。如果换算成总市值，超过所有上市总市值的 50% 以上。② 黑金政治不仅带来官、商、黑道三方勾结的利益链

---

① 《联合报》，《廖正豪提出警讯：扫黑若不彻底，台湾将变西里》，1996 年 11 月 17 日。
② 董希杰，《一〇六家上市公司遭政治、黑道介入》，《商业周刊》，第 460 期，第 68—76 页，转引自陈国霖，《黑金——台湾政治与经济实况揭秘》，北京：群众出版社，2006 年，第 65 页。

条，"台湾的黑金政治在性质上与世界其他地区帮派渗入企业和政治的问题不同，上层社会与黑社会的关系已经发展到将两个世界整合为一，并孕育出同时集帮派、企业家、政客于一身的三合一人物"。① 因此就产生诸多破坏民主政治的行为，如买票文化、选举暴力、政治腐败及台湾代议政治的衰退恶化。

被视为黑道参政人物代表的罗福助，是天道盟（竹联帮、四海帮、天道盟并称台湾三大帮派）精神领袖，他于 1996 年高票当选"立委"，1999年连任，先后当过司法、交通、财政等委员会的召集委员。罗福助担任"立委"期间，"立法院"风暴不断，俨然变成他的"演武场"，多名"立委"遭到罗福助的暴力对待。"立法院"的肢体冲突是台湾民主政治中颇受诟病的现象之一，严重损害了其民主质量。1993 年到 1996 年间，至少有八名县市"议员"或"议长"遭到枪杀②，有的是被竞选对手买凶杀害，有的是因为本身的黑道恩怨，还有的是因为拒绝向黑帮屈服而遭暗算。

台湾各层级选举中，买票行为非常猖獗。黑道分子担任各层级候选人的桩脚，在买票过程中扮演非常重要的角色。国民党的买票风气尤盛，由于坐享庞大党产，竞选中为其候选人提供大量竞选经费，候选人通过桩脚用各种方法大量买票。20 世纪 80 年代中期开始，许多国民党候选人开始不再强烈依赖政党的支持，转而使用一些旁门左道的手段赢得选举，如买票、送礼、摆流水席及招待旅游等，都变成相当普遍的竞选花招。到了 90 年代以后，买票成了常规，依选举类型不同而有不同价码，候选人很少再强调自己的政治理念。这些由"黑金"引起的政治乱象在李登辉任内愈加猖獗，全面爆发，从根本上动摇了国民党的统治，也严重影响民主政治的进步发展。国民党领导精英并非不知道"黑金"带来的严重危害，但为了利用"黑金"巩固权力，赢得选举，一直对其放任自流，姑息纵容。固然"黑金政治"是民主化初期的一种普遍现象，但这不等于"历史的必然"，其政党精英没能从制度规则对已经显见的问题作以改善规范，难辞其咎。

三、台湾民主制中的"政党轮替"

2000 年台湾地区完成第一次政党轮替，是台湾民主政治发展的关键一

① 陈国霖，《黑金——台湾政治与经济实况揭秘》，北京：群众出版社，2006 年，第 17 页。
② 陈国霖，《黑金——台湾政治与经济实况揭秘》，北京：群众出版社，2006 年，第 165 页。

步。也正是在这次选举中，百年老店"国民党"历史性的第一次失去政权，败选固然是政党遭遇的巨大挫折，但对曾经的威权政党而言，这次失败更是其从威权政党走向民主政党的重要转折。

虽然国民党在选举中失败，但国民党能够顺应民主变革，参与民主选举十分可贵。政党轮替是成熟民主的重要表现，如果在民主框架内，某一政党长期执政，反倒应该检讨反思其中存在的问题。"民主是一种制度化的竞赛，它会产生胜利者和失败者。民主制度要求胜利者去作出规范和实践，这将阻止对失败者的不公平对待或残酷迫害。失败者被希望对这种制度化的竞争保有信心。当他们丧失权力的时候，他们不能背叛民主实践。今天的失败者，可能成为明天的成功者。"① 现代民主政党不仅要学会竞争选举，上台执政，同样也要学会在野监督。评价和衡量政党存续能力的关键在于政党失败以后是否还能够再次上台执政，这才是对国民党的真正考验。

政改开始后的十年间，国民党一直居于主导地位，在占有大量优势资源的情况，却在自身革新，重塑政党形象方面一直动作缓慢，权力的惰性使政党自身变革远远赶不上政体变革的速度，党内派系恶斗，黑金政治泛滥等等乱象丛生，最终不能适应体制与回应民意，在选举中失败下台成为在野党。但是，国民党如果能够自我反省与革新，体察与尊重民意，那么就有可能得到民众的支持再度执政。不能单以一两次选举成败来考量与评价原一党制中政党在民主体制下的存续能力，更要关注政党能否经受政党轮替的考验，能否通过选举再次执政，是否是政党政治中的重要力量。

政党轮替本身也存在"钟摆效应"（Pendulum Effect）。"钟摆效应"原是心理学上的一个名词，主要是描述人类情绪的高低摆荡现象。这是选民心理的一种常见现象，指当某政党（政党联盟）在一次选举中大胜后，大败的政党（政党联盟）较易在下一次选举收复失地，就如钟摆向左摆后，便会向右摆，循环不息。政党执政或在野都是一种正常现象，不能仅凭一次选举中的胜利或失败来评判政党的实力与发展。2000 年国民党下台后，立即启动了一系列政党改革措施，精简党工，组织结构扁平化，实施党内民主，处理党产及党营事业等等。2004 年，台湾地方领导人选举结果国民党仅以

---

① Edward Friedman and Joseph Wong, *Learning to lose: Dominant parties, dominant party system, and their transition*, Edward Friedman and Joseph Wong eds. , Political Transitions in Dominant Party Systems: Learning to lose, Routledge, p1.

0.22%微弱的差距输给民进党。2008 年，民进党在"总统"选举中惨败，国民党通过竞争选举再度执政，在当时曾有不少人悲观预计，民进党将长期颓废，然而仅仅过了不到六年，2014 年 11 月 29 日民进党就在台湾"县市长"选举中大获全胜，将"历史性惨败"奉还给了国民党。2016 年地区领导人选举中国民党很难立即振作。这种相互逆转的执政格局无疑显示了台湾两党制政治的稳固性。

第三节　民主制推动国民党民主转型

国民党在 2000 年台湾地区领导人选举中挫败，首次失去政权，成为其政党革新的最大外部刺激。哈默（Harmel）和琼达（Janda）认为，当一个政党对外部环境所造成的刺激进行回应时，该刺激会影响该政党的政党目标，迫使政党采取措施加以应对。[①] 事实上，从 1986 年自由化开始，国民党已经意识到政党应随外部环境和制度环境的变化作出改变。蒋经国晚年透露出将进行政治改革的信号时，1986 年 3 月国民党十二届三中"全会"已经开始进行党务革新。1988 年国民党十三大制定的《现阶段党务革新纲领案》中明确指出："未来中央委员会的工作以政策厘订，组织发展和选举动员为主"，"党政关系依逐一制定政策，以政策决定认识，以组织管理从政党员，党的决策依党政分共交付从政党员贯彻实施"[②]。1991 年 4 月，国民党中常委为了贯彻执行"党务革新"，制定了《中央精简执行方案》《省级党部整合方案》等，1993 年 8 月，国民党十四大提出《现阶段党务发展纲领》。1996 年 8 月，国民党十四届四中"全会"提出《党的再造案》，明确规划了其组织结构调整及人士精简方案。但由于国民党多年威权统治的惯性趋势，政党改革并没有实质性进展，外加党内激烈的权力斗争，以及在各层级选举中与反对党竞争，这些都使得国民党自顾不暇，在自身变革方面没有大的作为。纵使国民党在"十四全"大会中将政党属性确定为"民主政党"，但诸多党职与公职人员候选人仍是由指定或间接选举的方式产生。随着李登辉个人权力的集中，他的个人意志有时几乎决定了党的权力结构与政

---

①　Harmel, R. and Janda, K. *An Integrated Theory of Party Goals and Party Change*, Journal of Theoretical Politics, 1994, Vol. 6., No. 3., p261.

②　《中央日报》，1990 年 10 月 31 日。

策路线，党内民主形同虚设，政党疾病愈来愈深。民主化后近十年中，国民党拥有主导优势地位，却没有在自身改造上有所作为，台湾政治体制急速变革，但政党自身的变革落后于政治制度的改变，最终政党不再适应制度环境，被民众淘汰。

以往国民党所进行的改革，多是为了更好实行威权统治，或者是要更利于党内的领导所做的调整措施。但是 2000 年的这次革新的目标就是赢得选举，再次取得执政权。为了推动改造工作，国民党成立了改造委员会。改造委员会分成小组会议、分区座谈及全体委员会会议三种方式运作，针对此次败选，提出建议事项，做出《从零出发，全面改造》案作为其改造蓝图。主要内容包括：政党定位、组织架构、党内民主、活动与运作、年轻化、形象、党产及党营事业等七个方面。2000 年以前，国民党在组织结构、意识形态和运作模式等方面基本沿袭了"革命政党"的特征，第一，政党理念仍停留在"革命政党"的阶段。仍然认为国民党的"革命事业未尽"，应当继续以党领政，完成"光复大陆"的使命。第二，国民党"中央"组织机构庞大臃肿，缺乏效率，而地方党部却形同虚设，党员的管理混乱。第三，党内权力分配和决策过程缺乏制度化、民主化。蒋氏父子时期，权力高度集中于党主席手中，人事任免和重大决策都听命于党主席一人。李登辉继任后，党内权力仍掌握在少数人手中，权力分配决策的过程仍缺乏有效的制度规范和民主过程，十分混乱。第四，饱受指责和诟病的国民党党产与党营事业，到了此时也不得不予以正视与解决。2000 年国民党下台后主要对自身进行了以下变革：

一、意识形态"中间化"

意识形态是判断政党类型的重要依据，政党的理念和重要目标都依托于政党意识形态，政党意识形态决定了政党未来发展路线和政策走向。国民党退台后将其政党性质确定为"革命民主政党"，其逻辑在于国民党要保持革命性以确保台湾生存安全，实现民主目标，"武力对抗，反攻大陆"，同时要在台湾地区积极发展"宪政民主"。1986 年台湾开始民主化改革，国民党自身也面临着从唯一执政的"威权政党"转变为竞争选举中的"民主政党"。1988 年国民党"十三大"时，党内就出现了将政党性质由"革命民主"政党改为"民主"政党的争论与分歧，但在各种因素的综合考量下，最终仍维持不变，保留"革命民主"的字眼。到"十四大"时，外部制度环境的变迁迫使国民党不得不作以改变，将政党性质定位为具有革命精神的"民主政党"，这是国民党转型中具有里程碑意义的一步。

2000 年选举失败的惨痛教训迫使国民党更快更彻底地进行变革，在"十五大"时，国民党根据改造规划，修订党章，将政党定位为"一个民主的、公义的、创新的全民政党"，删除"五权宪法为宗旨"等字样，并明确将政党定位为"基于三民主义的理念，建设台湾人为本、安全、优质的社会，实现中华民国为自由、民主、均富和统一的国家"①，明确阐释了国民党的理念及奋斗目标。国民党的属性从"十四大"的"民主政党"转变为"全民政党"。此外，还使用了"增加社会公义"等字句，意图表明重视民意。2001 年的"十六大"对党章也进行了小幅调整，整体精神仍与"十五大"一致，只对部分条文作了细致修改。

民主化以后，台湾政党间意识形态和执政理念的竞争主要聚焦在"统独问题"方面，国民党意识形态的调整表明"反攻大陆"的目标已被彻底抛弃，选举竞争的现实要求国民党必须深耕台湾以获得民众支持。李登辉时期国民党在"统独问题"上就已经开始发生重大变化，常常与民进党一起发声。民进党的多项政治要求，如 1996 年开放地区领导人直选、拒绝与大陆方面进行党对党的谈判、禁止"三通"等，均得到国民党的回应。"台湾意识"使得这一时期民进党与国民党主流派间在民主体制设计、大陆政策和对外政策上的共识逐渐扩大。李登辉与民进党策略性联盟使国民党非主流派权力地位边缘化，国民党领导阶层彻底本土化。

2000 年民进党上台执政，2001 年 12 月民进党在"立法院"改选中取得第一大政党身份，"台独"步伐更为明确和激进。2003 年 9 月陈水扁在民进党党庆活动中突然宣布要"催生台湾新宪法"，并进一步鼓吹要透过"公民投票"来决定"宪法"，"新宪法是制宪而非修宪"，希望在 2006 年 12 月 10 日行使"公投催生新宪法"。同年 11 月 27 日，台"立法院"审议通过了有关"修宪公投""防御性公投"的"公民投票法"。至此，陈水扁当局不仅公开喊出要搞"法理台独"，而且订出了"台独时间表"。民进党一系列激进的"台独"举动，使岛内民众深感生存安全的威胁。而此时国民党中立化的"统独意识"，使民进党"认同台湾"的政治诉求已经失去动员能

---

① 中国国民党全球咨询网，http://www.kmt.org.tw/page.aspx?id=146，详细内容见，中国国民党第十五次临时会议修正通过的党章第一条。

力，也不再能够攻击国民党为"外来政权"，国民党"温和本土派"的政党形象自然比具有"激进"标签的民进党更受欢迎。

二、精简党工与组织结构扁平化

1952 年的"七全"大会奠定了国民党在台湾的组织结构的基本框架，分为三种功能机关：一是权力机关（党员直接参加的会议与各级代表大会），二是决策中心（各级委员会），三是行政单位（各级党部），早期的国民党是一个庞大且复杂的层级体系。由于国民党在权力结构上采取"中央集权"，因此中央党部在党务工作上扮演了最重要的角色。1986 年开始对组织机构进行调整，1989 年 6 月的十三届二中"全会"，基于"中央精简、省级整合、地方充实"①的原则对中央组织结构进行精简压缩，并通过了最新修正的"中央委员会组织条例"。这次组织结构的变化主要是将"省级"地方党部整合为十二个单位（见图 4.2），对重叠功能作以调整，便于集中管理协调，简化运作程序，提高办事效能，以便发挥统合力量强化政党组织的运作功能。

1989 年到 1993 年期间，国民党对其组织结构陆续又进行了多次调整（见图 4.3）。例如，1991 年，国民党增设"革命实践研究院"为中央委员会一级单位。1992 年，提升"政策委员会"的级别，将政党关系工作会、"国民大会"党政协调工作会、"立法院"党政协调工作会、"监察院"党政协调工作会隶属"政策委员会"其下管理。将当时"国民大会""立法院""监察院"三个"立法机构"的国民党党部均改为"党团"，以厘清党政关系。1993 年，撤销"监察院"党政协调工作会，为了应对和处理倍受诟病的党产及党营事业，新设立了"党营事业管理委员会"，这一机构在日后国民党党产处理问题上发挥了重要作用。民主化期间，国民党虽然调整幅度有限，但中央委员会的功能与职权却有了很大变化，党政、党"国"的分离愈加明显，开始趋向现代意义上的政党组织形式。

民主制中国民党为了在各层级选战中获胜，面对政党间的激烈竞争，常常力不从心。这时国民党不再拥有威权时期的双重变革渠道，只能从政党自身寻找问题，予以改变。1997 年国民党再度对政党结构进行调整（见图

---

① 柯莹铃，《中国国民党政党转型之研究：二〇〇〇到二〇〇四年》，台北：东吴大学政治系硕士论文，2005 年，第 112 页。

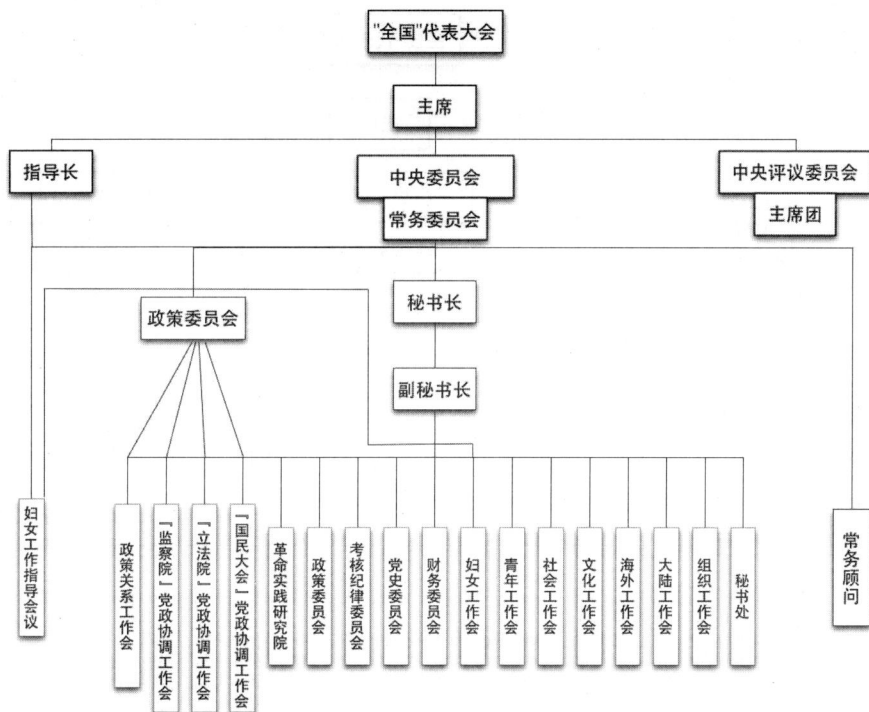

图 4.2 中国国民党十三届二中"全会"后中央党部组织系统图

资料来源：柯莹铃，《中国国民党政党转型之研究：二〇〇〇到二〇〇四年》，台北：东吴大学政治系硕士论文，2005 年，第 114 页。

4.4)，将中央委员会依不同功能，分为政策协调、组织动员、文化宣传及行政管理四个一级单位，将功能相近的单位归属同一部门，例如，妇女工作会、青年工作会、社会工作会、海外工作会的主要职责是进行选举动员，因此这些部门被一并归到组织动员部之下。四个一级单位由秘书长指定执行长负责，副秘书长进行监督。为了在选举、政策制定方面更好发挥政党作用，国民党需要各部门间更好的协同配合，以灵活机动的方式相互支援，以此提高政党竞争力。

党务体系庞杂，官僚作风浓厚，行政层级过多，工作效率低下，党务机构老化，组织缺乏活力，是国民党长期执政留给外界的普遍印象。2000 年选举惨败后，为了改变这些印象，再加上沦为在野后行政资源的缩减使其需要减少运作成本，增加效率，国民党对其组织机构进行了大幅度精简化调整，政党组织朝着更为扁平化的方向发展。政党革新后，国民党中央的权力机关为"全国"代表大会，在"全国"代表大会闭会期间，由中央委员会

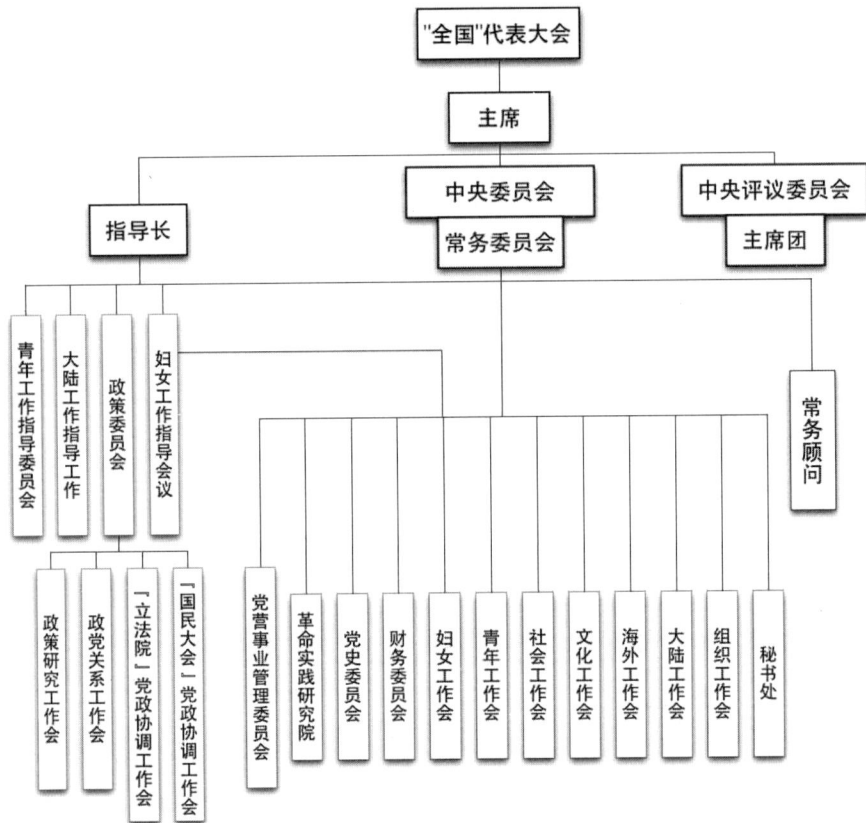

图 4.3　中国国民党 "十四全" 后中央党部组织系统图

资料来源：黄源谋，《中国国民党之转型：第十四次全国代表大会研究》，台北：台湾大学三民主义研究所硕士论文，1994 年，第 78 页。

（中央委员会设置秘书长一名，副秘书长一到三名）代行职权，中央党部的原 18 个一级单位按其职能合并精简为考核纪律委员会、投资事业管理委员会、"国家发展研究院"、行政管理委员会、文化传播委员会、组织发展委员会、政策委员会等 7 个单位（见图 4.5）。同时对县市级党部进行大幅度压缩精简，向社团化、弹性化发展。

为了与党务组织的缩编相适应，国民党精简了 "省级" 组织结构，调整了 "省级" 委员会组织，撤销了 "台湾省" 委员会，裁减合并了专业党部，将 "台湾省" 委员会与专业党部的组织及职能分别转移至 "直辖市"、县市一级的地方党部，这是国民党继 "十三全" 组织精简以来，最大幅度的一次缩编。

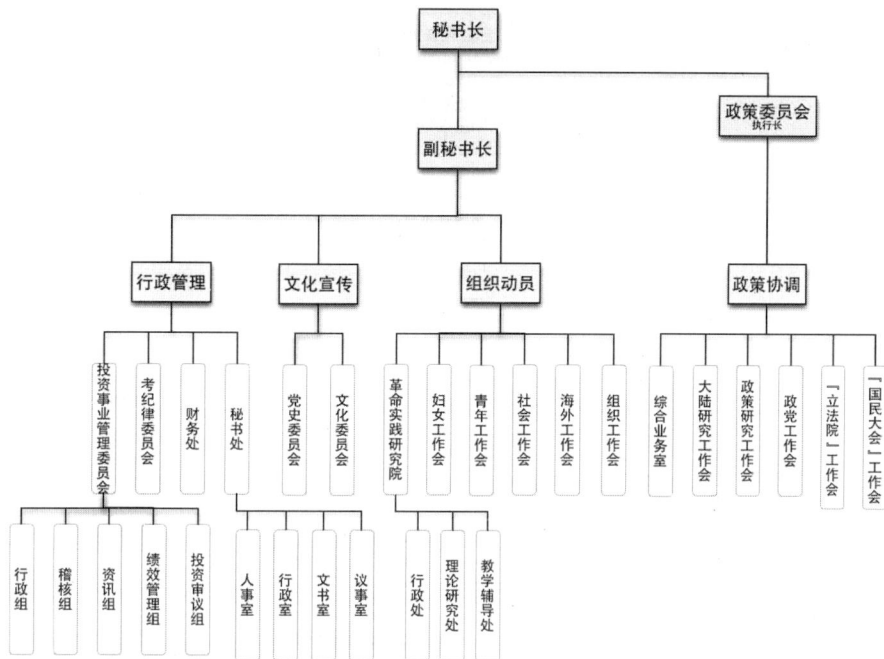

图 4.4 中国国民党"十五全"后中央党部组织系统图

资料来源：柯莹铃，《中国国民党政党转型之研究：二〇〇〇到二〇〇四年》，台北：东吴大学政治系硕士论文，2005 年，第 116 页。

2001 年底的"立委"及"县市长"选举，国民党在"县市长"选举中略有表现，但在"立委"选举中却再度惨败，失去了"议会"第一大党的地位，外加上庞大的财务压力，2002 年国民党决定再次精简压缩机构和人员，"将现有的 2700 多名党工进行人事精简（包括专职党工约 2100 人，聘用人员及司机约 600 人）裁减后的党工将不再提供水电、房屋津贴等补助。从秘书长以下至主委层级，减薪幅度为 17.5%，丙级职位、驾驶、后勤服务等人员减薪幅度为 3.3%，精简后一年人事等费用开支减少近 3 亿台币"[①]。组织结构方面，中央党部七个委员会予以保留，但"将委员会下设的 36 部门依职能类别和需求减为 24 个，地方 21 个县党部也相应削减机构。全台 317 个区党部削减合并为 124 个。各级党部人员编制也大幅缩减，中央编制由 260 人减为 200，县党部由 562 人减为 401 人，区党部 1264 人减为

---

① 柯莹铃，《中国国民党政党转型之研究：二〇〇〇到二〇〇四年》，台北：东吴大学政治系硕士论文，2005 年，第 122 页。

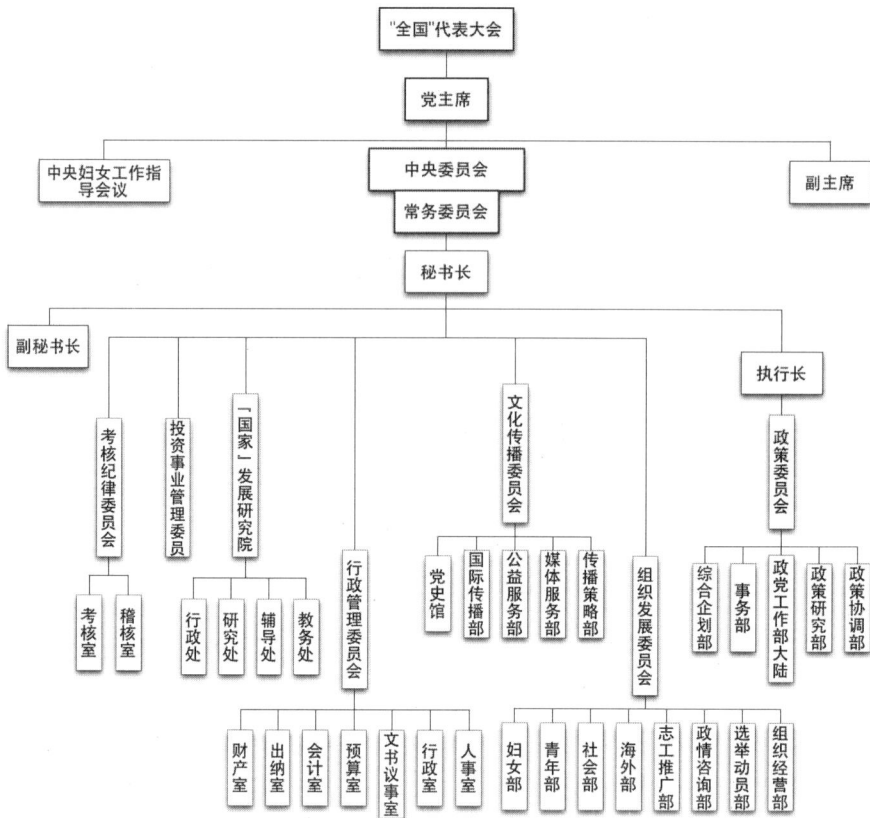

图 4.5　中国国民党"十六全"后中央党部组织系统图

注：行政管理委员会主要负责广利人事、行政、文书议事、资讯推广、会计、出纳、财产等业务；文化传播委员会主要负责管理策略、媒体联络、艺文活动、国际宣传、党史等业务；组织发展委员会主要负责管理组织经营、选举动员、政情咨询、妇女、青年、社会、海外、训练等业务；政策委员会主要负责管理"立法院"党团、政策协调、政党工作、政策研究、大陆事务、综合企划等业务。

资料来源：中国国民党全球咨询网，http：//www. kmt. org. tw/page. aspx? id＝15

919 人，后勤服务和非编制人员也都相应裁减，据估计共裁减 1104 人。"①这是国民党退台后最大规模的一次人事裁减，国民党筹措近十多亿台币对裁减人员进行安置抚恤。

2000 年后，国民党不断调整精简组织结构，大幅缩减人员编制，党工人数也从原来的 3400 多人减少到 1700 多人（截至 2006 年 6 月统计结果），

---

① 柯莹铃，《中国国民党政党转型之研究：二〇〇〇到二〇〇四年》，台北：东吴大学政治系硕士论文，2005 年，第 122 页。

整个政党组织结构主要分布在中央、县市（包括直辖市）、区级党部三级，结构扁平化趋势明显。地方党部经历多次变化后，只保留了黄复兴党部。整个党组织结构的简化和重组主要是为了选举的需要。

三、落实党内民主

国民党在 2000 年台湾地方最高领导人选举中的挫败促使加快党内决策机制和提名制度的改革。长期以来国民党的提名方式，大致上是由地方党部提建议名单，再由中央核定。虽然在 20 世纪 80 年代末期曾大力推动过党员初选制，但仅在 1989 年的三项公职人员选举及 1991 年的二届"国大"选举中昙花一现地实施过，其余时间党中央对于公职人员候选人提名具有最后的实际决定权力。提名制度变革是党内民主化的关键，为了健全党内民主，完善参与渠道，国民党修订了若干干部与公职人员选举提名办法，包括"全国"党代表、各级党部委员会委员、中央委员及中央常务委员等都以民主选举方式产生，其中最具意义的莫过于党主席直选和公职人员提名制度的改变。

（一）党主席直选

民主化以前国民党党主席的产生都以"鼓掌通过"的方式，直到"十三全"才以"公开起立"的方式由全体代表选举产生。"十三全"表决时，当时以赵少康为代表的一些党代表就以拒绝起立的形式对这种投票方式表示了抗议。不过，这时党主席候选人的提名仍是由党内领导核心与大佬达成共识，再进入推举程序，因此党章上规定的选举方式只是一种形式，实质上的党内公开竞争选举并没有发生。1993 年"十四全"大会时，党主席的产生方式首次改为直接由党代表"秘密投票"选举产生，但这次选举却是等额选举，李登辉作为唯一候选人成为首位票选的国民党主席。2000 年国民党在"总统"选举失败后，李登辉在党内外一片声讨中辞去国民党主席一职。2000 年国民党"十五全"大会再次修订党章中有关党主席产生办法，"由全体党员以普通、平等、直接以及无记名单记投票法选举产生"，以及特别规定曾遭开除、撤销或注销党籍者不得再参选主席。2001 年 3 月，国民党举行首次党主席直选，"连战在拥有投票权的九十三万三千四百二十九位党员里，在 57.9% 的投票率下，以 97.09% 的得票率当选党主席。"[①] 党主席直

---

　　① 柯莹铃，《中国国民党政党转型之研究：二〇〇〇到二〇〇四年》，台北：东吴大学政治系硕士论文，2005 年，第 133 页。

选是国民党真正实现党内民主重要标志，是其迈向民主政党的一大进步，但这次选举是等额竞争，对实质的党内民主化还有待观察和检验。

鉴于 2000 年国民党因宋楚瑜出走而落败，在 2004 年"总统"选举中国民党开始积极推动国民党与亲民党合作。经多次协调之后，国民党与亲民党组成"国亲联盟"，由连战与宋楚瑜搭档参选。但 3 月 19 日选前一天，陈水扁拜票时遭到枪击受伤，使"泛蓝"阵营的选举结果大受影响。选举结果，民进党籍候选人陈水扁、吕秀莲得票 6471970 张，得票率为 50.11%；国民党、亲民党联盟候选人连战、宋楚瑜得票 6442452 张，得票率为 49.89%。① 虽然国民党在这次选举中依然没能掌握政权，但民进党仅以 0.22% 的微弱优势取胜，同年底举行的"立法委员"选举中，国民党也获得了多数席位，国民党在野期间的作为已经取得民意的认可。2005 年，国民党内第一次实行真正意义上的党主席差额直选，马英九和王金平作为党主席候选人参加竞选，标志着国民党开始真正实行党内民主。

（二）党内其他职务选举

在"十三全"大会以前，国民党内重要职务，如党代表、中央委员及中常委等均由上而下制定任命，直到"十三全"召开，这种情形才有了明显的转变。"十三全"大会规定，党代表总数为 1059 人，党代表产生方式以直接选举产生为主，间接选举为辅，海外及其他情况特殊的地区以遴选产生。"十三全代表中，在台湾地区以直接选举方式产生的代表有 637 位。"② "十四全"大会以来的规定，党代表即由各级党部选举的代表、中央委员与中央常务委员会核定的代表两部分共同组成。2005 年国民党"十七大"时，在此原则不变的情况下，又特别对青年、妇女及弱势团体者给予重视，并规定"青年、妇女及弱势团体党员当选名额不低于达标总额的 40%。"这与近年来现代西方政党党内民主的着力点基本一致。

"十三全"大会上，中央委员也首次采用党主席提名与代表联署推选两种方式并行的推选办法，由李登辉提名 180 名候选人，代表联署推选 180 名候选人，以 50% 的差额率，推选 180 名中央委员和 90 名中央候补委员。选举结果显示，国民党内少壮派力量崛起，而党内元老派则名次大跌，国民党

---

① 史卫民，《解读台湾选举》，北京：九州出版社，2007 年，第 49 页。

② 梁钦尧，《政治发展与政党转型：中国国民党民主化之研究》，台北：台湾大学政治研究所硕士论文，1990 年，第 97 页。

权力结构中"年轻化、知识化、本土化"的特征更为突出，"原中央委员仅73人，新近105人，更换率达3/5，……新一届中央委员平均年龄由上一届的69岁降为58岁，……新一届中常委的平均年龄由上一届的70岁降至63岁。从学历背景看，新一届中央委员中有大学以上学历的145人，占总数的80%；新一届中常委中有大学以上学历者的比例高达96.8%"①。"十四全"大会基本维持"十三全"的规定。"十五全"大会时，为了扩大党内民主参与，中央委员的名额扩大到230人，候补委员115人，均由代表大会选举产生。

在国民党中央委员全体会议闭会时，由中央常务委员会履行职责，对中央委员会负责。在"十三全"上，虽然规定是由中央委员会委员互相选举产生23—31名中央常务委员，但实际仍由党主席提名，再由中央委员会全体会议通过。中央委员互选中常委仅流于规定。"十四全"大会时，中央常务委员的产生方式首次变为党主席提名与开放竞选并行，即党主席提名15人，另外16人由代表们自由连署提名的方式产生。2000年国民党"十五全"临时会议，修改了中常委的产生办法，即中央常务委员会设置常务委员31人，由中央委员会委员互相票选产生，这是国民党首次开放中央委员会委员的全面竞争。"十五全"临时会议闭幕后，国民党立即召开四中"全会"，依新规定进行中常会的改组，产生新的中常委。

（三）公职人员提名制度

现代政党的生存与发展依赖于选民的支持，党内初选能够保证从政党内部选拔出具有竞争实力的候选人代表政党参加各项公职人员选举，党内初选扮演着"筛选"的功能。提名制度是进行党内初选的基本规则，通过政党提名可以使政党内部分歧得以协调妥协，达成共识。政党的提名可以由政党领袖和主要干部决定，也可以由具有公民投票权的党员通过选举投票决定，也可以是以上两种提名方式的混合。② 现代西方政党都拥有各自的提名制度，但其最终目的都是为了在选举中获胜，赢得选举是民主制中政党存续发展的根本保障。

2000年7月19日，根据前述"十五全"临时会议改造案的原则，国民

---

① 茅家琦、徐梁伯等，《中国国民党史》（下），厦门：鹭江出版社，2009年，第1195页。

② James W. Ceaser. *Presidential Selection*：*Theory and Development*. Princeton, N. J：PrincetonUniversity Press. 1979. pp213 –214.

党中常会通过了新的《中国国民党党员参加公职人员选举提名办法》，党内提名方式至此迈入了一个新的阶段，首次将民意调查纳入其正式的提名机制中，"党员投票"与"民意调查"各占50%的比重决定提名名单。2009年，国民党依据最新修正的《中国国民党党员参加公职人员选举提名办法》相关条例规定，"总统"候选人之提名，由中央委员会依据"党员投票"（占30%）与"民意调查"（占70%）的结果，决定提名名单，报请中常会核备后，提报"全国"代表大会通过。直辖市长、县市长、区域立委、直辖市市议员及县市议员候选人之提名，则由相关县市党部依据党员投票（占30%）与民意调查（占70%）的结果，对于现任者，"应同时参考其任内表现，并考虑地区特性及选情评估等因素，提出建议名单，报请中常会核定。"2012年的地区最高领导人及第八届区域"立委"选举提名，国民党将仍采取此一提名方式。但该《提名办法》也明确规定："为促进团结和谐，赢得选举，本办法各项选举经协调产生建议提名人选者，得不办理党员投票、党员意见反馈、干部评鉴获民意调查。"例如2011年4月，"立委"蒋孝严与罗淑蕾争取台北市中山区、松山区的第八届"立委"提名，双方即经协调后都同意采取100%"全民调"的方式，而不办理党员投票，以避免可能因代缴党费而违反"选罢法"的疑虑。

2000年以后国民党和民进党都先后将民意调查的结果纳入其正式的提名机制中，近年来民进党在一些重要提名中甚至采用全民调的方式，国民党内要求全民调的呼声愈演愈烈，这在西方民主国家（地区）中倒是未见先例。在现代欧美各民主国家中，民意调查的技术再进步，也顶多作为各政党提名时的参考，但无法反客为主地作为政党决定提名候选人选的正式且唯一依据。然而台湾两大党均不约而同地将民调纳入其正式的提名机制中，并且在提名决定上占了相当大的比重，这是台湾民主制严重的民粹化倾向，如果不能采取有效措施，很可能误入歧途，损害民主政治的发展。

国民党的党内提名办法从名义经过了由党中央"择优支持"到融合党员意见评议的"推荐提名、党员预选、地方建议"，最后发展到"民意导向"这样的过程。换句话说，就是由威权体制下政党领导决定的形式提名，到民主体制下不断加重民意诉求和程序民主分量的事实提名程序。政党生存的制度环境是对政党无形而有力的外在约束，民主选举迫使政党必须推选出具有民意基础和竞选能力的候选人，选举的成败对政党发展存续至关重要，兼具民意、能力和个人魅力的候选人才有可能赢得选举，类似指定、推荐这样的措施显然不能有效甄选出具有实力的候选人，引入民意调查和党内民主程序也就应运而生。党内提名的"民意导向"和程序民主是党内民主的重要特征，国民党至此开始真正实行党内民主。但令人惋惜的是，开启自由化后近十年，国民党在党内民主的问题上一直无所作为，直到失去政权才开始改变。

四、处理党产及党营事业

民主化之前，国民党选举经费和党务运转的资金主要来源于其雄厚的党产资源，也是其选战时的辅选利器。由于存在个人钱袋通党库、通国库，私下利益输送，使党产及党营事业成为滋生腐败的温床，一直饱受诟病和指责。国民党的党产主要源于三方面：一是，退台时从大陆带来的资产。据估计，"1949年国民党将中央银行227万两黄金和外汇（合计约10亿美元）先行抵运台湾，后来成为国民党稳定台湾金融之重大支柱。"[1] 国民党退台后实行党国威权体制，"国库"通"党库"，从大陆带走的资产顺理成章也就转换为国民党党产。二是，接收日本殖民台湾时期的财产。据统计，"自1945年10月至1947年2月国民党政府接受了原'台湾总督府'所属产业和日本私人财产、企业共110亿台币。自1947年3月至1950年12月，又接受了日本资本和台湾本地资本合资企业860个。"[2] 三是，威权统治时期所得，主要是通过成立一些投资或实业公司，并赋予它们垄断性经营地位，涉足众多领域，因此获得高额利润。国民党的党产分为动产和不动产两类：包括银行存款、有价证券、土地和房屋、美金公债、党务发展基金、党官事业。

在民主化过程中，岛内政治生态发生根本性的转变，民进党总在重大选举前或面临重大危机时，将国民党的党产一事作为话题"炒作"，唤起民众对国民党执政时"黑金"的恐惧。党产及党营事业已经成了国民党沉重的历史包袱，更被戏称为民进党的"选举提款机"和"危机减缓器"。2000年国民党选举失败，成为在野党。民进党上台执政后加速攻击国民党党产及党营事业的相关问题，并拟以不正当手段追讨党产。国民党此时才真正下决

---

① 张玉法，《中华民国史稿》，台北：联经出版事业公司，1998年，第509—510页。
② 徐滇庆，《政党及其经费来源——兼谈台湾的党营事业》，《当代中国研究》第三期，1995年，第22页。

心开始解决这一棘手问题。国民党以"透明化、效率化、信托化、公益化"为目标,在党务改造中清理和整顿党营事业,主要做法包括:第一,清查党产并对外公布。从 2000 年 6 月到 9 月,完成清查国民党所有土地、不动产,并将清查结果编制"财产目录",交由律师公会及会计师工会进行全面检视。第二,捐赠党产。国民党对执政时期由捐赠或转账拨用取得的土地及不动产,全部回赠原有机关。第三,完成党产信托。党产信托分为三阶段完成,第一阶段于 2001 年 3 月正式将党产的现金部分交付信托。第二、三阶段的信托项目分别是国民党不再使用的不动产和党营事业,但由于当时信托业没有接受"委托开发不动产"的先例而尚在商议之中。

2002 年 9 月,"行政院会议"在民进党主导下的通过了针对国民党的"政党法草案"和"政党不当取得财产处理条例草案","政党法草案"规定政党不得经营或投资营利事业,迫使国民党与党营事业、党营媒体、不动产等领域进行切割。"政党不当取得财产处理条例草案"规定除党费、竞选经费、补助金以及利息之外,其余财产将被列为"不当取得",以此来追讨清算国民党党产旧账。2002 年 9 月,国民党主席连战也宣布国民党今后不再经营营利事业。2002 年 10 月国民党宣布主动归还的 152 笔土地和房屋,公告现值七亿两千六百多元,并表示未来"中投"和"华夏"两大控股公司交付信托后,控股公司的投资项目自然一并在信托之列,其中包括"华夏"控股投资的党营媒体中央日报、中广和中视,也就是说国民党未来将全面退出媒体经营。由于岛内的信托业者一直没有对其接手,第二阶段的信托项目一直到 2009 才交付信托,股本新台币 180 亿元,净值约为 200 亿元,2010 年 6 月底前,完成公开标售作业,国民党正式告别党营事业的历史包袱。

继李登辉之后担任国民党主席的连战、马英九、吴伯雄都着手清理盘根错节的党产及党营事业,国民党曾宣誓于 2008 年底完成"党产归零",但因金融危机和相关官司起诉,被迫将最后期限改为 2011 年。所谓"党产归零"不是政党没有一点党产,而是作为政党不再具有经营性党产,即政党不得经商办企业等等。没有经营性党产并不意味着政党将没有运作的经费,只是政党运作经费的来源将发生改变。民主制下国民党运行所需要的经费不再由经营事业获利取得,而来自于党员的党费、政党补助、捐助等。在民主制下,政党依法注册成立的合法政党根据该党在议会中的席位的多少,由政府也会提供活动补助金。各界捐助是合法的,但收支必需透明,同时需要受到各政党以及民众媒体的监督。对党产及党营事业的处理，是国民党从威权政党走向现代民主政党的重要一步，国民党摆脱了这一沉重的历史包袱，是重塑政党形象的关键举措。

民主制下国民党生存环境与运作规则完全不同于威权时期，它需要与反对党竞争、受舆论民众的监督、有限资源下保证政党运作等等，外在制度与环境规约国民党的行为方式，迫使它尽快丢掉威权统治带来的各种历史包袱，加快党内民主，通过党内民主提名与选举制度，有助于调和平息党内分歧矛盾，推选出有实力的候选人，在与反对党的竞争中赢得选举。2000年下台后国民党一系列政党革新措施表明它已经开始真正迈向现代民主政党。

2008年3月第十二届台湾地区领导人选举结果显示，民进党候选人谢长廷、苏贞昌获得42%的选票，国民党候选人马英九、萧万长获得58%的选票①。国民党赢得选举，再次夺回执政权。国民党的得票率不仅超越了李登辉在1996年大选时获胜的54%的差距，更逼近2000年连战和宋楚瑜的得票总和，是台湾民主化以来最大差距的选举结果，为国民党执政提供了充分的民意支持和合法性基础。2008年台湾地区领导人选举表明台湾地区已经顺利经历第二次政党轮替，这符合亨廷顿提出的民主巩固的基本条件，意味着台湾地区政治体制日益走向成熟。国民党通过民主制度获得政权与统治的合法性，标志着国民党已经从威权政党走向现代民主政党。

---

① "行政院中央选举委员会"网站，http://db.cec.gov.tw/

结　　论

　　中国国民党在台湾政治转型的过程中完成了从威权政党向民主政党的转变，展现出其政党演变的最佳轨迹，即政党推动政治民主化改革，并成长为民主制中的重要政治力量。国民党从威权政党转型为现代民主政党的案例中，我们至少可以得出以下结论。

　　一、意识形态的现代性是中国国民党政党走向民主的隐性基因。三民主义意识形态的现代性与实际国民党统治间的张力有助于形成制度上有限多元主义，有限多元主义的制度安排成为民主化的生长点。

　　二、民主化之前，中国国民党拥有自身变革与政体变革的双重渠道对外部变化与挑战作以回应、适应。中国国民党面对政治转型的压力时，主动开启政治改革，使其拥有政改的主导权与主动权，进而使自身长期处于变革的支配地位。居于变革的支配地位就能够充分利用执政绩效、优势资源和地位，控制民主化进程，主导制定易于自身的规则制度，为其在民主制中的存续与发展奠定基础，国民党正是享有这一支配地位并充分利用其优势，才不致在民主化中沉沦。

　　三、经历民主制中的政党轮替是国民党走向民主政党的重要标志。政治转型完成后，政党面临的最大考验就是在民主选举中的挫败。但政党轮替是民主制的应有之义，民主制中的政党都可能面临成为在野党的困境。不能单以一两次选举成败来考量与评价国民党在民主制下的存续能力，更要关注政党能否经受住政党轮替的考验，能否通过选举再次执政，能否成为政党政治中的重要力量。

　　四、国民党在外部民主制度与环境的约束下进行党内民主化改革。当国民党被置于民主体制中，外在制度环境会形塑其政党的政治行为，为了生存发展，国民党只用通过自身变革来适应台湾民主政治，才可能在台湾民主制中存续。

　　转型后国民党仍然面临诸多严峻挑战。国民党推动下的台湾政治转型被誉为"宁静革命"，与其他新兴民主国家（地区）相比，比较平顺，付出的社会成本也相对较低，对社会经济发展的冲击有限，保持了政治秩序的连贯性。但这也意味着对威权统治的"清算"并不彻底。民主化中，国民党与反对势力共同分享改革成果，是协商也是"分赃"，因此反对势力过早失去了深化民主改革的动力，威权统治的遗毒也并没有彻底清除。民主选举又带来了"蓝绿恶斗"，严重损害了台湾民主质量，扭曲变形的民主导致政治内耗不断。政党恶斗、民粹主义、媒体恶性竞争等都正在台湾民主制中发酵，更是未来台湾民主政治需要正视和解决的问题。

马英九执政后将国民党定位为"选举机器"，意图将其打造为现代欧美主要政党模式，即弱化中央党部，其职责只是选战中作好辅选，对地方党部的不予重视。但台湾选举的现实情况是地方色彩浓厚，政党需要发挥地方党部的作用，将其触角一直延伸到基层，与地方形成紧密联系。否则选举挫败在所难免。

过去一两年岛内政治社会环境发生重大变化，以"太阳花学运"的爆发为标志新生代力量的崛起，而国民党内基本没有能够迎合年轻一代选民的有力候选人。这是国民党在后马英九时代亟待解决的问题。台湾民主制已经确立近20年，民主制下国民党对外部变化的反应理应更为灵敏，变革更为有效迅速，如果能做到这一点，国民党未来仍将是台湾政党政治中的中坚力量。

附　录

台湾政治转型中蒋经国的
民主思想与善治抉择

20 世纪 80 年代，台湾在国民党高层自觉主导和有序推动下进行了较为成功的一次政治转型。不可否认，蒋经国扮演了开启这一转型的重要角色。当然这也可以理解为，是蒋经国基于维护国民党执政地位所作出的理性策略选择。但是，还应该承认蒋经国个人的民主理念和善治抉择更是台湾和平转型的重要因素和变量。

蒋经国深受中国传统文化熏陶，在"五四爱国主义精神"鼓舞下，因缘际会在苏联学习生活 12 年之久，体验了斯大林的集权统治，感受了俄国民粹党深入基层的情节。中年回国以后，国民党在大陆执政，奉行孙中山的"三民主义"，他又经历了国共合作的抗日战争和两党争斗的内战。败退台湾后，面对严峻的国际环境和立足台湾的现实需求，两蒋父子积极应对，扎根台湾本土，推动经济发展。蒋介石去世以后，掌握权柄的蒋经国，在时代变迁中顺应历史潮流，体认民意，依靠政治智慧换取社会容错空间，最终选择民主制度，开放党禁报禁，开辟了台湾政治民主化的道路。

一、认同西方民主理念，推行宪政民主

1. 认同西方民主理念和制度要素

对于西方制度文明框架下的自由、民主、法治等价值理念，东方社会长期以来处于被动接受的地位，或者怀疑，或者排斥，喜欢推行自己所谓独特的价值体系和制度模式。因而，造成东方社会一些国家（地区）在迈向现代化道路上裹足不前，艰难徘徊。蒋经国个人虽深受东方传统文化的影响，但他对"民主"的价值理念却是认可的。他认为，"民主自由的政治制度与安居乐业的生活方式毕竟是人类的共同愿望"[①]。作为领导人，蒋经国同样

---

① 《蒋经国先生全集》（第十一册），台北："行政院新闻局"，1992 年，第 426 页。

明白，"民主对极权、自由对奴役、人性对兽性的斗争，在经历一阵低潮迷雾的回荡之后，也更有拨云见日、激浊扬清的一天！"① 在这样的认识下，他坚信"实践三民主义，力行民主宪政，乃是国家建设的唯一康庄大道。"②

　　蒋经国不仅充分肯定自由民主价值理念的积极意义，还对民主的制度框架予以认同和赞赏，他认为，"民主政治之所以可贵，就在于有一个宪政的体制、议会的构架和法治规范，让大家就大家的事，用合法、合理，并为民众所接受的方式和途径，开诚布公、协调沟通。在多数尊重少数、少数服从多数的规则下，综合不同的意见，相互容忍，解决问题。"③ "因为我们的政府是民主政府，除了军事、外交的机密案件外，其余无不可公开的。"④ "民主宪政的积极贯彻，更是从实施地方自治来入手。"⑤ 透过蒋经国对民主的论述，可以看出只要承认民主的价值理念，在制度设计上就很难离开权力分治、选举、出版言论自由、法治社会、地方自治这些民主制度的要素。无论威权时代还是开启政治转型，这些民主制度要素在台湾都能觅其影踪，与西方民主政治"并无二致"。

　　蒋经国能够站在历史的、世界的角度来看待台湾地区民主发展的长期性与艰巨性，"就历史观点而言，民主政治在西方国家的发展，经历了数世纪的成长过程。譬如，英国自1215年发表《大宪章》以来，即在进行民主化运动，美国也经过二百年的民主经验。因此，以中华民国与这些民主先进国家相比，我们现代民主政治发展的步调不缓慢，因为中国从1911年革命实施共和以来，迄今才不过71年。"⑥ 蒋经国不仅能够体认民主发展的长期性和艰巨性，而且他对民主政治也提出了更高的要求，把民主作为一种精神信念，而非某种政治投机的手段和幌子。他认为，"民主宪政不只是一种现代化的功能，而且是一种精神上的信念。"⑦ "民主是渐进的，不是冒进的；是培育的，不是移植的；必须适于国情，在自己的土壤生根成长。"⑧ 由此可见，蒋经国认同西方民主理念，对民主的制度安排与西方民主理论并无太大

① 《蒋经国先生全集》（第十一册），台北："行政院新闻局"，1992年，第203页。
② 《蒋经国先生全集》（第十二册），台北："行政院新闻局"，1992年，第201页。
③ 《蒋经国先生全集》（第十五册），台北："行政院新闻局"，1992年，第218页。
④ 《蒋经国先生言论精选集》，台北：经国先生文化经济协进会，2008年，第15页。
⑤ 《蒋经国先生全集》（第十二册），台北："行政院新闻局"，1992年，第169页。
⑥ 《蒋经国先生全集》（第十五册），台北："行政院新闻局"，1992年，第64页。
⑦ 《蒋经国先生全集》（第十二册），台北："行政院新闻局"，1992年，第171页。
⑧ 《蒋经国先生全集》（第十二册），台北："行政院新闻局"，1992年，第159页。

分歧，并能充分体认民主发展过程的漫长艰辛，特别强调民主不能作为政治的调味剂，是一种实实在在的精神信念。蒋经国的民主信念为有序推动台湾政治民主化做好了思想理论准备，从一个侧面回应了蒋经国对台湾政治改革是"对外仓惶应对"的这种解读。

2. 力图把西方民主理念与中国传统文化有机结合

蒋经国认为西方民主理念只有与中国传统文化进行整合，才能真正推行本土民主化进程。他认为孙中山"三民主义"宪政民主扎根于中国传统文化，他说，"三民主义五权宪法的实观，是国父融合中西人文思想的精华所独创的政治体制。也是我们立国与施政的根本。"① "三民主义宪政，乃是根据中国文化一向即有的民本思想，要将伦理与科学相结合、伦理与民主相结合的传统精神，化为现代的民主制度，使道德、理性、法治同得重视，将中国文化的王道，使之现代化，而开出复国建国的新气象。"② 在蒋经国看来，西方民主理念与中国传统文化的民本思想是相融合的，这就为民主宪政在本土扎根找到了契合点。不仅如此，蒋经国还认为中国传统文化中"官要为民谋福祉"思想与西方民主制度中"对人民负责"的理念有异曲同工之意。

蒋经国常说，"今天的革新措施，不是为了一党之私，更不是为了个人利益；而是要以'向国家负责，向历史交代'的态度，更为全体人民的生活福祉，谋求更大的增进，为国家民族的前途再创新机"。③ "一切作为，要向全民负责，要为国家的治乱负责，也就是要对历史负责。凡以决定要做的以及肯定对国家民众有益而应做的，必须全力贯彻执行，以求对民众有所交代。"④ 蒋经国认为西方民主制度是利于民众的优越制度，可以让人民享受权力和利益，可以使"国家"发展不断向好。正是基于以上原因，蒋经国在推动台湾政治转型时，所推出的各项政治举措都坚守一个共同的出发点，就是一切为人民谋福祉。特别是，具有浓厚平民意识和草根情节的蒋经国，常常能够为中下层民众着想，深入基层，体察民间疾苦，使台湾在富裕之后仍然保持着很低贫富差距。这正是蒋经国能够把西方民主理念根植于台湾本土，融合东西方文化的一个重要成果。

蒋经国在台湾和平转型中始终推动西方民主理念与中国传统文化相融

---

① 《蒋经国先生全集》（第十五册），台北："行政院新闻局"，1992年，第124页。
② 《蒋经国先生全集》（第十二册），台北："行政院新闻局"，1992年，第158页。
③ 《蒋经国先生全集》（第十二册），台北："行政院新闻局"，1992年，第582页。
④ 《蒋经国先生全集》（第十五册），台北："行政院新闻局"，1992年，第218页。

合，不仅自觉接纳和推广西方民主理念，同时更加注重把西方民主理念同中国传统文化有机结合，让传统文化自然而然地被整合在主流文化之下。

3. 建立以三民主义为核心的民主宪政体系

1982 年 10 月 10 日，法国《费加罗》杂志总编辑季欧向蒋经国提问："何为三民主义?"蒋经国回答时说："简而言之，三民主义的精神与内涵与十八世纪贵国革命时期的'自由、平等、博爱'之口号，及美国林肯总统所揭示'民有、民治、民享'的理想相似，一面在求中国之自由民主，一面促进世界和平幸福，符合中国人民一致愿望。"[1] 台湾践行民主的实践是以孙中山的"三民主义"为思想基础，"三民主义"作为一种现代的政治理念，本身就体现了自由平等、主权在民、宪法保证、议会制、分权制衡、政党政治的民主政治要素，与西方民主政治并无二致。

而蒋经国对"三民主义"民主宪政的诠释，集中体现在两个方面：一是，从人民利益的角度出发，"中华民国是基于三民主义为民有民治民享之民主共和国，也就是说，中华民国之主权，属于全体国民，人民的各种自由权利，依宪法都有保障。"[2] 在蒋经国看来，只有依据三民主义的民主宪政，才能解决中国的根本问题。另一方面，他强调"中华民国"实施民主宪政的历史延续性和继承性。蒋经国经常通过追忆孙中山和蒋介石为"中华民国"追求民主宪政所做的历史贡献，回顾"中华民国"民主宪政的发展历史，以此论证从孙中山到他本人坚守民主理念是一脉相承的，从而对台湾推行宪政民主进行追根溯源，以达到正本清源的目的。

对于国民党退台后，颁布"动员戡乱时期临时条款"，推行了近四十的党国体制，人们颇有异议。蒋经国对此也有自己的认识，他认为"民主政治的精义在于透过人民政治的参与促使政府成为一个负责人、对民意趋向有反应的政府，与政党的多寡并无绝对的关联。"[3] 他深知民主政治的要意在于人民参与，权力监督。但受当时历史环境和世界格局的影响，不得不对颁布"临时条款"，对党外势和异议人士作出某种限制，由此所产生的政治缺陷，以求通过基层选举、增选"中央"民意代表等措施来弥补。同时，他能够积极回应民意、柔性处理党外运动，在保证台湾地区安全的前提下，力

---

① 《蒋经国先生全集》（第十五册），台北："行政院新闻局"，1992 年，第 20 页。
② 《蒋经国先生全集》（第十四册），台北："行政院新闻局"，1992 年，第 164 页。
③ 《蒋经国先生全集》（第十五册），台北："行政院新闻局"，1992 年，第 65 页。

图使民众充分享有公民权利。在条件成熟以后，蒋经国果敢的宣布"解严"，全面实施"中华民国宪法"，使台湾地区真正走上民主宪政的道路。

二、自觉推动民主化进程，积极回应民意诉求

1. 对民主选举的认同

投票选举是民主政治的一个重要特征。蒋经国治下的台湾威权社会一直存在有限"中央"层级选举和地方自治，国民党作为执政党控制了各种资源，在选举竞争中自然处于优势地位。但"竞争"赋予选举以实质性的意义。在对"选举"的认知上，蒋经国与西方民主理论是一致的。

首先，他认为选举的前提应该是公平、公开、公正的，"透过公平、公开、公正的选举，乃是走上现代民主政治常规的必经之途。"① 尤其作为执政党，更应该"本着至公、至正的胸襟、开明、开放的心怀，来为良好的政党政治迈开大步"。② 其次，蒋经国明白选举对于民主政治有重要意义。他说，"选举是通往民主政治的必经之路，选举也是衡量民主政治的最佳尺度。"③"选举是民主的实现，民主的进步必须透过选举。"④ 是否能够实现普选，是否能够搞好普选都是衡量民主政治成熟与否的重要标志。此外，在蒋经国看来，选举的目的绝不是为一己、一党私利，而是要选出真正为人民负责的人，是选拔人才的重要途径。他认为，"参加竞选时唯一目的，乃是为国为民服务作奉献；参加投票的唯一任务，乃是为国选贤与能。唯有如此，才能符合民主政治的真义。"⑤ 威权政体下执政党主动开放选举层级，从地方到中央都需要与党外人士在选票上竞争，这本就是一件艰难的事，需要执政党对民主政治价值有充分了解和认同。在与党外势力的竞争也要求执政党自身要提高执政能力，努力赢得民心，赢得选票。

当然，蒋经国也考虑到选举可能存在的问题，他多次强调，"在竞选过程中，尤应率先遵循政府法令，树立清明的选风，以为民众的表率。但一切辅选工作，必须严守在法律规定的范围内进行，不得有丝毫的偏差。"⑥ "选

---

① 《蒋经国先生全集》（第十一册），台北："行政院新闻局"，1992 年，第 623 页。
② 《蒋经国先生全集》（第十一册），台北："行政院新闻局"，1992 年，第 623 页。
③ 《蒋经国先生全集》（第十四册），台北："行政院新闻局"，1992 年，第 532 页。
④ 《蒋经国先生全集》（第二十册），台北："行政院新闻局"，1992 年，第 44 页。
⑤ 《蒋经国先生全集》（第十四册），台北："行政院新闻局"，1992 年，第 503 页。
⑥ 《蒋经国先生全集》（第十四册），台北："行政院新闻局"，1992 年，第 569 页。

举虽然只是实施民主政治步骤中的一环，但无疑是最重要的一环。因之，办好选举是任何民主国家首先重视的大事，而干净纯洁的选举风气，更是任何选举的必须要求。"① 蒋经国能够体认到此，足以说明他对民主选举有充分认识，对选举可能给国民党带来的冲击也有所准备，但这些都不能改变他推动政治转型决心，选举绝不是他政治转型中的幌子和摆设。

2. 实施地方自治和"中央"名意代表增额选举

国民党退台后，在总结大陆失败经验教训的基础上，扎根台湾本土，在基层推行民主选举。除了冻结"国会"部门以及个别省市长外，所有地方公职，从省议员到县市议员、乡镇市民代表，从县市长到乡镇长、村里长，全部开放选举，实行地方自治。台湾在"戒严"时期，开放地方层级的选举在一定程度上构成了对国民党威权体制的挑战，对其的执政能力也提出更高要求。但是，实行基层普选可以有效吸纳地方精英进入"体制内"，也有利于培养民众的民主意识，形成初步的选举文化，为更高层级的开放选举打下坚实的基础。

国民党退台后，一直冻结"中央"层级选举，由于"中央民代"不改选而产生的代表性不足的问题，不可能让本地人满意。同时，"议员"不改选也带来严重老龄化问题。为回应民间提出的"国会"全面改选的诉求，蒋经国主政后，主动采取了有限度的"中央民意代表"增额选举。始于1972 年的增额选举，形式上是对选民整体诉求的一种回应，这样做有助于"缓和维持国民党政权'法统'地位所产生的代表性矛盾"②，也是台湾政治参与扩大、民主政治向前迈进的标志。

增额选举为反对势力迈向上层统治提供了合法管道，为政治转型打开了缺口。蒋经国认为，"增额中央民意代表选举的扩增名额，将有助于强化中央民意机关功能，适应政治发展的需要。如果在民主的扩大中提高政治的安定，同时在政治的安定中增进民主制度的利益，必可加速实现我们宪法所示民有、民治、民享的理想境界。"③ 蒋经国能够顺应时代变局，回应人民诉求，显示了"政府一贯推行民主宪政的决心，并实践在民主政治中必须履

① 《蒋经国先生全集》（第十四册），台北："行政院新闻局"，1992 年，第 542 页。
② 孙代尧：《台湾威权体制及其转型研究》，北京：中国社会科学出版社，2003 年，第 215 页。
③ 《蒋经国先生全集》（第十四册），台北："行政院新闻局"，1992 年，第 503—504 页。

行的一项庄严的责任"。① 完成了台湾民主政治上具有历史意义的一件大事。

3. 启动台湾政治转型

分析台湾政治转型，在蒋经国时代开启并完成了台湾政治自由化进程，在 1996 年的后蒋经国时代台湾举行了第一次"总统直选"，以此标志着台湾政治转型的完成。通观台湾政治转型的过程，蒋经国个人在这其中发挥了巨大作用，主要体现在对政治反对派最大程度的容忍以及开放党禁报禁。1986 年 9 月 28 日，党外人士在台北圆山饭店宣布成立民主进步党。在国民党"戒严"和党禁的封锁之下，台湾第一个反对党出世。蒋经国在得知这个消息后，1986 年 10 月 5 日，在国民党中常会发表了重要讲话，他说道，"时代在变、环境在变，潮流也在变；因应这些变迁，本党必须以新的观念、新的做法，在民主宪政体制的基础上，推动革新措施。唯有如此，才能与时代潮流相结合，才能与民众永远在一起。"② 当时警备总部已经准备了一份抓人名单，蒋经国却告诫他们；"抓人解决不了问题，……政府应该避免冲突，保持镇定。"③ 同时他指示相关部门起草一份公开声明说，组织新政党的问题已经在研究中，尚待作出决定。民进党成立之后，因当局不予承认，但是也不加以取缔，所以党外人士在 1986 年底的增额"中央民意代表"竞选活动中，开始正式使用民进党的名称。投票结果揭晓，民进党有11 名候选人当选"国大代表"；12 名候选人当选"立法委员"。这是台湾选举史上，第一次有正式的反对党人士，以政党身份进入"中央民意"机关，标志实际意义的党禁已被开放。

蒋经国面对党外运动的冲击，不断调整策略步骤，但唯一不变的是他坚持民主改革的决心。1986 年 11 月 10 日，民进党第一次代表大会如期举行。半年之后，国民党宣布"解严"，继民进党以后宣告成立或筹组的新政党有20 多个。同时，在蒋经国指示下台湾"新闻局"宣布，自 1988 年 1 月 1 日起解除报禁，取消对民众办报的限制，给言论自由带来新的生机，而在这时，蒋经国本人却走到了生命的尽头，于 1988 年 1 月 13 日去世。一年后，"立法院"通过"动员戡乱时期人民团体法"，各政治团体均得以依法自由成立，并从事选举等自由活动。七年之后的 1996 年，台湾进行了第一次

① 《蒋经国先生全集》（第十四册），台北："行政院新闻局"，1992 年，第 503 页。
② 《蒋经国先生全集》第 20 册，台北："行政院新闻局"，1991 年 12 月，第 36—37 页。
③ ［美］陶涵（Jay Taylor）著，林天贵译：《台湾现代化的推手——蒋经国传》，台北：时报文化出版企业有限股份公司，2000 年，第 468 页。

"总统"选举，完成民主转型，堪称后发现代化国家迈向民主政治的成功典范。

三、主动换取容错空间，渐进有序推动改革

1. 以最大容忍和克制来包容政治改革

在民主政治中，"忍耐""包容"是最为精要的政治哲学，在政治转型过程中，"忍耐""包容"就更加重要而难能可贵。蒋经国的民主思想和民主实践可以为此作出最好的诠释：他深知"民主政治的最可贵处在于容忍"①。他曾回忆说，"在我上一次就任总统职位时，有一位花莲民众，送我一块近似天然的石头，上面显现着一个'忍'字，也就是'心'字上加个'刀'字的'忍'字，这块石头现在还陈列在我办公室座右，让我时刻看到，发人深省。"② 无论是面对党外运动的不断高涨，还是应对街头种种的政治冲突，蒋经国都显示出最大程度的容忍，他的每一次容忍都无形中把台湾民主政治向前推进一步，即使这是一小步，每一小步的前进最后汇集成台湾威权体制成功转型一大步。当时，很多党内元老不能理解蒋经国对党外人士的"容忍"，他告诫身边的人："或许有人认为，政府在处理某些问题上显得软弱，但是为了达成国家更大目标，我们不能轻重倒置，因小失大。"③ 蒋经国多次强调，"党与政府都不必怕批评，有批评才有进步，所以，被批评者要有容忍的风度，而提出批评的，尤应诉诸理性与冷静。"④ 由此可见，这不仅是民众对蒋经国的深切期待，也是处于变革中政治领袖应有的担当和胸怀。

事实上，蒋经国掌权以后，对党外异议人士一直保持着最大限度的容忍。1972 年 12 月选举前夕，一百多名党外政治人物在台北某饭店聚会，呼吁修改"选举罢免法"。"这是党外人士 1960 年以来首度正式集会。"⑤ 康宁祥带头主张候选人有权在每个投（开）票所派监票员，以及自办政见发表会。蒋经国不断接到报告，详述党外候选人挑拨性质集会的言行，并建议应

① 《蒋经国先生全集》（第十一册），台北："行政院新闻局"，1992 年，第 624 页。
② 《蒋经国先生全集》（第十五册），台北："行政院新闻局"，1992 年，第 116 页。
③ 《蒋经国先生全集》（第十五册），台北："行政院新闻局"，1992 年，第 181 页。
④ 《蒋经国先生全集》（第十四册），台北："行政院新闻局"，1992 年，第 319 页。
⑤ ［美］陶涵（Jay Taylor）著，林添贵译：《台湾现代化的推手——蒋经国传》，台北：时报文化出版企业有限股份公司，2000 年，第 341 页。

该惩办几个人。但蒋经国没有理会这些报告。① 1973 年 12 月，《大学杂志》刊登了一篇文章，要求国民党开放党禁，准许成立反对党，之后其总编辑受到压力，辞去总编一职。"在蒋经国的主动延揽下，与《大学杂志》有关联的几位年轻学者，大部分都是外省人，受邀进入当局及党部工作，保证他们可在体制内促进改革。"②

1977 年"中坜事件"中，面对难以控制的局面，警界请示蒋经国如何处置。时任"行政院长"的蒋经国召集官员开会，"有人建议派国军部队恢复秩序；镇压警察已在现场，警备总部有个单位也在附近。蒋院长宣示，"'我们不用军队。'"③ 类似这样的指示，在 1979 年"高雄事件"中也同样出现了，"蒋经国重申他的指示：在民众骚乱时，警察必须打不还手、骂不还口。派到现场的宪兵也不携带武器。"④ "暴徒没人遭受宪警的主动反击，反而是维持现场秩序的宪警大量受伤送医。"⑤ 后来群众滋扰、街头暴力等类似事件也不断发生，蒋经国完全有可能去排除和镇压异议人士，延续其父亲的独裁统治，然而他没有，他选择用最大的克制和容忍来对待不同声音，以怀柔策略处之。这不仅是蒋经国的领导艺术，更可以看出台湾政治改革绝不是对外的仓皇应对，而是蒋经国有远见有决心的诚心推动。

即使到后来，民主进步党在"戒严"状态下宣布成立，蒋经国仍然采取克制态度，并且表示，"此时此地，不能以愤怒的态度，轻率采取激烈的行动，引起社会的不安。应采取温和态度，以人民、国家安定为念，处理事情。"⑥ 在台湾政治转型过程中，蒋经国合理适时的容忍党外反对人士，这不仅是政治改革必要的润滑剂，更是民主政治的重要体现。同时，不断的街头政治冲突能够对广大民众的民主理念起到良好的教育和普及作用，也为国民党树立起开怀包容的政党新形象。

---

① ［美］陶涵（Jay Taylor）著，林天贵译：《台湾现代化的推手——蒋经国传》，台北：时报文化出版企业有限股份公司，2000 年，第 341 页。

② ［美］陶涵（Jay Taylor）著，林天贵译：《台湾现代化的推手——蒋经国传》，台北：时报文化出版企业有限股份公司，2000 年，第 342 页。

③ ［美］陶涵（Jay Taylor）著，林天贵译：《台湾现代化的推手——蒋经国传》，台北：时报文化出版企业有限股份公司，2000 年，第 362 页。

④ ［美］陶涵（Jay Taylor）著，林天贵译：《台湾现代化的推手——蒋经国传》，台北：时报文化出版企业有限股份公司，2000 年，第 386 页。

⑤ 王丰，《回看百年蒋经国》，《南方人物周刊》，2009 年 4 月 27 日，第 28 页。

⑥ 《蒋经国先生全集》（第二十册），台北："行政院新闻局"，1992 年，第 229 页。

2. 以地区安全为底线的改革取向

对于蒋经国从 1972 年接任"行政院长"到去世，近二十年时间中，为何要到生命弥留之际才开启自由化进程的质疑，蒋经国秘书漆高儒剖析得很深刻，他认为蒋经国受美式民主的影响很大，深知民主政治是衡量社会文明和进步的重要尺度，在当时蒋经国不能讲，"因为他的父亲还健在，没有置喙的余地。况且中华民国在台湾，生存列为首要任务，存在即是胜利。一切筹谋作为，都是使台湾的安全列为急切之举。在不安全时，当然要戒严，戒严便会使民主自由受到干扰。"① 必须承认蒋介石在世，蒋经国还没掌握绝对权力，台湾政治民主化条件还不成熟的时候，蒋经国都不可能公开宣扬他的民主理念，必须要以台湾的生存为首要任务。

即使是蒋经国全面执掌权力以后，推行政治改革的底线也是以确保台湾地区安全为前提。因为蒋经国深刻认识到，"政治自由与国家安全一直是我们同等重视的目标。因为我们认为这两者是相辅相成的。有了政治自由，人民才会珍惜其努力的成果，……所以政治自由正是国家安全最佳的屏障；另一方面，唯有在国家安全得以确保的情况下，人民才能享受自由的生活，这正是我们制定国家安全法之目的，得以兼顾政治自由及国家安全。"② 在政治朝着更为开放、民主、多元的方向发展过程中，势必会带来台湾社会不同利益、不同声音的博弈和碰撞，有时甚至是激烈冲突。

保证台湾地区内部安定、外部安全才能使政治改革顺利进行，也才能使地方安全和民众安危不受侵害。对此，蒋经国反复强调，"推进民主宪政与维护国家安全必须受到同等的重视，两者相辅相成，并且皆以厉行法治为基础。唯有尊重制度和法律，民主宪政才能历久不渝，这也是政府制定国家安全法的精神所在。"③ 正是基于蒋经国的这种改革价值取向，台湾政治转型始终是在保证地方安全的前提下，有序稳步的向前推进。

3. 有效控制改革节奏的科学方法

政治改革方法与步骤的运用与安排直接影响着改革成功与否，是和平转型还是流血牺牲，这都直接关系到改革付出的代价。改革过急，往往不能控制局面，改革迟缓，错过最佳时机；用错一人，可能满盘皆输，走错一步，

① 漆高儒：《蒋经国评传——我是台湾人》，台北：中正书局，1998 年，第 294 页。
② 《蒋经国先生言论精选集》，台北：经国先生文化经济协进会，2008 年，第 73—74 页。
③ 《蒋经国先生全集》（第十五册），台北："行政院新闻局"，1992 年，第 233 页。

可能前功尽弃。台湾政治转型可以说是改革步骤与方法成功的典范。

　　蒋经国能够有效控制改革节奏，对改革的方法和步骤有清晰的认识，他说道"'革新'必须是前瞻性的、是突破性的，但也必须是承先启后的、是继往开来的。因之，在一切革新措施中，唯有把握住确保国家安全和宪政体制的最高原则，务本务实，才能在进步与发展的过程中，不致偏失，才能达到革新的效果。"① 蒋经国还认为，"改革的步子一定不断前进，但为了确保改革的成果，也一定要走稳。"② "今天有很多事，急是急不得，慢也慢不得，因为这并不是我们为所欲为的时候，也不是我们干个痛快，来刺激一下的时候，而需要大家负起责任同济艰难。事情遇到紧要关头，需要快刀斩乱麻的立下决心，但有时候也要像老母鸡孵卵一样的深有耐心。"③ 透过这些既细致入微又掷地有声的话语，可以反观蒋经国对台湾政治改革是从整体上、从长远发展上进行考虑和安排的。在蒋经国看来，改革必须是循序渐进的，在改革的过程中也要综合运用先易后难、重点突出、主体带动周边等策略。对待改革困境，要有耐心更要有信心，认准是正确无误的事，无论承受多大压力，面对多大困难都一定要锲而不舍的坚持做下去。台湾没有因为政治改革而延误经济社会的发展，更没有以优先发展经济为借口而延迟政治改革。当经济高速增长，民众生活水平到达一定程度之后，蒋经国就开始启动政治转型。

---

① 《蒋经国先生全集》（第十二册），台北："行政院新闻局"，1992 年，第 582 页。
② 《蒋经国先生全集》（第十五册），台北："行政院新闻局"，1992 年，第 232 页。
③ 《蒋经国先生言论精选集》，台北：经国先生文化经济协进会，2008 年，第 110 页。

台湾民主化时期李登辉的改革策略及其问题

1988 年，蒋经国开启台湾自由化改革后不久与世长辞。李登辉作为蒋经国的继任者，弱势接班，但他精于策略运用，利用国民党派系斗争、党外反对势力以及不断高涨的社会运动等多方力量，聚拢权力，借力打力，较快的完成了台湾民主改革，被美国《时代周刊》称为"民主先生"。然而，无论在国民党内还是在台湾本土，李登辉无疑是一位备受争议的政治人物。他的支持者认为他是"台湾之父"，他的批评者认为，他不但背叛了国民党，而且造成社会和国家分裂。客观理性回溯台湾民主化进程，应该承认，李登辉时代台湾政治真正走向民主，形成其民主政治的基本格局和体制架构，李登辉为台湾民主政治作出贡献的同时，也给其带来了沉重负担，如族群矛盾、"台独"意图、黑金政治等，至今依旧影响台湾政治和社会的发展。

一、李登辉进入政坛与弱势接班

1923 年，李登辉出生于台北郊外淡水郡（今新北市三芝区）的小康家庭，成长于日据时代的台湾，其基础教育深受日本文化的影响，"皇民化"时期他曾经改名为岩里政男。1943 年，他从台北高等学校毕业，前往日本东京都帝国大学，就读农业经济学系。大学期间偏好马克思恩格斯的书籍，认真研读过《资本论》等马克思经典著作。1946 年转学进入台湾大学农业经济系就读，并于 1949 年毕业留校任教。

此后，中年李登辉两度赴美留学。1952 年，他首次赴美攻读硕士学位，次年取得硕士学位，返台后担任"台湾省"农林厅技士及经济分析股股长，同时在台湾大学兼任讲师工作。之后他又陆续在合作金库以及"农复会"就职长达 12 年之久，主要从事研究性工作。1965 年，他再次赴美国康奈尔大学攻读博士学位。1968 年，取得农业经济学的博士学位。他的博士论文①

---

① 题目为《Intersectional Capital Flows in the Economic Development of Taiwan, 1895—1960》，并于 1971 年由康大出版社（Cornell University Press）出版。

获美国农学会全美杰出论文奖。至此他的学术生涯达到巅峰。两度赴美留学的经历使其深受美国社会价值文化和基督教信仰的影响。取得博士学位返台后，他被聘为台湾大学教授兼农复会技正。[①]

此时的李登辉与台湾政治没有任何关联。随着蒋经国的接班，国民党推行"本土化""年轻化"的政策，1971 年李登辉加入国民党，开始进入政坛。回看李登辉的仕途，可谓"火箭提拔"：1972 年由"行政院政务委员"起步，1978 年任台北市长，1981 年任"台湾省"主席，1984 年任"副总统"。从加入国民党到就任"副总统"，李登辉只用 13 年的时间就到达权力顶峰。即使李登辉再有能力，这一晋升速度在威权体制中也很不寻常，而这一切都与蒋经国的器重和关照密不可分。

对蒋经国个人而言，1972 年开始主政"行政院"，在权力交接后需要拥有自己的力量来稳固政权和推行政策。从 70 年代开始，国民党实施"本土化""年轻化"政策，启用了一批具有台籍背景的青年才俊。1978 年，蒋经国就曾任用台籍的谢东闵担任"副总统"，1984 年选用李登辉可以认为是其用人策略的延续。就李登辉个人特质而言，蒋经国在世期间，他都表现的相当低调谦逊，也正是这种作派深得蒋经国的喜欢。李登辉从任"政务委员"起，"就从不在公众场合张扬自己，但暗中不断向蒋经国提供'农业调研报告'"[②]。据李登辉的入党介绍人，曾任"监察院院长"的王作荣回忆说，"李登辉谨守分际、不露声色地逐步迈入权力核心，以如履薄冰形容，丝毫不为过。他对国民党政权的疏离，并未因为得权势而有所不同，至多埋得更深罢了。[③] 李登辉自己也曾有这样的描述，他每次和蒋经国谈话都做笔记，并仔细揣摩思考，他说他是蒋经国学校的学生，每次和蒋经国见面总是正襟危坐。[④] 在国民党内交错复杂的派系格局中，李登辉不属于任何派系，没有自己的班底，反倒成为让蒋经国十分看重的地方。

1988 年 1 月 13 日，蒋经国过世，李登辉依据"宪法"继任台湾地区领

①　根据以下参考资料整理而成：维基百科 http：//zh. wikipedia. org/wiki/% E6% 9D% 8E% E7%99% BB% E8% BC%9D；纪录片《The Roadmap to Democracy in Taiwan》；李登辉，《台湾的主张》，远流出版，1999 年。

②　王家声、应春山，《历史深度处》，广东人民出版社，2008 年，354 页。

③　戴国辉、王作荣口述，夏珍记录整理，《爱憎李登辉——戴国辉与王作荣对话录》，天下远见出版股份有限公司，2001 年，17—18 页。

④　李登辉笔记，李登辉口述历史小组编注，《见证台湾——蒋经国总统与我》，允晨文化实业股份有限公司，2004 年，13 页。

导人，但出任国民党代理主席的过程并不顺利。时任国民党秘书长的李焕与相关党内干部商议，在蒋经国过世一周后的中常会（1988年1月20日）上来通过李登辉代理主席的提案。① 开会前一天遭到蒋宋美龄的反对，蒋宋美龄表示"关于党主席人选安排一事，有大老级中评委建议考虑安排集体领导模式"②。因此，李焕等人决定将原定会议延期到一星期后（1月27日）再召开。开会前一天，蒋效勇又奉宋美龄之命告诉李焕希望等"国丧期"满再来处理代理主席的问题。有研究认为，蒋宋美龄对中常委表明自己的态度，碍于她的余威，不敢对其提出异议，因此李焕等人决定延迟这项议题。会议结束时，列席会议的时任国民党副秘书长宋楚瑜突然发难，质问大会有关李登辉提名党主席的事宜为何避而不谈。这项议题才被提上讨论议程。③ 但也有研究认为，当时即使没有宋楚瑜的"临门一脚"，李焕等人也已经决定在本次中常会上提出这项议题，这是党内已经达成的共识。总之不难看出，在李登辉接任国民党主席的过程中，以蒋宋美龄为代表的国民党元老派人物一再阻拦，他们对李登辉的接班并不支持。

李登辉虽然继承了党政领导权，但却无法拥有蒋氏父子往昔的权威。由于蒋经国临终前没有立下遗嘱，生前也没有指定接班人，因此李登辉的权力继承没有得到权威的授予和认可。李登辉的从政经历仅限于技术官僚和行政首长，与党务、军事部门都无渊源，在国民党内资历浅辈分低，缺乏自己的班底。在整个权力格局中，还存在着执掌党务的国民党秘书长李焕、执掌政务的"行政院长"俞国华、掌握军权的"参谋总长"郝柏村，以及执掌情治系统的"国安会秘书长"蒋纬国。也就是说，这些党政军权都还掌握在国民党实力派人物手中，李登辉并无实权。因而，从接班伊始，他就面对党内各种势力的挑战，之后这种趋势愈演愈烈。当时外界预测他只会像严家淦一样是个过渡时期的"总统"，弱势领导人，不可能拥有实权④。东京大学教授若林正丈认为，"蒋经国先生去世后，台湾政治中第一次出现大陆来的精英里面没有一个明显强人的状态，这是一个空前的状态。当时国民党精英

① 茅家琦、徐梁伯等，《中国国民党史》（下），鹭江出版社，2009年，1181—1182页。
② 周玉寇，《李登辉的一千天（1988—1992）》，新华出版社，1993年，32页。
③ 茅家琦、徐梁伯等，《中国国民党史》（下），鹭江出版社，2009年，1184页。
④ Bruce J. Dickson and Chien-min Chao, *Assessing the Lee Teng-hui Legacy*, Ya-li L, *Lee Teng-hui's role in Taiwan's Democratization*, Armonk, N. Y.: M. E. Sharpe, 2002, p56.

里面出现一个恐怖的平衡状态，互相牵制。"① 因此蒋经国去世后的一段时间内，李登辉非常谨慎，采取十分低调的姿态，权力的分散导致这一阶段台湾政治基本处于集体领导的状态。

二、利用制度机制与政治环境集中权力

李登辉接班后面临的困境远不止没有掌握实权那么简单。蒋经国在弥留之际实现了台湾地区政治自由化，开启政治转型的"阀门"，但"政治自由化和政治民主化是两个不同现象和概念。自由化不等于民主化，自由化可以持续很久但没有导致民主化。"② 政治转型的启动并不必然走向民主政治，民主化是一个更为广泛更具针对性的政策范畴和历史过程，要求政治的全面开放，最为直接和根本的标志就是要进行自由的、竞争性的国家（或地区）最高领导人选举，由选举结果决定谁来进行统治。

领导精英在没有享有权力时，关于民主的任何许诺都是美好而慷慨的，当真正坐拥权力时，每一小步的权力开放都是对其信仰的考验。从台湾民主改革的过程和结果来看，李登辉认可民主价值，没有成为逆历史潮流而行的人，没有在掌握权力后以"国情"和文化特殊为借口延迟改革，这是台湾民主化能够顺利进行的基础之一。当然，这也有李登辉巩固个人权力的考量，李登辉在国民党内不具有实力，面对党内元老派和实力人物对其权力的挑战，如果放开政治控制，以民意为依托，那么他就可选择用民意或反对党的力量来夹持党内反对势力。从当时政治社会环境而言，台湾已经开放党禁报禁，解除"戒严"，台湾社会的民主意识和权利诉求十分高涨。面对现实，善于计算的政客都会权衡利弊，顺势而为，因此李登辉不具有再次"独裁"的可能。即使在未来几年里他掌握实权，也不断受到舆论和党外的批评监督，加之党内公开化的派系斗争也使他的权力受到制约。

1988 年 7 月，在国民党第十三届代表大会上，李登辉毫无悬念当选党主席。"十三全大会"后，他开始弱化国民党中常会的功能，削减其决策能力。多年来国民党"党国一体""以党领政"的做法一直就饱受诟病，在民主改革中更成为众矢之的，要想继续维持实则困难。当然者不排除是李登辉

① 若林正丈著，赖香吟译，《蒋经国与李登辉》，远流出版公司，1998 年，182—183 页。
② [美] 胡安 J. 林茨（Juan J. Linz），《对民主转型的一些思考》，载于林佳龙、邱泽奇主编，《两岸党国体制与民主发展——哈佛大学东西学者的对话》，月旦出版社，1999 年，7 页。

对权力的贪恋，不希望党内其他领导人的权力得到增强。无论出于何种目的，从政治发展的角度而言，党国政体的民主化必须要解决党政分离的问题，弱化国民党在政治系统中的作用客观上是一种进步。

同一时期，李登辉运用制度性规则改变顶层权力结构，以此集中权力，建立自己的班底。1988年10月，"总统府副秘书长"、中常委沈昌焕就"台湾省进出口公会到访苏联"一事在国民党中常会上发难，令党内十分不满，加之他多年垄断台湾"外交决策权"，这次发难引来朝野内外的批评声不绝于耳。面对党内和舆论的反应，沈昌焕提出请辞，李登辉核准并任命亲信李元簇继任；1989年5月"行政院长"俞国华因其"内阁"表现不佳，公权力受到挑战，提出辞职。"立法院"通过了李登辉的提名，李焕出任"行政院长"，其亲密盟友宋楚瑜代理国民党中央秘书长。1990年，李登辉又用军事强人郝柏村取代李焕，接任"行政院长"，以此来削弱郝柏村的军权。伴随着人事调整和变化，国民党内的派系斗争从未停止，一些关键时刻更加白热化。经过几次权力更迭，党政军权基本都聚拢在李登辉或其亲信手中，国民党元老级人物陆续退出行政党务要害位置，李登辉形成了自己的班底。

根据国民党十三届二中全会达成的共识，1990年2月举行的"国民大会"将正式选举台湾地区第八任正副领导。当时朝野各界对于李登辉接任"总统"基本存在共识，没有太多异议。进而各方势力争夺的焦点便集中在"副总统"人选上：蒋家元老想推举时任"国家安全会议秘书长"蒋纬国；时任"行政院长"李焕在党务系统的旧部也在积极推动其竞选；有台籍背景的时任"司法院长"林洋港当时也被认为是有力候选人。出人意料的是，李登辉没有选择积极争取"副总统"提名的任何一方，却提名李元簇为"副总统"人选，这引起党内一部分大老的极度不满，李焕、林洋港、蒋纬国、郝柏村、陈履安等商议决定从推举办法上着手，提议采用票选的办法，借此改变正副"总统"候选人[1]。李登辉、宋楚瑜方面得知这一消息后，也采取各种办法与党内可靠的中央委员联络沟通希望得到他们的支持，以起立方式推举候选人。[2] 1990年2月11日，会议当天关于国民党候选人选举提名办法的争论十分激烈，"中午吃饭时竟出现了排队登记发言顾不上去吃饭

① 茅家琦、徐梁伯等，《中国国民党史》（下），鹭江出版社，2009年，1208页。
② 周玉寇，《李登辉的一千天（1988—1992）》，新华出版社，1993年，135页。

的场景。"① 最终会议经过举手表决，以 99 票反对，70 票赞成的结果否决了票选的主张。李登辉、李元簇终于全票当选国民党正副"总统"候选人。此后人们将这场"票选"与"起立"的对抗称为"二月政争"，国民党内也因此呈现出以李登辉、宋楚瑜等为首掌握实权的"主流派"；以国民党内元老为主，逐渐疏离政坛的"非主流派"，党内对立就此表面化，形成拥李与反李两大阵营。

面对激烈的党内斗争，李登辉在制度框架内通过人事调整和权力分配进而达到自身权力的集中，已经展现出强人领导的权威。在改革过程中，权力的集中和权威的树立十分必要，它有助于政策的制定和实施，利于控制和主导改革进程，便于与利益集团切割。特别是对于威权政党在民主化中的转型存续而言，控制权力就更为关键。如果领导精英在没有充分掌权时就触及改革的要害部位，其复杂性和艰巨性就会使政党及其领导人失去对改革的控制，失去改革中的主导地位。这就意味着他们可能以颠覆性的方式被推翻，丧失领导权，不再具有执政的可能性。"集权"并不等于"极权"，权力集中并不可怕，关键是集中的权力会用在哪里，走向民主还是固化威权。没有制度约束的"集权"可能会滑向专治，当时台湾尽管正在迈向民主体制，但已经存在基本的监督制约框架，例如，媒体舆论的开放，反对党和社会力量的存在等。整个社会已经形成走向民主的共识，这种政治氛围潜移默化的影响执政者的利益考量和策略选择，并对其行为起到约束指引的作用。制度约束下的权力集中才可能使权力用于推动民主改革，反之，没有制度保障的集权随时都可能滑向专治。

三、引入党外力量借力打力加速民主改革

国民党退台后，依据 1947 年 1 月 1 日在大陆颁布了《中华民国宪法》，但由于实行"临时条框"和"戒严法"② 使国民党当局的"行宪"框架大打折扣。"总统"任期不受"宪法"规定的约束，蒋介石一直干到第五届"总

---

① 茅家琦、徐梁伯等，《中国国民党史》（下），鹭江出版社，2009 年，1208 页。
② 在大陆时期的内战环境，通过了《动员戡乱时期临时条款》（简称"临时条款"）。该文件解除《宪法》第 39、43 条关于"总统"权力的限制，使"总统"有权在他认为必要时宣布戒严或发布紧急命令，而不受立法程序方面的制约。国民党退台后，由于两岸敌对状态，宣布全台湾地区进行"戒严"，实施"台湾省戒严令"（正式名称为"台湾省警备总司令部布告戒字第壹号"，以下简称"戒严令"）。

统"未终而逝。蒋经国1978年3月当选第六任台湾地区领导人，1988年于任内去世。退台后，为了延续"中华民国"的"法统"，从1954年到1990年间，"中央民意代表"一直没有改选。长期不改选的"国会"被戏称为"万年国会"。从1969年开始，随着一些"老国代"撒手人寰，进行了一定程度的"中央民代"增补选。台湾要真正迈向民主政治，无论是"临时条款"、"戒严法"，还是"总统"任期，抑或"万年国代"，都必须回归"宪法"。蒋经国弥留之际已经废止了"戒严法"，走上"宪政"轨道则是在李登辉手里完成的。

1990年3月，"万年国代"会议期间爆发了台湾有史以来最大规模的学生运动，3月14日学生进驻"中正纪念广场"静坐示威抗议。据当时学生运动总指挥范云回忆，"学生进驻广场的当天，又传来老'国代'们提出'修正案'，要求延长自己的任期和增加薪水。"① 这被外界认为是一种"政治勒索"，由于三月份的'总统'选举在即，李登辉需要"老国代"们的选票支持，这一行为激起民众强烈不满。此时台湾已经取消了党禁报禁，媒体大篇幅报道了学生抗争行动，整个社会一片哗然。抗议示威的学生们明确提出了"解散国民大会""废除临时条款""召开国是会议"、以及"提出政经改革时间表"四大诉求。3月21日，李登辉当选第八任台湾地区领导人，当天在官邸接见学生并进行会谈，对学生需求表达了善意的回应，并提前宣布将尽早召开"国是会议"。3月22日学生决定结束静坐返校，台湾民主化历史上著名的"野百合运动"至此落幕。

"野百合学运"期间，学生运动提出的诉求逐渐内化成台湾90年代政治民主化的基本要求，朝野之间初步尝试了对话妥协，"透过这次学运和成果，开拓了校园内更大的民主空间，让学生不再那么畏惧政治，有助于台湾社会的更民主化。"② 面对学生运动引起的社会动荡，"许多国民党人士十分担忧，但李登辉心中却是暗喜。学生和民进党人此举是帮他的忙。"③ 现在无从考证李登辉是否暗喜，但他借用学生力量及社会压力迫使国民党内保守势力不能反弹，并以此加速推进台湾民主化进程，是不争的事实。5月20日李登辉就职典礼上宣布一年内终止"动员戡乱"时期，两年内完成"国

---

① 邓丕云，《80年到台湾学生运动史》，前卫出版社，1990年，78页。
② 王振寰，《学生运动与政治》，选自林美挪编，《愤怒的野百合：三一六中正堂学生静坐记实》，前卫出版社，1990年，272—275页。
③ 茅家琦、徐梁伯等，《中国国民党史》（下），鹭江出版社，2009年，1213页。

会"全面改选，颁布"特赦令"，特赦黄信介、施明德、林义雄等二十位政治犯。1990 年六月底，"国是会议"在台北圆山饭店召开，李登辉兑现了"野百合学运"对学生的承诺，国民党历史上首次与党外异议人士聚集一堂，协商讨论。身为国民党主席，主动回应社会诉求，无疑是对社会力量示好，凝聚人心的关键举措。退台后国民党长期实行威权统治，民主改革必定会损害党内长期形成的利益集团和保守势力，李登辉引入社会力量作以呼应，通过与社会力量结盟来加强自身实力与正当性，打压抑制国民党内保守势力从而推动改革，是他在民主化中的惯用的策略，当然，这种策略也是李登辉出于个人权力斗争需要，但客观上加速了台湾民主化进程。

李登辉加入国民党前，对国民党和台湾政治都有颇多微词，持激烈的批判态度。他的入党介绍人王作荣曾劝诫他，"国民党也真是该骂，不过，你老在旁边骂有什么用？你又搞不成革命，真搞革命，一不能成功，二来牺牲太大，没开始革，命就没了，就算搞成了，一团乱，也不是办法，台湾承受不了，……我看你加入国民党吧，多几个好人加入国民党，国民党可以变好，国民党内都是坏人，愈变愈怀，谁吃亏？还是台湾老百姓。国民党搞好了，岂不也和革命一样？"① 蒋经国逝世后，台湾民主化的浪潮，似乎正为李登辉提供了这种改变的舞台。王作荣还谈到，李登辉"加入中国国民党的真正原因，是你（笔者注：李登辉）那时年龄已四十七岁了，职位仅是一个技正（专门委员），又不是党员，又有历史包袱，想升个农业经济组组长都没有希望，又急又气无办法"。② 因为仕途发展的需要而加入国民党的李登辉，对国民党并没有价值和情感上的认同，加入国民党只是一种目的性与工具性兼具的手段，谈不上对国民党延续传承的历史责任和情感诉求。他掌权于台湾政治逐渐开放的年代，没有历史包袱，也没体验过绝对权威。因此，对国民党独享权力的政党格局并没有太多贪恋，也从客观上有利于台湾民主化进程。

1991 年到 1994 年间，台湾地区共进行了三次"修宪"。三次"修宪"使台湾政治走上"宪政"民主的轨道，确立了民主政治的基本框架，李登辉也成就了自己权力的巅峰。1991 年第一次"修宪"，主要是确定"修宪"

---

① 戴国辉、王作荣口述，夏珍记录整理，《爱憎李登辉——戴国辉与王作荣对话录》，天下远见出版股份有限公司，2001 年，31 页。

② 王作荣著，《与登辉老友话家常》，天下远见出版股份有限公司，2003 年，32 页。

原则，并通过了"宪法增修条文"和废止"临时条款"，终止"动员戡乱时期"，这是台湾继 1987 年解除"戒严法"之后，再一次政治松绑。同时赋予"国会"全面改选的法源，为第二届"国代"选举铺平道路。1992 年第二次"修宪"，主要涉及"总统"选举方式以及台湾"宪政"结构等方面的问题。国民党内对"总统"选举方式是"直接民选"还是"委任直选"存在严重分歧，"修宪策划小组"就将两种方案一并提交给中常会讨论决定。1992 年 3 月，国民党临时中常会针对'总统'选举方式议题，经过长达七小时的激烈辩论，仍无定论。最后由李登辉决定将两案并列提报三中全会讨论。三中全会对此问题的辩论更是激烈，一度甚至爆发肢体冲突。双方最后只能以"总统、副总统由中华民国自由地区全体选民选举之，其方式应依名义趋向，审慎研究"，三中全会不作决议。李登辉善于利用政治气候，必要时把党内争论公开化、扩大化，用社会舆论的压力来平衡统一党内分歧，不时也会与反对派共同发声。

第三次"修宪"在 1994 年 5 月举行，主要议题是就第二次"修宪"没有解决的"总统"选举方式及相关制度安排的问题。以郝柏村为代表的"非主流"派力主"内阁制"，实行"委任直选"，但李登辉钟情于"总统制"并力推"总统"直选。反对党想借"总统"直选增加自己的实力，因此也力促直选。李登辉为了实现自己的政策目标，非常善于主动结盟，用反对派的力量或社会力量来增加自身的筹码，与党内"非主流"派斗争，这是他引入社会力量来推动改革和巩固权力的策略之一。当然，李登辉也会权衡利弊，适时进行一定程度的让利和妥协，例如"非主流"派在领导人选举方式上没有争取到实惠，就转向争取"侨民"的选举权，对李登辉而言，国民党和反对党竞争，侨民选票对其也有利，他又与"非主流"派站在一边，党内达成共识。

李登辉几乎谋划了三次"修宪"的全过程，一个最为显著的特征是他个人权力不断的提升。期间，他常常要面对来自党内竞争者、知识分子和媒体激烈的批评与反对，但他"总是能够得到他想要的结果，尽管有时候不是直接的。归结原因为两个方面：一方面，作为国民党主席，他控制了大量资源和政治赞助的权力，……另一方面，他的策略也是其成功的要素之一。"① 这个策略的核心就是与党外势力联合，无论是社会力量还是反对党

---

① Ya-li Y, *Lee Teng-hui's Role in Taiwan's Democratization*, Bruce J. Dickson and Chien-min Chao (ed.), *Assessing the Lee Teng-hui legacy in Taiwan's Politics*, N. Y.: M. E. Sharpe, 2002, p58.

的力量，只要有利于他达到目的，他都会争取结盟。

四、李登辉改革策略给台湾民主化带来的问题

1. 转型正义的缺失

民主转型完成以后，解决转型正义的问题对新兴民主政权的巩固和发展至关重要。民主政体的巩固和发展不仅依赖于学者们研究中的各种要素和条件，更依赖于公民对民主价值和制度的信仰。处理转型正义一般包括这样几方面，还原历史真相，惩处加害者，赔偿受害者。受害者一般是在威权体制中生命、自由、财产等个人权利被侵犯的人。加害者除了包括威权政府的统治核心，还包括接受指令执行的较低阶层官员，甚至也包括在威权政体中工作而得利的政府官员、媒体负责人、学术领导人等。不同国家和地区在处理转型正义的问题上也都有不同方式，有些国家采取起诉并惩罚加害者的严厉方式，有些国家刻意选择集体遗忘这段历史，有些国家则采取类似南非的"真相和解委员会"的中间路线——只揭露真相却赦免加害者。

台湾民主转型完成后，李登辉在转型争议问题上也作了一些工作，例如在"行政院"成立"研究二二八事件小组"和"二二八事件专案小组"，研究"二二八事件"真相并提出处理意见。"研究二二八事件小组"后来出版了《二二八事件研究报告》，该报告对台湾历史上重要的政治事件都有详尽而不失偏颇的叙述，也对数位政治人物①进行了检讨。从 1989 年到 2002 年为止，全台湾地区共修建完成了二十座纪念碑。1995 年成立了"二二八事件纪念基金会"，开始对受害者进行补偿。1998 年成立"戒严时期不当叛乱暨匪谍审判案件补偿基金会"，对白色恐怖政治压迫受害者进行补偿。

然而，国民党在李登辉的领导下仍执政十年之久，这期间，以李登辉为首的执政当局在"转型正义"问题上总体还是暧昧不清，囫囵吞枣，使台湾错过了解决这一问题的最佳时机。1988 年，李登辉就任"总统"时，呼吁民众"忘掉过去"。两年后李登辉再次强调，他希望民众"在快快乐乐之下，从大家的记忆中，把这个问题给过去"。不难看出，他对解决转型正义问题的核心思想就是承认受害者，遗忘加害者，其基本方向和基调是错误的。在权力欲望的驱使下，他没能放下一己一党私利，没有带领国民党主动

---

① 包括蒋介石、台最高军事行政长官首长陈仪、警备总部参谋长柯远芬、高雄要塞司令部彭孟缉、宪兵团长张慕陶等。

检视和反省它的过去，对历史真相和正义模糊处理，不但使国民党的威权作风和观念残留至今，而且让整个台湾政治社会都没能完全走出威权的阴霾。今天，转型正义的问题仍然在艰难解决中。

2. 族群矛盾扩大化及两岸关系紧张化

在台湾转型正义问题中还有一个复杂因素，即族群矛盾。不同族群对台湾历史有不同的评价标准和感情反应。李登辉是蒋经国"本土化"政策的产物，而他又把"本土化"发展到了"极致"，伴随着台湾民主化进程，国民党内权力结构全面"本土化"，这是现实的需要也是历史的发展，有其内在的逻辑。但"本土化"也成为李登辉打击对手，清除异己的工具，"他熟练运用'台湾化'的策略巩固了自己的权力，挑起了族群矛盾。把对手描绘成不仅保守而且是反台湾本土意识。"[①] 1994 年，李登辉与日本作家司马辽太郎的谈话《孤岛的痛苦——生为台湾人的悲哀》一文被登载，是其公开挑起和煽动族群矛盾显著标志，他以台湾地区最高领导的身份表达出一种对自己身份的悲情，以受害者的姿态出现，意在激起族群情绪。之后，他公开使用"外来政权"这样的表述，把自己塑造成本省人的代表，以此来赢得党内外本省人的支持，营造出台湾民众受"外来政权"长期统治压迫的舆论环境，进而赢得民众支持。李登辉在任期间，台湾族群矛盾空前紧张，形成以"本土"和"外来"二元对立的社会冲突。例如，1994 年台北市长选举白热化阶段，支持民进党的出租车司机成立了"全民计程车联谊会"，这些出租车上有民进党候选人的宣传品，车载收音机也会收听支持民进党电台的播音。如果本省籍乘客提出异议，司机轻则拒载，重则与乘客对骂对殴，如果遇到同是民进党的支持者则可以减免车费。族群动员给台湾社会带来巨大内耗，也常常引发严重的政治波动，为两岸交流发展带来巨大障碍。

1987 年 11 月 2 日，台湾当局开放民众赴大陆探亲的措施，但随着李登辉开始执掌台湾政权，两岸关系发生了前所未有的变化。他运用舆论和社会力量，连同反对党的呼应，制造了一系列的表述，如"新台湾人"，"台湾认同"来强调"国家认同"以此来凸显台湾的主权独立，颠覆台湾人的民族认同，甚至使两岸关系脱离一个中国的框架。1999 年 7 月，李登辉在接

---

① Bruce J. Dickson and Chien-min Chao, *Assessing the Lee Teng-hui Legacy*, Bruce J. Dickson and Chien-min Chao（ed.）, *Assessing the Lee Teng-hui legacy in Taiwan's Politics*, Armonk, N. Y.: M. E. Sharpe, 2002, p4.

受德国之声专访时，公开将两岸关系的定位在"国家与国家，至少是特殊的国与国关系，而非一合法政府，一叛乱团体，或一中央政府，一地方政府的'一个中国'的内部关系。"① 此后李登辉又多次为"两国论"辩解，其分裂意图显而易见，这一系列言行使族群分裂公开化扩大化，导致两岸关系趋于紧张，更对岛内安定和两岸关系发展都增添了诸多障碍。

3. "黑金政治"猖獗及民主乱丛生

台湾民主改革中，李登辉既要抗衡党内反对势力，同时又要在选战中与反对派竞争，面对内外压力，在"胜选是一切"的座右铭之下，为了巩固权力，特别是地方权力，赢得选举，他就启用有影响的黑社会势力为其辅选、助选，表现突出者就被吸纳到国民党内或支持其参与地方选举，因此黑社会势力逐渐进入权力体系中。1996 年，时任"法务部部长"廖正豪表示②：全台 858 名县市议员中，有 286 名具有黑道背景。25%的省议员、5%的"立法委员"及"国大代表"具有可疑背景。各路黑道分子也在选举成功中尝到好处，无论自己披挂上阵，还是投资其代理人，只要选举成功，不但有助于他们的"洗白"，用合法的政治身份掩盖其黑道本质。掌握政治权力的黑道分子，还可以干预司法和警察系统，从而使其个人安全和所经营事业有所保障。更为重要的是，借由政治资源干预建设规划、介入公共工程、参与土地买卖或炒作，尤其"工程绑标"更是成为黑道政客获取经济利益的主要来源。

20 世纪 90 年代，台湾媒体先后揭发出多个黑金工程，其中最为轰动的是 1996 年台湾中正机场二期航站装修工程中的弊案。整个工程造价二三十亿新台币，先有"白道绑标"，即所谓"民意代表"在工程策划之初就积极介入，游说有关预算案的通过，而后黑道用暴力威胁的办法"劝退"其他投标者，最后"黑白两道"一起分享利润。据估计③，在 1996 年台湾岛内三分之一的大企业被贪污政客及黑道渗透：如果以公司资本额加总计算，遭到黑势力影响的金额，高达六千一百多亿，占上市公司总股本比重的38%。如果换算成总市值，超过所有上市总市值的50%以上。黑金政治不仅带来官、商、黑道三方勾结的利益链条，更为严重的是，"台湾的黑金政治在性

① 台湾《中央日报》，1999 年 7 月 10 日。
② 《联合报》，《廖正豪提出警讯：扫黑若不彻底，台湾将便西里》，1996 年 11 月 17 日。
③ 董希杰，《一〇六家上市公司遭政治、黑道介入》，《商业周刊》，第 460 期，68—76 页，转引自陈国霖，《黑金——台湾政治与经济实况揭秘》，群众出版社，2006 年，65 页。

质上与世界其他地区帮派渗入企业和政治的问题不同，上层社会与黑社会的关系已经发展到将两个世界整合为一，并孕育出同时集帮派分析、企业家、政客于一身的三合一人物"。① 因此产生诸多破坏民主政治的行为，如买票文化、选举暴力、政治腐败及台湾代议政治的衰退恶化。

被视为黑道参政人物代表的罗福助，是天道盟（竹联帮、四海帮、天道盟并称台湾三大帮派）精神领袖，他于 1996 年高票当选"立委"，1999年连任，先后当过司法、交通、财政等"委员会"的"召集委员"。罗福助担任"立委"期间，"立法院"风暴不断，俨然变成他的"演武场"，多名"立委"遭到罗福助的暴力对待。"立法院"的肢体冲突是台湾民主政治最声名狼藉的现象之一，严重损害了其民主质量。1993 年到 1996 年间，至少有八名县市"议员"或"议长"遭到枪杀②，有的是被竞选对手买凶杀害，有的是因为本身的黑道恩怨，还有的是因为拒绝向黑帮屈服而遭暗算。

台湾各层级选举中，买票行为非常猖獗。黑道分子担任各层级候选人的桩脚，在买票过程中扮演非常重要的角色。因为坐享庞大党产，国民党的买票风气尤盛，竞选中为其候选人提供大量竞选经费，候选人通过桩脚用各种方法大肆买票。20 世纪 80 年代中期开始，许多国民党候选人开始不再强烈依赖政党的支持，转而使用一些旁门左道的手段赢得选举，如买票、送礼、摆流水席及招待旅游等，都变成相当普遍的竞选花招。到了 90 年代以后，买票成了常规，依选举类型不同而有不同价码，候选人很少再强调自己的政治理念。这些由"黑金"引起的政治乱象在李登辉任内愈加猖獗，全面爆发，从根本上动摇了国民党的统治，也严重破坏了台湾民主政治。"黑金政治"是纵然民主化初期的一种普遍现象，但这不等于"历史的必然"，李登辉并非不知道"黑金"带来的严重危害，他本可以从制度规则上对已经显见的问题作以改善规范，但为了利用"黑金"巩固权力，他一直对其放任自流，姑息纵容。

---

① 陈国霖，《黑金——台湾政治与经济实况揭秘》，群众出版社，2006 年，17 页。
② 陈国霖，《黑金——台湾政治与经济实况揭秘》，群众出版社，2006 年，165 页。

参考文献

中文著作：

1. 张其昀，《党史概要》，台北：中央改造委员会文物供应社，1951 年。

2. 尹仲容，《我对台湾经济的看法》，台北："行政院经设会"，1963 年。

3. 尹仲容，《我对台湾经济的看法（续编）》，台北："行政院经设会"，1963 年。

4. 张果为，《台湾经济发展》，台北：正中书局，1970 年。

5. 魏萼，《揭开台湾经济发展之谜》，台北：远景出版事业公司，1980 年。

6. 萧铮，《土地改革五十年——萧铮回忆录》，台北："中国"地政研究所，1980 年。

7. 《孙中山选集》（上册），北京：人民出版社，1981 年。

8. 《孙中山选集》（下册），北京：人民出版社，1981 年。

9. 秦孝仪主编，《中华民国经济发展史》，台北：近代中国出版社，1983 年。

10. 彭怀恩，《中华民国政治体系的分析》，台北：时报文化出版公司，1983 年。

11. 张其昀主编，《先总统蒋公全集》（第一册），台北：中国文化大学出版社，1984 年。

12. 秦孝仪主编，《总统蒋公思想言论总集》第 8 卷，台北：中国国民党中央委员会党史委员会，1984 年。

13. 秦孝仪主编，《总统蒋公思想言论总集》第 28 卷，台北：中国国民党中央委员会党史委员会，1984 年。

14. 《孙中山全集》第二卷，北京：中华书局，1985 年。

15.《孙中山全集》第三卷，北京：中华书局，1985 年。

16.《孙中山全集》第五卷，北京：中华书局，1985 年。

17.《孙中山全集》第八卷，北京：中华书局，1985 年。

18.《孙中山全集》第九卷，北京：中华书局，1985 年。

19. [美] 约翰·斯帕尼尔，钱宗起、邬国孚译，张伟民校：《杜鲁门与麦克阿瑟的冲突和朝鲜战争》，上海：复旦大学出版社，1985 年。

20. 许福明，《中国国民党的改造（1950—1952）》，台北：正中书局，1986 年。

21. 丁庭宇、马康庄主编，《台湾社会变迁的经验：一个新兴的工业社会》，台北：巨流图书公司，1986 年。

22. 张磊，《孙中山论》，广州：广东人民出版社，1986 年。

23. 高立夫，艾思明译，《海岛中国》，台北：洞察出版社，1987 年。

24. 李友仁、郭传玺主编，《中国国民党简史》，北京：北京档案出版社，1988 年。

25. 田弘茂，李晴晖、丁连财译，《大转型：中华民国的政治和社会变迁》，台北：时报文化出版公司，1989 年。

26.《张其昀先生文集》，台北："国史馆"，1989 年。

27. 萧新煌编，《变迁中台湾社会的中产阶级》，台北：巨流图书公司，1989 年。

28. 林佳龙、邱泽奇主编，《两岸党国体制与民主发展——哈佛大学东西学者的对话》，台北：月旦出版社股份有限公司，1990 年。

29. 田弘茂，《台湾经验新阶段：持续与创新》，台北：二十一世纪基金会，1990 年。

30. 经国先生编辑委员会，《蒋经国先生全集》（第十一册），台北："行政院新闻局"，1991 年。

31. 经国先生编辑委员会，《蒋经国先生全集》（第十二册），台北："行政院新闻局"，1991 年。

32. 经国先生编辑委员会，《蒋经国先生全集》（第十四册），台北："行政院新闻局"，1991 年。

33. 经国先生编辑委员会，《蒋经国先生全集》（第十五册），台北："行政院新闻局"，1991 年。

34. 经国先生编辑委员会，《蒋经国先生全集》（第二十册），台北：

"行政院新闻局"，1991年。

35. 黄嘉树，《国民党在台湾》，海口：南海出版公司，1991年。

36. 李云汉，《中国国民党史研究与评论》，台北：近代中国出版社，1992年。

37. ［美］劳埃德（Loyd E. Eastman），陈红民等译，《1927—1937年国民党统治下的中国流产革命》，北京：中国青年出版社，1992年。

38. 张京育主编，《中华民国民主化——过程、制度与影响》，台北：政治大学国际关系研究中心，1992年。

39. 中国大百科全书总编辑委员会编，《中国大百科全书·政治卷》，北京：中国大百科全书出版社，1992年。

40. 《布莱克维尔政治学百科全书》，北京：中国政法大学出版社，1992年。

41. 蒋永敬，《百年老店：国民党沧桑史》，台北：台北传记文学出版社，1993年。

42. 郭传玺主编，《中国国民党台湾四十年史纲》北京：中国文史出版社，1993年。

43. 周玉寇，《李登辉的一千天（1988—1992）》，北京：新华出版社，1993年。

44. 李国鼎，《台湾经济高速发展的经验》，南京：东南大学出版社，1993年。

45. 李云汉主编，《中国国民党党章政纲汇编》，台北：中国国民党中央委员会党史委员会，1994年。

46. 陈立夫，《成败之鉴：陈立夫回忆录》，台北：台北中政书局，1994年。

47. 曹锦清编：《民权与国族——孙中山文选》，上海：远东出版社，1994年。

48. 《列宁选集》（第一卷），北京：人民出版社，1995年。

49. ［美］西摩·马丁·李普塞特，张华青等译《一致与冲突》，上海：上海人民出版社，1995年。

50. 《国父建党革命一百周年学术讨论集》（第四册），台北：近代中国出版社，1995年。

51. 郝柏村，王力行采编：《郝总长日记中的经国先生晚年》，台北：天

下文化出版股份有限公司，1995 年

52. 吴文程，《台湾的民主转型：从权威型党国体制到竞争性的政党体系》，台北：时英出版社，1996 年。

53. ［美］西摩·马丁·李普塞特，张绍宗译，《政治人——政治的社会基础》，上海：上海人民出版社，1997 年。

54. 彭怀恩，《认识台湾——台湾政治变迁五十年》，台北：风云论坛出版社有限公司，1997 年。

55. ［美］塞缪尔·P. 亨廷顿，刘军宁译，《第三波——20 世纪后期民主化浪潮》，上海：三联书店，1998 年。

56. 陈明通、郑永年主编，《两岸基层选举与政治社会变迁——哈佛大学东西方学者的对话》，台北：月旦出版股份有限公司，1998 年。

57. 漆高儒，《蒋经国评传——我是台湾人》，台北：正中书局，1998 年。

58. 张玉法，《中华民国史稿》，台北：联经事业出版有限公司，1998 年。

59. 廖俊忠，《台湾地方派系得形成发展与质变》，台北：允晨文化公司，1998 年。

60. 张忠栋等编，《现代中国自由主义资料选编》（第 8 卷），台北：唐山出版社，1999 年。

61. ［美］克利福德·吉尔慈，韩莉译，《文化的解释》，上海：上海人民出版社，1999 年。

62. 吴国桢，《从上海市长到"台湾省主席"——吴国桢口述回忆》，上海：上海人民出版社，1999 年。

63. 公孙龙策，《打拼为台湾——宋楚瑜迈向总统之路》，香港：亚细亚文化出版有限公司，1999 年。

64. ［德］尤尔根·哈贝马斯，郭官义译，《重建历史唯物主义》，北京：社会科学文献出版社，2000 年。

66. ［美］陶涵（Jay Taylor），林天贵译，《台湾现代化的推手——蒋经国传》，台北：时报文化出版企业有限股份公司，2000 年。

67. ［美］莱斯利·里普森，刘晓等译，《政治学的重大问题：政治学导论》（第 10 版），北京：华夏出版社，2001 年。

68. 孙代尧，《台湾威权体制及其转型研究》，北京：中国社会科学出版社，2003 年。

69. 孙关宏，《政治学概论》，上海：复旦大学出版社，2003 年。

70. 王长江，《政党现代化论》，南京：江苏人民出版社，2004 年。

71. ［德］马克斯·韦伯，林荣远译，《经济与社会》，北京：商务印书馆，2004 年。

72. 汪幸福，《胡适与〈自由中国〉》，武汉：湖北人民出版社，2004 年。

73. 杨毅周，《民进党组织派系研究》，北京：九州出版社，2004 年。

74. 茅家琦、徐梁伯等，《中国国民党史》（上）（下），厦门：鹭江出版社，2005 年。

75. ［意］G·萨托利，王明进译，《政党与政治体制》，北京：商务印书馆，2006 年。

76. 何明修、萧新煌，《台湾全志 社会志·社会运动篇》（卷九），台北："国史馆"台湾文献馆，2006 年。

77. 陈国霖，《黑金——台湾政治与经济实况揭秘》，北京：群众出版社，2006 年。

78. ［英］罗德·黑格，马丁·哈罗普，张小劲、丁韶彬、李姿姿译，《比较政府与政治导论》，北京：中国人民大学出版社，2007 年。

79. ［法］托克维尔，《论美国民主》，北京：社会科学出版社，2007 年。

80. 史卫民，《解读台湾选举》，北京：九州出版社，2007 年。

81. ［美］斯迪芬·海哥德、罗伯特·R·考夫曼，张大军译，《民主化转型的政治经济分析》，北京：社会科学文献出版社，2008 年。

82. ［美］胡安·J·林茨，阿尔弗莱德·斯泰潘，孙龙等译，《民主转型与巩固的问题：南欧、南美和后共产主义欧洲》，杭州：浙江人民出版社，2008 年。

83. ［美］塞缪尔·P·亨廷顿，王冠华、刘为等译，《变化社会中的政治秩序》，上海：上海人民出版社，2008 年。

84. 经国先生文化经济协进会编印，《蒋经国先生言论精选集》，台北：经国先生文化经济协进会，2008 年。

85. 《马克思恩格斯文集》（第一卷），北京：人民出版社，2009 年。

86. ［美］约瑟夫·熊彼特，吴良健译，《资本主义、社会主义与民主》，北京：商务印书馆，2009 年。

87. ［美］康芒斯，于树生译，《制度经济学》，北京：商务印书馆，2009 年。

88. 王奇生，《党员、党权与党争：1924—1949 年中国国民党的组织形态》，北京：华文出版社，2010 年。

89. 王良卿，《改造的诞生》，台北：政治大学历史系，2010 年。

90. ［英］艾伦·韦尔，谢峰译，《政党与政党制度》，北京：北京大学出版社，2011 年。

91. 杜继东，《美国对台湾地区援助研究（1950—1965）》，南京：凤凰出版社，2011 年。

92. ［美］理查德·冈瑟，拉里·戴蒙德主编，徐琳译，《政党与民主》，上海：上海人民出版社，2012 年。

93. 朱云汉等，《台湾民主转型的经验与启示》，北京：社会科学文献出版社，2012 年。

中文期刊：

1. 徐滇庆，《政党及其经费来源——兼谈台湾的党营事业》，《当代中国研究》第三期，1995 年，第 20—25 页。

2. 张世鹏，《历史比较中的欧洲"第三条道路"》，《欧洲》，1999 年第 2 期，第 4—11 页。

3. 高放、华翊，《关于政党现代化与苏共兴亡的关系》，《太平洋学报》，2003 年第 3 期，第 20—34 页。

4. 何增科，《政党的转型和现代化》，《当代世界与社会主义》，2003 年第 2 期，第 81—84 页。

5. 王勇兵，《国外关于政党变革与转型的研究》，《学习时报》，2004 年 9 月 13 日，第 6 版。

6. 王金寿，《国民党选举机器的成功与失败》，《台湾政治学刊》第八卷第一期，2004 年，第 99—146 页。

7. 尹保云，《现代性与现代化的历史定位》，《学术月刊》，2005 年第 10 期，第 15—21 页。

8. 谢敏捷，《国民党主席选举后台湾政党政治与 2008 大选的分析》，《台湾民主季刊》第二卷第三期，2005 年，第 133—137 页。

9. 盛治仁,《单一选区两票制对未来台湾政党政治发展之可能影响探讨》,《台湾民主季刊》第三卷第二期,2006 年,第 63—86 页。

10. 桑学成,《政党转型与党的现代化》,《江海学刊》,2009 年第 4 期,第 217—224 页。

11. 宋楚瑜,《贴身随侍 14 年 亲历蒋经国改革之路》,《文史参考》,2010 年 21 期,第 21—23 页。

12. 王燕、谢峰,《西方政党党内民主发展的新趋势》,《社会主义研究》,2012 年第 4 期,第 143—146 页。

13. 于海清,《国外政党现代化的观察与思考》,《山东社会科学》,2012 年第 1 期,第 34—38 页。

中文学位论文:

1. 梁钦尧,《政治发展与政党转型:中国国民党民主化之研究》,台北:台湾大学政治研究所硕士论文,1990 年。

2. 黄源谋,《中国国民党之转型:第十四次"全国"代表大会研究》,台北:台湾大学三民主义研究所硕士论文,1994 年

3. 陈晓慧,《由上而下的革命:中国国民党改造之研究(1950—1952)》,台北:台湾政治大学历史研究所博士论文,2000 年。

4. 柯莹铃,《中国国民党政党转型之研究:二〇〇〇到二〇〇四年》,台北:东吴大学政治系硕士论文,2005 年。

5. 郭琼渊,《国民党与民进党政党形象之跨时性分析:以三次总统大选选后调查为例》,台北:东吴大学政治系硕士论文,2006 年。

网站资料:

中国国民党全球咨询网 http://www.kmt.org.tw./

"行政院中央选举委员会"网站 http://db.cec.gov.tw/

英文著作:

1. Adam Przeworski, *Democracy and the Market: Political and Economic Reforms in Eastern Europe and Latin America.* Cambridge: Cambridge University Press, 1991.

2. Alan Ware, *Political Parties and Party system*, Oxford, New York: Oxford

University Press, 1996.

3. Allardt and Littunen, eds. , *Cleavages, Ideologies and Party System*, Helsinki: Westermarck Society. 1964.

4. Andreas Schedler. eds. , *In Electoral Authoritarianism: The Dynamics of Unfree Competition*, Boulder, CO: Lynne Rienner, 2006.

5. Andrew Heywood, *Politics*, Basingstoke: Macmillan/Palgrave, 1997.

6. Andrew MacIntyre ed. , *The Changing Government – Business Relations in the Pacific Rim Countries.* Ithaca: Cornell University Press, 1994.

7. Brownlee, Jason. *Authoritarianism in an Age of Democratization.* New York: Cambridge University Press, 2007.

8. Bruce J. Dickson and Chien-min Chao ed. , *Assessing the Lee Teng-hui legacy in Taiwan's Politics*, Armonk, N. Y. : M. E. Sharpe, 2002.

9. Bruce Dickson, *Democratization in China and Taiwan: the adaptability of Leninist parties*, Oxford University Press, 1997.

10. Edward Friedman and Joseph Wong eds. , *Political Transitions in Dominant Party Systems: Learning to lose*, Routledge

11. E. E. Schattschnieder, *Party Government*, New York: Holt Rinehart & Winston, 1942.

12. Emiliy A Ahern and Hill Gates eds, *The Anthropology of Taiwanese Society*, Stanford, Calif. : Stanford University Press, 1981.

13. Giovanni Sartori, *Parties and party System*, Vail – Ballou Press. Inc, 1976.

14. Thomas Baron Gold, *State and Society in the Taiwan Miracle*, New York: M. E. Sharpe, 1986.

15. Gary Klintworth ed. , *Taiwan in the Asia – Pacific in the 1990s*, Sidney: Allen&Unwin, 1994.

16. Guy Hermet, Richard Rose and Alain Rouquie, eds. *Elections without Choice.* New York: John Wiley & Sons. 1978.

17. Greene, Kenneth. *Why Dominant Parties Lose: Mexico's Democratization in Comparative Perspective.* New York: Cambridge University Press. 2007.

18. Hermann Giliomee and Charles Simkins, eds. *The Awkward Embrace: One Party Domination and Democracy.* London: Harwood Academic Publishers,

1999.

19. James W. Ceaser. *Presidential Selection: Theory and Development*. Princeton, N. J: Princeton University Press. 1979.

20. Jennifer Gandhi, *Political Institutions under Dictatorship*, New York: Cambridge University Press, 2008.

21. Joseph La Palombara, Myron Weiner, eds. , *In Political Parties and Political Development*, Princeton, N. J: Princeton University Press, 1966.

22. Koelble Thomas, *The Transformation of European Social Democracy*, Cambridge University Press, 1991.

23. Frank P. Belloni and Dennis C. Beller, *Faction Politics: Political Parties and Factionalism in Comparative Perspective*. Santa Barbara, California: Clio Press. 1978.

24. Larry Diamond ed. , *Consolidating the Third Wave Democracies*. Baltimore: Johns Hopkins University Press, 1997.

25. Larry Diamond, Marc Plattner and Richard Gunther eds. *Political Party and Democracy*. Baltimore: Johns Hopkins University Press, 2001.

26. Leon D. Epstein, Political Parties in Western Democracies, New Burnswick: Transaction Books, 1982.

27. Lu Ya – Li, *Political Opposition in Taiwan: A case study of Democratic Progress Party*.

28. Maurice Duverger, *Political Parties: Their Organization and Activity in the Modern State*, London, Methuen, 1964.

29. Michael Roskin, *Political Science: an introduction 9th ed.* , Upper Saddle River, N. J. : Pearson Prentice Hall, 2006.

30. Michels, Robert, *Political Parties: a sociological study of the oligarchical tendencies of modern democracy*, New York: Free Press, 1968

31. Otto Kirchheimer. *The Transformation of the Western European Party Systems*. Panebianco Angelo, *Political Parties: Organization and Power*, Cambridge University Press, 1988.

32. Peter Mair. *The West Europe Party System*, Oxford, New York: Oxford University Press, 1990.

33. Peter R. Moody, Jr. *Political change on Taiwan: a study of ruling party*

adaptability. New York: Praeger, 1992.

34. Samuel P. Huntington and Clement H. Moore, eds. , *Authoritarian Politics in Modern Society: The Dynamics of Established One-party Systems*, New York: Basic Books, 1970.

35. Sigmund Neumann. *Modern Political Parties: Approaches to Comparative Politics.* Chicago: University of Chicago Press, 1956.

36. Steven Levitsky and Lucan Way, *Competitive Authoritarianism: Hybrid Regimes After the Cold War*, New York: Cambridge University Press, 2010

37. Walter S. Jones, The Logic of International Relation, Boston: Scott, Foresman and Company, 1988.

英文期刊:

1. Cheng Tun – *Jen Democratizing the quasi – Leninist regime in Taiwan* World Politics, Vol. 41, NO. 4, July. 1989, pp471 – 99.

2. Chu Yun-han, *Taiwan's Democracy at Turning Point*, American Journal of Chinese Studies, Vol. 11, No. 2, May. 2005, pp901 – 924.

3. Chu Yun-han, *Taiwan's Unique Challenge*, Journal of Democracy, 3. July. 1996, pp69 – 82.

4. Donald Share, *Transitions to Democracy and Transitions Through Transition*, Comparative Political Studies, Vol. 194, Jan. 1987, pp525 – 548.

5. Deschouwer, *The Survival of the Fittest: Measuring and Explaning Adaptation and Chang of Political Parties*, European Consortium for Political Reseach, 30. March. 1992, pp3 – 15.

6. Harmel, R. and Janda, K. *An Integrated Theory of Party Goals and Party Change*, Journal of Theoretical Politics, 1994, Vol. 6. , No. 3. , pp259 – 287

7. Richard Katz, Peter Mair. , *Changing Models of Party Organization and Party Democracy: The Emergence of the Cartel Party.* Party Politics, Vol. 1, No. 1, 1995, pp5 – 28.

8. Lee, Y. , *Diverging Patterns of Democratic Representation in Korea and Taiwan: Political Parties and Social Movements.* ? Asian Survey, Vol. 54, No. 3. , Dec. 2014, pp419 – 444.

9. Tien Hung-mao and Chu Yun-han, *Building Democratic Institutions in Tai-*

wan, China Quarterly, Vol. 148 December. 1996, pp1103 – 1132.

10. Wu Yu-shan, *Marketization of Politics*：*The Taiwan Experience*, Asian Survey, Vol. 29, No. 4, April. 1989, pp. 382 – 400.

后　记

　　本书是在我博士毕业论文的基础上得来。一直以来都将博士毕业论文视为自己孕育数载的孩子，毕业三年来始终也不舍得交付出版。如今，将她托付给权威专业的出版社出版，也了却我的一桩心事。

　　从 2013 年确定研究题目，到如今出版，五年多时间如白驹过隙，但又发生了很多变化：从学生到老师，不断自我解构与重建；从台湾研究转向本土视阈，不断自我尝试与碰撞；从追随范式到反思范式，不断自我否定与言和，这是一场自我较力，即使越努力，越难过，也要负重前行，因为还有热爱与兴趣。

　　期待和设想过无数次出版后记的内容，现终要写下这些文字，一时竟有些语塞。华丽的辞藻、煽情的文字可能都会累赘了这最真挚的谢意，只想用简单的文字记录下给予本书关心和帮助的师长、亲人、朋友。

　　首先，要感谢我的导师孙代尧教授。他在台湾威权转型研究方面重要的开创性成果，引导和激发了我在该领域的研究兴趣；他对学生耐心地提点与爱护，让我总可以自由地向他表达见解，平等地与他交流。同时，要感谢远在美国哥伦比亚大学政治系的黎安友（Andrew J. Nathan）教授，谢谢他为我提供了开拓视野、增长见识的海外学习机会，也谢谢他为本书提供了大量有益建议。此外，还要感谢台湾清华大学的沈秀华教授，政治大学的王敬智博士，他们不仅给我提供了大量研究所需的一手资料，还常常与我交流探讨有关本研究的相关问题，让我能够通过台湾学者的视角来审视研究中遇到的问题。

　　其次，要谢谢我的爸爸妈妈。他们很少轻言细语的嘘寒问暖，更多是在提醒我要抓紧科研和论文；他们很少儿女情长的心疼我，更多时候生怕我娇惯纵容了自己。他们会在我低落的时候给我鼓励，会在我骄傲的时候给我警示。谢谢他们这深沉厚重的爱！也要谢谢一路陪伴我的爱人友人，你们是是心中最可爱的人！

　　最后，要感谢本书编辑的辛勤工作，保证了本书出版的高质量。也要谢谢单位领导的大力支持才使本书得以最终问世。

终了，仅以此书献给我在天国的奶奶、外公，永远想念您们！

落笔于北京理工大学丹枫园
2018 年 6 月 20 日